THIRD EDITION

Conversaciones creadoras
MASTERING SPANISH CONVERSATION

Joan L. Brown

University of Delaware

Carmen Martín Gaite

◆ **Houghton Mifflin Company** ◆ **Boston** ◆ **New York** ◆

A Sarah y a Alex,
de su madre y de su amiga

Publisher: Rolando Hernández
Sponsoring Editor: Van Strength
Assistant Editor: Erin Kern
Project Editor: Michael E. Packard/Harriet C. Dishman
Manufacturing Coordinator: Renee Ostrowski
Executive Marketing Director: Eileen Bernadette Moran
Associate Marketing Manager: Claudia Martínez

Cover image: © Paul Vozdic/Photonica

Credits

Library of Congress Control Number: 2004108454

ISBN: 0-618-48107-9

5 6 7 8 9-CRW-09 08

CONTENTS

PREFACE

Conversaciones creadoras: Mastering Spanish Conversation, Third Edition, is a practical application of research on language learning. A second language is acquired in much the same way as the first one: by using it strategically to achieve personal goals. What's more, if a person has an active experience while learning, then he or she is much more likely to retain the knowledge and skills acquired.

The goal of this text is to deliver memorable experiences in Spanish. Of course experiences are not easy to evoke through words on a page; only our greatest writers are capable of achieving this. That is why this book features original works by one of the world's most renowned Spanish authors: Carmen Martín Gaite. Martín Gaite has used her considerable talents—including a keen ear for spoken language and the ability to tell dynamic stories through dialogue—to create strategic adventures.

Conversaciones creadoras offers unique opportunities to learn Spanish in meaningful and memorable ways. The book's structure and features are described in detail in the Preliminary Chapter. Along with emotionally charged mini-dramas by Carmen Martín Gaite, each chapter contains many other opportunities for authentic communication to take place individually, in pairs, in small groups, and with the whole class. To promote creative language use and maximize learning, the program features extensive vocabulary support, along with cultural information relevant to today's Spanish-speaking world. New features extend this support to include listening comprehension and pronunciation practice, Internet connections, and grammar review.

Learning Objectives and the National Standards

The primary learning objectives of this book are fluency and cultural competence. Through "action learning," using strategic role playing and creative language use, students make the strides that otherwise could be achieved only through an extended stay in a Spanish-speaking country. The text is designed to facilitate what the authors of the national *Standards for Foreign Language Learning* have called "curricular experiences needed to enable students to achieve the national standards,"[1] advancing the goal areas of communication (interpersonal, presentational, and interpretive modes), cultures, connections, comparisons, and communities. Each chapter

---

[1]*Executive Summary, Standards for Foreign Language Learning: Preparing for the 21st Century.* Yonkers, NY: National Standards in Foreign Language Education, c/o American Council on the Teaching of Foreign Languages, Inc., 1995, p. 1.

specifies a set of functional objectives, and every activity highlights selected goals or rubrics for learning. At the same time, this text enacts the mandate that "none of these goals can be separated from the other."[2]

Course Level

Conversaciones creadoras can be used in a conversation course at the intermediate-mid through advanced levels according to the *ACTFL Proficiency Guidelines*. It also may be used in a conversation/composition or a conversation/ grammar review course at the same levels, with written responses and compositions replacing oral responses at the instructor's discretion. In a strong college program, the book can be introduced as an ancillary text in the last required intermediate language course. The text contains more than enough material for two semesters or three quarters of college work, or for one full year of high school Spanish.

New to the Third Edition

- Chapter 1 features an original new **Conversación creadora** by Carmen Martín Gaite.

- The **Notas culturales** have been revised and updated. The sections on Hispanic America have been expanded and are richer in detail.

- New **Comprensión y comparación** sections check students' understanding of the information in the **Notas culturales** and promote cross-cultural comparisons.

- New **Conexión Internet** sections expand on the information in the **Notas culturales** through research and analysis of real-world topics, with links on the new website.

- New **Enlaces gramaticales** sections review key grammar points related to the **Conversaciones creadoras,** and contextualized **Práctica** sections reinforce each concept.

- New **A escuchar** activities check students' understanding of the native speaker interviews on the new audio CDs and offer opportunities for cross-cultural comparison.

- New photographs and illustrations, along with a new two-color design, enhance the text's visual appeal and make it more enjoyable to use.

- Most of the **Uso de mapas y documentos** realia-based activities and the **Dibujos** activities are new to this edition.

- Three new ancillary components have been added. **In-text Audio CDs** and **Instructor** and **Student Companion Websites** expand the scope of the text and make language learning more dynamic. The **Instructor ClassPrep CD-ROM** (also available in print form) provides expanded teaching support.

---

[2]*Standards for Foreign Language Learning in the 21st Century.* Lawrence, KS: National Standards in Foreign Language Project, 1999, p. 31.

New Ancillary Components

- **Three In-text Audio CDs** offer opportunities to improve students' listening and speaking skills in Spanish. Each chapter contains four components, highlighted by listening icons in the text. The **Vocabulario básico** section practices pronunciation and supports acquisition of key vocabulary. The two-part **Conversación creadora** segment first reinforces authentic speech patterns through a dramatic reading of each dialogue; a second reading contains pauses for students to repeat what they hear. The **A escuchar** unit promotes cultural and linguistic awareness through unscripted interviews with native speakers. As these speakers share personal experiences related to the chapter topic, students gain exposure to native accents from many different regions: Argentina, Chile, Colombia, Costa Rica, the Dominican Republic, Mexico, Nicaragua, Peru, Puerto Rico, Madrid, and the Canary Islands.

- An **Instructor ClassPrep CD-ROM** and an **Instructor Companion Website (http://college.hmco.com/languages/spanish/instructors)** contain detailed information on methodology and scenario pedagogy, syllabus design, assessment, and lesson plans. Both include teaching suggestions for each chapter and an audioscript for the **A escuchar** interviews. The **ClassPrep CD-ROM** also contains an answer key for all exercises and question sets with discrete answers. The **ClassPrep CD-ROM** may be obtained in printed form through your Houghton Mifflin sales representative (a Sales Representative Locator can be found at **http://www.college.hmco.com/instructors**).

- A **Student Companion Website (http://college.hmco.com/languages/spanish/students)** contains links that allow students to gain knowledge and understanding of other cultures as they interact with authentic materials from different communities in the Spanish-speaking world.

Acknowledgments

This text began as a dream—a collaboration between a professor and a novelist that would put theory into practice. The Third Edition surpasses our original vision, thanks to the faith and work of a number of talented people. Publisher Rolando Hernández and Sponsoring Editor Van Strength believed in *Conversaciones creadoras* and committed the resources necessary to extend the program. Development Editor Sharon Alexander has been crucial to this effort; her superb contributions have enabled and enhanced all aspects of this edition. Krystyna P. Musik of the University of Delaware made significant additions to the revised cultural sections, and Ruth Bell of the University of Delaware made substantial contributions to the grammar sections; both colleagues also provided astute recommendations. Nicole M. Parent of Houghton Mifflin skillfully oversaw production of the audio program. Harriet C. Dishman and Michael E. Packard of Elm Street Productions expertly guided production of the text and enriched it with their thoughtful suggestions. Shirley Webster provided engaging photographs, and Carlos Castellanos created lively, contextually authentic drawings.

We remain indebted to the late Robert J. Di Pietro, a generous mentor in the field of applied linguistics. Richard A. Zipser, Chair of the Foreign Languages and Literatures Department of the University of Delaware, strongly supported this work. Colleagues and research assistants at the University of Delaware, along with my students over the years, have all strengthened this text. I thank Alexander A. Brown and Sarah E. Brown for providing expert information on sports and music. We thank Mark J. Brown, M.D. and Ana María Martín Gaite for their encouragement and support.

We are grateful to the expert reviewers whose recommendations helped shape this revision:

Emily Gillen Ballou, University of Calgary
Irene Beibe, University of Nebraska-Lincoln
Lance Brown, West Irondequoit High School
Victoria Connelly, Trabuco Hills High School
Renata Egüez, University of Maryland, College Park
Mar Encinas, Johns Hopkins University
Andrew P. Farley, University of Notre Dame
Leah Fonder-Solano, University of Southern Mississippi
Mary Lusky Friedman, Wake Forest University
Kevin M. Gaugler, Marist College
Ana Vives de Girón, Collin County Community College
Kathy Leonard, University of Nevada, Reno
Timothy Murad, University of Vermont
Eunice Doman Myers, Wichita State University
Jorge R. Sagastume, Wittenberg University
Eva L. Santos-Phillips, University of Wisconsin-Eau Claire

Finally, we thank the hundreds of innovative instructors who have chosen *Conversaciones creadoras* for their classes. This new edition builds on the strengths that earned your loyalty and incorporates the feedback that many of you have shared with us.

Joan L. Brown
University of Delaware

Mapas

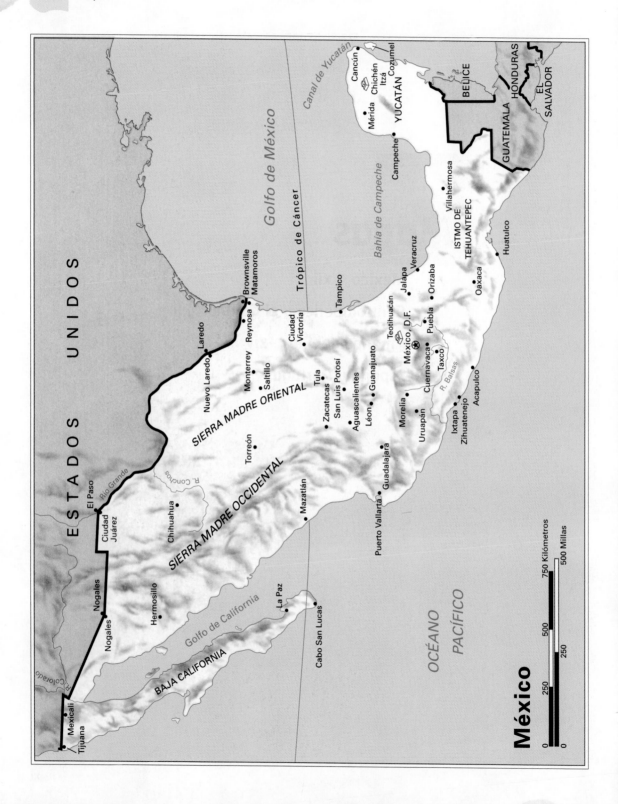

ESTADOS UNIDOS

Canal de Yucatán

Golfo de México

Bahía de Campeche

Trópico de Cáncer

Tropico de Cáncer

Cancún
Chichén Itzá
Cozumel
Mérida
YUCATÁN
BELICE
Campeche
GUATEMALA
HONDURAS
EL SALVADOR

Villahermosa
ISTMO DE TEHUANTEPEC
Huatulco

Veracruz
Jalapa
Orizaba
Oaxaca

Brownsville
Matamoros
Reynosa
Tampico

Nuevo Laredo
Laredo
Monterrey
Saltillo
Ciudad Victoria

Teotihuacán
México, D.F.
Puebla
Cuernavaca
Taxco
Acapulco

SIERRA MADRE ORIENTAL

Tula
Zacatecas
San Luis Potosí
Aguascalientes
Guanajuato
Léon
Morelia
Uruapán
Ixtapa
Zihuatenejo

El Paso
Ciudad Juárez
Río Grande
R. Conchos
Chihuahua
Torreón
SIERRA MADRE OCCIDENTAL
Mazatlán
Guadalajara
Puerto Vallarta
R. Balsas

Nogales
Nogales
Hermosillo

La Paz
Golfo de California
Cabo San Lucas
BAJA CALIFORNIA

R. Colorado
Mexicali
Tijuana

OCÉANO PACÍFICO

México

0   250   500   750 Kilómetros

0   250   500 Millas

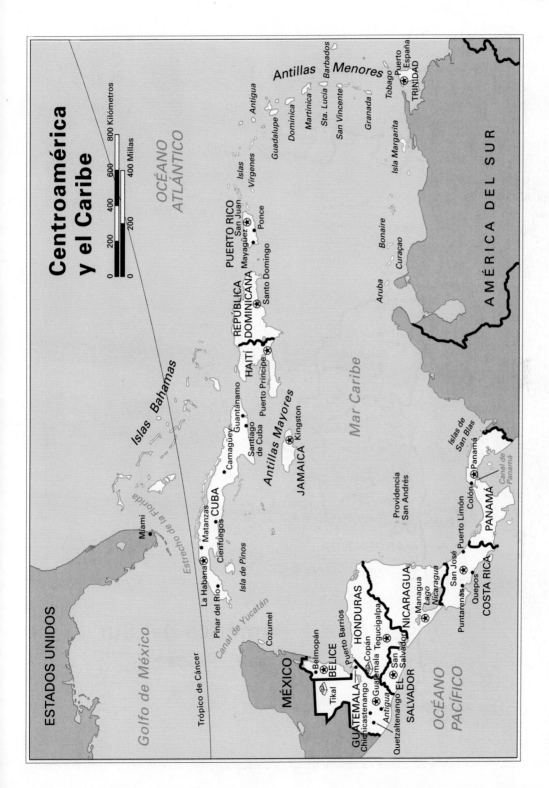

Centroamérica y el Caribe

ESTADOS UNIDOS

Golfo de México

Trópico de Cáncer

Estrecho de la Florida

Miami

Islas Bahamas

OCÉANO ATLÁNTICO

0   200   400   600   800 Kilómetros
0   200   400 Millas

MÉXICO

Cozumel

Canal de Yucatán

Pinar del Río
La Habana
Matanzas
Cienfuegos
CUBA
Isla de Pinos
Camagüey
Guantánamo
Santiago de Cuba

Antillas Mayores

JAMAICA   Kingston

HAITÍ
Puerto Príncipe
REPÚBLICA DOMINICANA
Santo Domingo

PUERTO RICO
San Juan
Mayagüez
Ponce

Islas Vírgenes

Antigua
Guadalupe
Dominica
Martinica
Sta. Lucía
San Vincente
Granada
Barbados

Antillas   Menores

Tobago
Puerto España
TRINIDAD

Mar Caribe

Providencia
San Andrés

Aruba
Curaçao
Bonaire

Isla Margarita

AMÉRICA DEL SUR

Belmopán
BELICE
Puerto Barrios
Tikal
GUATEMALA
Chichicastenango
Guatemala
Quetzaltenango
Antigua
EL SALVADOR
San Salvador

Copán
HONDURAS
Tegucigalpa

NICARAGUA
Managua
Lago Nicaragua

COSTA RICA
Puntarenas
San José
Puerto Limón
Quepos

OCÉANO PACÍFICO

Islas de San Blas
Colón
Panamá
PANAMÁ
Canal de Panamá

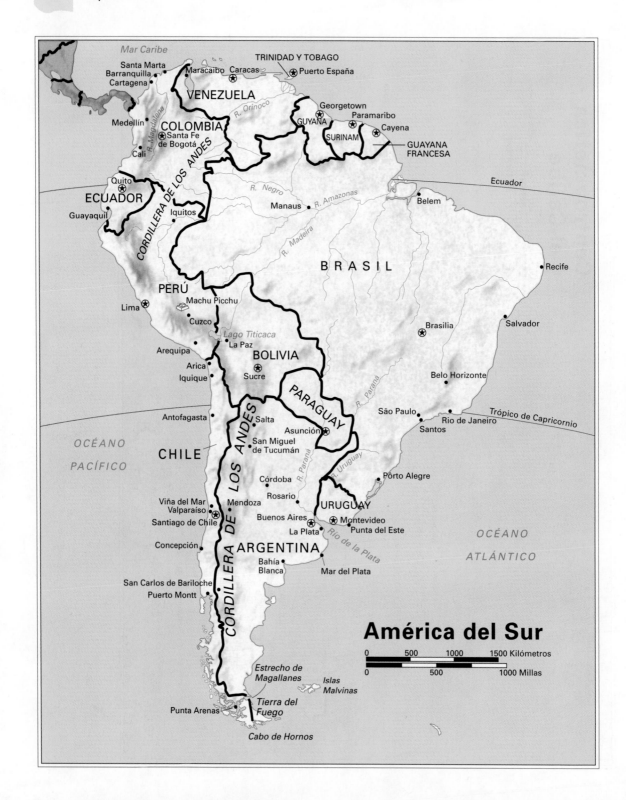

América del Sur

España y Portugal

FRANCIA

ANDORRA

PIRINEOS

MAR MEDITERRÁNEO

Menorca

Palma
Mallorca

Ibiza

Islas Baleares

Formentera

CATALUÑA

Barcelona

Tarragona

Lérida

Zaragoza

NAVARRA

Pamplona

San Sebastián

Bilbao

PAÍS VASCO

CANTABRIA

Santander

GOLFO DE VIZCAYA

Gijón
Avilés
Oviedo
ASTURIAS

La Coruña

GALICIA

Pontevedra

Vigo

Braga

Oporto

Coimbra

SERRA DA ESTRELA

P O R T U G A L

Lisboa

Setúbal

OCÉANO ATLÁNTICO

MONTES CANTÁBRICOS

León

Palencia

Valladolid

Zamora

Salamanca

CASTILLA Y LEÓN

LA RIOJA

R. Ebro

Burgos

R. Duero

Segovia

Ávila

SIERRA DE GUADARRAMA

MADRID

Madrid

Toledo

R. Tajo

ARAGÓN

COMUNIDAD VALENCIANA

Valencia

R. Júcar

Albacete

CASTILLA-LA MANCHA

Ciudad Real

Almadén

R. Guadiana

EXTREMADURA

Cáceres

Mérida

Badajoz

E S P A Ñ A

SIERRA MORENA

Linares

Córdoba

R. Guadalquivir

Jaén

Granada

ANDALUCÍA

SIERRA NEVADA

Almería

Málaga
Torremolinos
Marbella

MURCIA

Murcia

Alicante

Cartagena

MAR MEDITERRÁNEO

Huelva

Sevilla

Jerez de la Frontera

Cádiz

Estrecho de Gibraltar

Gibraltar (Gr. Br.)
Algeciras
Ceuta (Esp.)

Tánger

Melilla (Esp.)

MARRUECOS

ESPAÑA

AFRICA

OCÉANO ATLÁNTICO

ISLAS CANARIAS

Islas Canarias

La Palma
Santa Cruz de la Palma

La Gomera

El Hierro

Lanzarote
Arrecife

Fuerteventura
Puerto del Rosario

Santa Cruz de Tenerife
Tenerife

Las Palmas

Gran Canaria

OCÉANO ATLÁNTICO

MARRUECOS

España y Portugal

200 Kilómetros
150
100
50
0

100 Millas
50
0

PRELIMINARY CHAPTER

Mastering Spanish Conversation with This Book

OBJECTIVES: To learn about . . .

◆ the communicative and cultural objectives of action learning.

◆ the chapter organization and features of each section of the text and its ancillary components.

◆ introductory "ice-breaking" and role-playing activities.

Action Learning

The goal of ***Conversaciones creadoras: Mastering Spanish Conversation*** is to help you to become a capable Spanish speaker in a Hispanic environment. The Spanish-speaking world will be brought into your classroom for you to experience. Through creative use of the Spanish language in realistic settings, your competence will grow. You will expand your vocabulary. You will broaden your cultural awareness. You will enhance your fluency. Perhaps most important, you will increase your effectiveness in handling common situations in Spanish.

Action learning, the concept that people learn best by doing, is the key to this curriculum. For Spanish language and culture, action learning involves learning in an authentic way, using the language for realistic and important encounters. It means strategic, interactive role playing: having actual experiences in Spanish. These experiences compel you to use the language to solve problems and achieve goals, just as you would if you were living in a Spanish-speaking country.

Authentic experiences are waiting for you in the **Conversaciones creadoras** for which the book is named. These unfinished "creative conversations" were crafted expressly for this book by the distinguished Spanish writer Carmen Martín Gaite. **Conversaciones creadoras** are mini-dramas in dialogue (script) form. You will assume the roles of the characters in these dramas, and you will work with others to devise your own endings. By "walking a mile in their shoes," you will gain insight into these characters and their cultures. By resolving conflicts in real-life settings, such as a restaurant or an open-air market, you will acquire vocabulary and cultural expertise. You also will gain the self-reliance you need to use Spanish effectively in other authentic situations.

Chapter Overview

Each chapter of the text is centered around an unfinished **Conversación creadora** and your conclusion to it. In addition, each chapter features useful cultural information, Internet activities, extensive vocabulary (including mastery exercises), a grammar review, and a wealth of opportunities for further language practice. The accompanying audio CDs offer pronunciation practice and introduce you to native Spanish speakers from many different countries.

All of the sections—including the **Conversación creadora**—are related to each chapter's topic and language goals. The cultural notes and the primary and secondary vocabulary lists, along with the grammar review, are designed to support you as you conclude the **Conversación creadora.** They are also meant to help you with the chapter's other inventive activities. Used together, the informational and creative sections of every chapter will enhance your overall fluency and cultural knowledge.

■ The following explanation summarizes the recurring sections of each chapter and their goals:

1. Notas culturales. Two brief readings in Spanish introduce each chapter. They provide current, practical cultural information on the chapter topic and give you the opportunity to practice reading for information. They are written at a level that is natural for Spanish-speaking adults, comparable to that of a daily newspaper. Instead of simplifying these readings, definitions have been supplied to help you understand sophisticated vocabulary or constructions. You will also find a Spanish-English dictionary to be extremely useful for comprehension and language growth as you work with all sections of this book, beginning with these readings.

The cultural notes are divided into two parts: a longer one for Hispanic America and a shorter one for Spain (the country that you are most likely to visit, according to data on study abroad). While Spain appears as a single entity, the term "Hispanic America" represents nineteen different countries, each with a rich and unique heritage. The cultural information for this vast area offers an overview, with specific examples. The best way to conceive of Hispanic America is in terms of major regions: Mexico **(México),** Venezuela and the Caribbean **(Venezuela y el Caribe),** Central America **(Centroamérica),** the Andean Highlands **(los países andinos),** and the Southern Cone **(el Cono Sur).** With your instructor's guidance, you should be able to locate these regions on the full-page maps preceding this chapter (pages xii–xv). Additionally, there is one other region to consider: the country with the fourth largest Spanish-speaking population in the world, the United States. Your own research and your instructor's expertise will add depth to these cultural notes.

2. Comprensión y comparación. There are ten questions—six about Hispanic America and four about Spain—on the **Notas culturales.** These can be used as a prereading guide if you start with the questions and then go back to read for the answers, or they can be used as a comprehension check after you finish the readings. Most of the questions are factual, and some require critical thinking in order to make connections and comparisons.

3. Conexión Internet. Four Web-based activities in this section extend the information in the **Notas culturales** and enable you to investigate, analyze, and present up-to-the-minute information using the Internet. The Web links can be found at **http://college.hmco.com/languages/spanish/students** on the site for *Conversaciones creadoras.* You can also search for websites on your own, but to obtain full benefit from this activity the sites should be in Spanish. Some sample "connections" include researching a current event in a Spanish-American newspaper or using the Spanish national railroad site to check this week's schedule and fares for travel between Madrid and Seville.

4. Vocabulario básico. This section provides twenty-five essential vocabulary items, organized according to parts of speech and defined in English. Notations following some entries indicate words used primarily in Hispanic America (*H.A.*), in Mexico (*Mex.*), or in Spain (*Sp.*). This vocabulary section features the key words you need to know to deal with the chapter topic fluently and introduces new idiomatic expressions from the chapter's **Conversación creadora.** The words and expressions are also recorded on the audio CDs so that you can practice your pronunciation as you learn them. In order to reinforce the acquisition of these core items, the **Vocabulario básico** is designed to be the subject of vocabulary tests.

5. Práctica del Vocabulario básico. These fifty practice opportunities feature each of the twenty-five items from the **Vocabulario básico** twice, so that each item is the right answer in two instances. Knowing this, you can check your work by counting the number of times you use an item. (If each item has been used twice, you probably have the right answers; if not, you will need to go back and check them again.) The exercises have varied formats, including paragraphs and dialogues with missing words, Spanish definitions, sentence building, synonyms/antonyms, and analogies.

6. Conversación creadora. An unfinished mini-drama is the heart of each chapter. Written by Carmen Martín Gaite, these stories are engaging, exciting, insightful, witty, and thoroughly realistic. They also are deliberately incomplete. Generally, you will collaborate with three classmates to devise a conclusion to the chapter's **Conversación creadora.** Then all of you will act out your ending or "scenario" for the class. After you are experienced at creating scenarios in this way, your instructor may encourage you to try other approaches to devising endings for these creative conversations. A dramatic reading of each dialogue-story is on the CDs, along with a version with pauses for pronunciation practice.

7. Comprensión. Ten comprehension questions precede your in-class group scenario work. These questions review the story content and analyze the characters and their motivations. They also will bring out any problems you may have with understanding the story, so that your instructor can resolve them. The questions are divided into two sets: five factual questions labeled **¿Qué pasó?** and five inferential questions entitled **¿Qué conclusiones saca Ud.?** The format of each set varies between multiple-choice and short-answer questions.

8. Conclusión. Your scenario for ending the **Conversación creadora** begins to take shape here. This section includes work space on which to record your instructions, character choices, and ideas.

9. Enlace gramatical y Práctica. This concise grammar review with practice exercises provides a structural resource linked to the chapter's **Conversación creadora** and to its cultural and functional topics. The goal of this section is to help improve your communicative skills. These "grammar links" feature topics—such as **ser** and **estar,** preterite and imperfect, and uses of the subjunctive—that will be useful as you conclude the **Conversación creadora** and work with other chapter sections.

10. **Escenas.** These scenes, which are described in English, present four two-person conflicts for you to enact and resolve in Spanish. The last scene includes a third participant for use when the number of students in the class requires it. All situations depicted are directly related to the chapter topic and vocabulary. English is used here, and only here, for one reason: to offer skills practice through "total production," which means that all Spanish comes from you. In addition to giving you the opportunity for completely creative language production, these situations will also build your test-taking competence. Many language tests (such as those of the American Council of Teachers of Foreign Languages and the U.S. State Department) use this English-cued "total-production" methodology to measure language proficiency.

11. **Más actividades creadoras.** This section offers fifteen additional opportunities for you to work with the chapter's vocabulary and its cultural information. Sections A, B, C, and D are designed to be done independently in class or at home. Sections E, F, and G are interactive and will be completed in a collaborative setting. Most likely, you will concentrate on different interactive activities each week: some weeks you will work in small groups, other weeks in pairs, and still others as a whole class. Your instructor will assign specific activities in each chapter.

■ **Más actividades creadoras** sections feature:

A. **Dibujos.** Three sequenced drawings present a picture-story for you to interpret and relate in Spanish. These sequences are purposely ambiguous, to encourage you to use your imagination creatively.

B. **Uso de mapas y documentos.** This section features maps and authentic documents for you to analyze and use, just as you would need to do in a Spanish-speaking country. Examples include an airline schedule and a room service menu. To emphasize the universality of each chapter's topic, these maps and documents come from many different countries. Follow-up questions ask you to extract specific information and make cultural comparisons.

C. **A escuchar.** This listening comprehension activity is based on the native speaker interviews on the audio CDs. In these interviews, young adults from different parts of the Spanish-speaking world answer the same questions that you may be asked in section **D. Respuestas individuales.** In addition to supplying listening practice with native speakers from all of the countries in which the **Conversaciones creadoras** are set, this activity allows you to gather information through listening. The five questions in this activity help verify your understanding of the information transmitted, and they encourage you to make your own observations and comparisons.

D. **Respuestas individuales.** These two topics call for individual reflection and response. Occasionally, you may be asked to lead the class in a discussion of one of these topics. By contrasting your answers with those of the native speakers on the CDs, you can make cultural connections and comparisons that are relevant to your own life.

E. **Contestaciones en parejas.** These two task-based activities for two participants reinforce specific language functions and encourage you to express your opinions on real-life issues.

F. **Proyectos para grupos.** This section presents two concrete projects to be accomplished by small groups of four or five students.

G. **Discusiones generales.** These two activities include topics for full-class discussions, surveys, or spontaneous group narrations. You may be asked to facilitate a discussion or to record information from a group conversation.

12. Vocabulario útil. Arranged by topics, this word bank is structured like the **Vocabulario básico,** with additional space under **Vocabulario individual** for you to record other new words that you learn. This supplementary vocabulary section is designed to help you in two ways. First, while you are creating scenarios, it serves as an initial resource, *before* you consult your dictionary or your instructor. Second, it helps you increase your vocabulary for the **Escenas** and for the activities and projects in the section **Más actividades creadoras.** If you were to learn all of the words and expressions in these word banks, you would increase your vocabulary by over 1,500 items.

Chapter Assignments

In each chapter of *Conversaciones creadoras,* you will benefit from understanding the information in the **Notas culturales** and from knowing the **Vocabulario básico.** The **Conversación creadora** is the centerpiece of each chapter. Beyond these fundamentals, the specific assignments for each chapter will vary. Your instructor will personalize this book for you, for your class, and for your course, by assigning certain sections of it.

Learning Strategies

The progress you make towards perfecting your Spanish is directly proportional to the amount of time you invest. To maximize learning, try to spend as much time as you can with each chapter: reading (silently and out loud), listening to the audio CDs and practicing pronunciation, writing, and doing Internet research. Set aside a certain period of time each day for Spanish, and use it in ways that keep you interested. Keep a log of grammar questions, and find the answers. Record your language growth by keeping a master list of new words and consider keeping a culture log or journal to record new information. To acquire vocabulary, rely on the techniques that suit your learning style, such as flashcards, study groups, repetitive writing, and oral practice. Improve your listening abilities by getting as much exposure to native speech as you can. To sharpen listening skills, try to summarize the native speaker interviews on the CDs. Spanish-language television is another excellent source of listening opportunities; check your local TV listings for available programming.

Above all, take charge of your progress. Your instructor and this text are resources, but you are the source: the best person to manage your growth in Spanish is you.

First-Week Preliminary Activities

During the first week of class, your instructor will be measuring your level of proficiency. This evaluation may take a number of forms, but it will always include observation of your speaking and listening skills. In the first week of class, you also will explore the concept of role playing in everyday life. The following preliminary assignments allow you to practice role playing, and they permit your instructor to observe your Spanish. As an added bonus, these activities enable class members to get acquainted with one another.

Preliminary Activity A

Presentaciones individuales

1. Think about introductions in general. Do you know who is introduced to whom? (General rules of etiquette for introductions are the same in English-speaking and Spanish-speaking cultures. One helpful tip is that the "most honored person"—the one *to whom* another is introduced—is usually the one whose name is said first.) Think about how you would introduce yourself in various situations. For example, how would you introduce yourself to someone whom you found attractive at a party? How would you introduce yourself to the Dean of Students? What do these different introductions say about your presentation of self?

How would you introduce yourself in your role as student to another member of the class? What would you reveal about yourself? What questions would you ask in order to find out more about your classmate? What questions would you refrain from asking?

2. Pair up with the person next to you, and spend ten minutes getting to know each other in Spanish. (For help with vocabulary, see the **Vocabulario básico** and the **Vocabulario útil** sections of Chapter 7, beginning on pages 177 and 194.) A group can contain three instead of two members, so that everyone can participate.

After ten minutes, each pair (or group of three) should take a turn in front of the class. You will introduce your classmate to the group and say something about him or her, speaking for one or two minutes. He or she will then introduce you.

Preliminary Activity B

Una fiesta

1. Using Spanish, create an imaginary identity for yourself: someone whom you would like to be in ten years. Perhaps you will be an international film star, perhaps an astronaut; make your choice interesting. Practice talking about yourself in Spanish in this new identity.

2. Imagine that your classroom is a private home in Buenos Aires where a party soon will take place. Before the party begins, your instructor will review introductions, polite conversational exits, and certain strategic locations (such as where beverages are served, and where the bathroom is located). After this briefing, you are on your own. Your assignment is to meet and speak with at least five people at the party, using your imaginary identity. Be prepared to tell the class about some of the interesting people you met at the party.

Creating Scenarios with the **Conversaciones creadoras**

Creating scenarios is a lot like attending a party under an assumed identity. Both involve playing a role in a structured, yet open-ended, situation. A scenario always involves two or more people—each with his or her own objectives—in a shared context. An unfinished story always involves a conflict. Creating scenarios, then, involves interpersonal negotiation. Your goal will be to balance competing agendas and achieve closure to a drama, as if you were living it in a Hispanic setting.

The practical aspects of creating scenarios in class emphasize autonomous group effort. Your instructor will provide certain guidelines or criteria. These will include specific performance expectations, such as scenario duration (number of minutes) and number of scenes, and may include directions for forming groups. All other decisions that go into shaping a scenario are up to you.

Creating scenarios involves three steps. At first, your scenarios will be "scripted," involving the production of a written plan of action and speech. Later, you may move on to "unscripted," less structured scenarios with no notes or just a single note card as support for your character's role.

1. Rehearsal *(Planning)*. Each group will brainstorm to devise an ending to the story. Your goal is to pick a role and take the point of view of your character, using Spanish as much as possible. Once you have outlined your group's ending, you will write out the scenario script in dialogue form. *It is imperative that all writing be done in Spanish, including drafts.* Next you will practice your roles, singly and together.

2. Performance *(Presenting)*. Your group will take its turn acting out its scenario for the class. Scenario performance usually will begin where the chapter dialogue ends. It is not necessary for you to memorize your lines, although you should be comfortable with your part. The less you rely on a script, the easier it will be to move to unscripted, spontaneous scenarios.

3. Debriefing *(Discussing)*. The final phase of scenario work is the critique. First, you will be asked to report what happened in other groups' scenarios, and to offer comments and ask questions. Next, your instructor will provide feedback. On occasion, he or she may videotape your performances and play them back for you. For scenario performance, as for other oral tasks, a number of key areas will be evaluated: how well you make yourself understood, how fluently you speak, how much information you communicate, how grammatically correct your speech is, how much effort you make to communicate, and how believable your words and actions are in their cultural setting.

You will get the most out of creating scenarios if you actively step into the roles of specific characters, imagining their situations and how they feel. For any given character—including those played by others—try to grasp his or her agenda, feelings, and place in the surrounding culture. This effort will yield two major benefits. The first is long-term language growth. Research has shown that long-term memory is tied to experience (simulated as well as real) and is associated with emotion. The second benefit is cultural competence. Your informed insights will make you a more knowledgeable, and welcome, participant in Spanish-speaking communities throughout the world.

CAPÍTULO 1

El turismo y los hoteles

OBJETIVOS: Aprender a...

◆ obtener, interpretar y presentar información relacionada con el turismo y los hoteles.

◆ participar en las actividades de un hotel.

◆ discutir hasta resolver un conflicto.

NOTAS CULTURALES
Hispanoamérica

*Playa Tárcoles en la costa
Pacífica de Costa Rica*

Las vacaciones son una actividad importante en el mundo hispano. Mientras que las familias de clase media acostumbran viajar dentro de su país, las familias más adineradas viajan a otros países, tanto del continente americano[1] como de Europa. En los países del Cono Sur (Argentina, Chile, Paraguay y Uruguay), la temporada vacacional alta° ocurre en enero y febrero cuando termina el año escolar; es cuando mucha gente sale a veranear° por una o dos semanas a la playa o al campo. En el resto de Suramérica, en Centroamérica y en México (al igual que en los demás

la... *the high season for vacations*

to spend one's summer vacation

---

[1]En la cultura hispanohablante, se concibe las Américas como un solo continente entre cinco: América, Europa, Asia, África y Oceanía (que incluye Australia, Nueva Zelanda y otras islas del océano Pacífico).

países de Norteamérica) la temporada alta abarca los meses de julio y agosto. La duración de las vacaciones varía según las leyes laborales° de cada país y pueden ser de seis días a cuatro semanas. A través de todo el mundo hispano, los días festivos de Navidad y de Pascua (Semana Santa)° también se celebran, así como otros días feriados° asociados con fiestas nacionales, religiosas y locales.

    La extraordinaria riqueza geográfica y cultural de Hispanoamérica ofrece una extensa variedad de lugares para pasar las vacaciones. Punta del Este en Uruguay y Viña del Mar en Chile son dos populares centros turísticos costeros,° conocidos por su elegancia y su gran diversidad de actividades. Además de playas hay campos de golf, canchas° de tenis, gimnasios y piscinas. Estos centros turísticos también son famosos por sus casinos y discotecas donde acude° la gente después de asolearse.° Asimismo, en los países del Caribe y Centroamérica hay playas maravillosas que atraen a los a que les gustan el sol y el mar. En México hay playas y balnearios° muy conocidos en ambas costas: Acapulco, Cabo San Lucas, Huatulco, Puerto Vallarta e Ixtapa-Zihuatenejo están en la costa del Pacífico; Cancún y la isla de Cozumel se hallan en la costa caribeña.

    Existe mucho turismo relacionado con los sitios de gran interés histórico y cultural. En la parte central de México se encuentran las ruinas de la civilización azteca; las de la civilización maya, como lo son Palenque, Uxmal y Chichen-Itzá, están en el sureste de México. En Guatemala se encuentran las famosas ruinas de Tikal y en Honduras las de Copán. En Perú se hallan las huellas° de la civilización de los incas como, por ejemplo, en el Camino Inca y Machu Picchu. Para aprovechar° los viajes a estos monumentos, sobre todo cuando están en localidades remotas, es preferible ir en excursiones organizadas y con guías expertos.

    El «ecoturismo» también se ha hecho muy popular. Para ponerse en contacto con la naturaleza y para aprender cómo proteger el ecosistema, algunos turistas aventureros van a las selvas tropicales° de Chiapas, en México, y a las de Belice, Costa Rica, Panamá, Colombia, Ecuador o Perú. Allí encuentran lugares remotos de extraordinaria belleza como la Reserva Biológica Bosque Nuboso en Monteverde, Costa Rica, donde habita el bellísimo quetzal.° Otro lugar impresionante está al norte de Argentina en las fronteras con Brasil y Paraguay, donde se localizan las famosas cataratas del Iguazú. Estas cascadas son las mayores del mundo en extensión, con 275 saltos° y rodeadas° de una floresta° subtropical que alberga° a más de 200 especies de animales.

    En cuanto al alojamiento° existen tres tipos: hoteles, hostales (conocidos como moteles o albergues juveniles en algunos países) y pensiones o casas de huéspedes.° Los hoteles se clasifican según el número de estrellas que el Ministerio de Turismo les asigna, de una estrella (los más sencillos) a cinco (los más lujosos); últimamente en algunos países se aplica la clasificación de «Gran Turismo» para establecimientos de gran lujo.° En algunas

leyes... *labor laws*

Pascua... *Easter (Holy Week)* / **días...** *holidays*

centros... *seaside resorts*
courts

go / sunbathing

seaside resorts

traces
to make the most of

selvas... *rain forests*

Central American bird

waterfalls / surrounded by / grove / hosts
lodging

casas... *guest houses*

luxury

ciudades existen aparthoteles, que ofrecen las ventajas de un apartamento con varios cuartos y cocina, además de los servicios de un hotel. Algunos hoteles ofrecen paquetes que incluyen transporte, alojamiento y desayuno. Los hostales son para los viajeros menos exigentes° porque tienen habitaciones modestas que algunas veces no disponen de° baño privado. Las pensiones o casas de huéspedes son aún más económicas. En algunos hoteles se puede reservar una habitación con «pensión completa» o «media pensión». El precio de la pensión completa incluye la habitación y todas las comidas, mientras la media pensión incluye el desayuno y otra comida.

demanding
disponen... *have available*

Antes de emprender° cualquier viaje a un país hispanoamericano es útil buscar y, si es posible, consultar su sitio en la red° para enterarse de las últimas novedades° y para ver qué requisitos de viaje hay que cumplir.° El gobierno de los Estados Unidos también mantiene en **http://travel.state.gov** un sitio Web con información y consejos° para el viajero.

Antes... *Before undertaking*
sitio... *website*
news / to fullfill

advice

España

Parador San Marcos, renovado monasterio del siglo XVI en León

En España se les suele dar a los trabajadores un mes de vacaciones.[2] Aparte de estas vacaciones, el gobierno nacional permite catorce días de fiesta en el calendario laboral.° En general, los trabajadores españoles acogen° con alegría el hecho de que una fiesta caiga en jueves porque se hace puente,° es decir ya no se vuelve hasta el lunes siguiente a trabajar. Si la fiesta cae en martes, también puede inhabilitarse° el lunes, pero no es tan frecuente.

Como destino° turístico, España es el número tres del mundo (después de Francia y los Estados Unidos) en cuanto al número de visitantes anuales. Es un país de variados paisajes y distintas regiones. Al noroeste está la costa de Galicia donde hay antiguos pueblos de pescadores. La Costa Brava está al noreste y se destaca por sus acantilados° y su belleza natural. Las

calendario... *work calendar / receive / bridge*

to give oneself a holiday
destination

cliffs

---

[2]Las leyes laborales especifican veintidós días hábiles (*working days*) al año.

playas más famosas están al sur en la Costa del Sol, donde las ciudades de Marbella, Torremolinos y Málaga atraen a miles de turistas cada año. Las islas Canarias y las Baleares también figuran entre los lugares más frecuentados, porque suele estar garantizado el buen tiempo en casi todas las épocas del año.

Uno de los mayores alicientes° para emprender un viaje a España está en conocer su riqueza histórica y cultural. Por todas partes hay una muestra° impresionante de estilos, desde la época romana como en el caso del acueducto de Segovia hasta museos de reciente y audaz° arquitectura como el Guggenheim de Bilbao.

En cuanto al alojamiento hay una gran variedad. El viajero puede consultar la Secretaría° General de Turismo, que mantiene una lista de hoteles catalogados por categorías que van de una ★ (estrella) a cinco ★★★★★ (estrellas). Asimismo ofrece listas de casas de huéspedes rurales, albergues juveniles, apartamentos, monasterios con hospedería,° paradores° y campings.°³ Quizás los sitios más pintorescos y encantadores para hospedarse° son los paradores nacionales. La mayoría son antiguos monasterios, conventos, palacios y castillos. Fueron renovados° por el gobierno para transformarlos en hoteles de lujo y fomentar° así el turismo. Los precios de los paradores nacionales son razonables si se tiene en cuenta que la mayoría son hoteles de tres o cuatro estrellas.

incentives

display
daring

Office

lodging / inns
camping sites / to stay

renovated
to promote

Comprensión y comparación

Conteste las siguientes preguntas en la forma indicada por su profesor/a.

Hispanoamérica

1. ¿Qué significa la «temporada vacacional alta»? ¿Cuándo es, y qué ocurre durante ese tiempo? _____

_____

2. ¿Cuánto tiempo de vacaciones recibe por lo general el trabajador hispanoamericano, y por qué? ¿Cómo se determina el tiempo de vacaciones en los Estados Unidos? _____

_____

3. ¿Cuáles son algunos lugares donde se puede hacer turismo cultural? ¿Qué sitios recomendaría Ud. para el turismo cultural en su propia región y por qué? _____

_____

4. ¿Qué es el ecoturismo? ¿Dónde existe este tipo de turismo? _____

_____

---

³Para encontrar esta información en la red, vaya a **www.spain.info/Tourspain/?language=es** y seleccione **Alojamientos.**

5. ¿Qué tipos de alojamientos puede encontrar el turista en Hispanoamérica? ¿Cómo se comparan estos alojamientos con los que se encuentran en su país?

6. ¿Qué significa tener una habitación con «pensión completa», y qué significa tener una con «media pensión»?

España

7. Aparte de las vacaciones, ¿cuántos días de fiesta hay en el calendario laboral español? ¿Cuántos días de fiesta hay en el calendario nacional de su país?

8. ¿Qué significa «hacer puente» y cuándo se hace?

9. ¿Cuáles son cuatro regiones que atraen a los turistas, y por qué?

10. ¿Qué son los paradores nacionales?

Conexión Internet

Investigue los siguientes temas en la red. Vaya primero a **http://college.hmco.com/languages/spanish/students,** *y de ahí al sitio de* **Conversaciones creadoras** *para encontrar enlaces* (links). *Si busca sus propios enlaces, será necesario hacer clic en* «español» *y apuntar las direcciones* (addresses) *que utilice.*

1. **Los parques nacionales de Costa Rica.** Escoja dos parques nacionales que le gustaría visitar, indicando dónde están y por qué le interesan. Luego, investigue los hoteles que quedan cerca de estos dos parques. Señale dos hoteles en los que le gustaría alojarse *(to stay)* —uno en la región de cada parque— y explique por qué los escogió.

2. **El tiempo y la geografía.** Investigue qué tiempo hace ahora en México, en un país de Centroamérica, en uno de la región del Caribe, en un país andino, y en un país del Cono Sur. ¿Cómo se relaciona la geografía con el tiempo en estas cinco regiones de Latinoamérica? Basado en el pronóstico para la semana que viene, ¿a qué región prefería ir, y por qué?

3. **Planeando un viaje.** Planee un viaje de seis días para la semana que viene, a un destino hispanoamericano. Explique adónde quiere ir y por qué, señalando dos actividades que quiere hacer allí. También busque un hotel en el que le gustaría alojarse.

4. **Los paradores de España.** Investigue tres paradores que le interesan, y
   explique por qué le gustan. ¿Cómo se comparan estos paradores con algunos
   hoteles en su región?

Vocabulario básico

*Escuche las siguientes palabras y expresiones en el disco compacto, y repítalas para
practicar la pronunciación.*

EL TURISMO

Sustantivos

el alojamiento	*lodging*
el balneario	*spa, seaside resort (H.A.)*
el consejo	*advice*
el crucero	*cruise*
la cuenta, la factura	*bill, check*
el destino	*destination*
la estadía *(H.A.)*, la estancia *(Mex., Sp.)*	*stay*
la excursión	*tour*
el folleto	*brochure*
el/la huésped	*guest*
el mostrador	*counter*
el placer	*pleasure*
el presupuesto	*budget*
la propina	*tip*
la tarifa	*rate, fare*
la ventaja	*advantage*

Verbos

aprovechar	*to take advantage of, to make the most of (something)*
asegurar	*to assure*
divertirse (ie)	*to have a good time, to enjoy oneself*
emprender	*to undertake*

Adjetivos

lujoso/a, de lujo	*luxurious, deluxe*
módico/a	*moderate, reasonable* (referring to price)

Expresiones

contar (ue) con	*to count on; to have*
guardar silencio	*to remain silent*
meterse donde no le llaman	*to butt in*

Práctica del Vocabulario básico

Cada palabra o expresión será utilizada dos veces en los siguientes ejercicios.

A. **Párrafo con espacios.** *Llene cada espacio en blanco con la forma correcta de la palabra más apropiada de la siguiente lista.*

aprovechar	la estadía
el balneario	el placer
el consejo	módico/a
el crucero	el presupuesto
el destino	la ventaja

Elena y Marcos están escogiendo un (1) _____ para sus

vacaciones. Elena piensa que un (2) _____ por el Caribe

con una (3) _____ de diez días a bordo sería un sueño,

pero Marcos piensa que sería aburrido. Elena entonces le sugiere una visita

a un (4) _____ elegante como el Fontainebleau Hilton

Resort and Spa en Miami Beach, pero Marcos cree que sería demasiado caro

para su modesto (5) _____. Elena sugiere que pidan el

(6) _____ de un agente de viajes con mucha experiencia

como, por ejemplo, su tía Isabel quien podría ayudarles. Por fin los dos

deciden (7) _____ los recursos de la tía y la llaman. Ella

les ayuda con (8) _____ a encontrar un crucero muy

romántico de cinco días, que tiene la (9) _____ de ser

también muy (10) _____ de precio. Muy contentos, Elena

y Marcos escogen el crucero para unas vacaciones inolvidables.

B. Definiciones. *Empareje las columnas.*

_____ 1. una mesa usada para presentar o servir en las tiendas

_____ 2. pasarlo bien

_____ 3. empezar

_____ 4. una persona que se aloja en un hotel

_____ 5. dinero que se da a una persona por algún servicio

_____ 6. el lugar en que uno se queda durante un viaje

_____ 7. un librito que explica algo

_____ 8. un precio anunciado por un hotel o una aerolínea

_____ 9. un viaje organizado

_____ 10. lo que hay que pagar

_____ 11. un plan financiero

_____ 12. ocuparse de los asuntos de otros sin invitación

_____ 13. tener

_____ 14. a costo moderado

_____ 15. obtener beneficio de una cosa

a. emprender
b. contar con
c. la tarifa
d. el presupuesto
e. el mostrador
f. divertirse
g. la excursión
h. el alojamiento
i. la propina
j. el folleto
k. meterse donde no le llaman
l. el huésped
m. aprovechar
n. módico
ñ. la cuenta

C. Sinónimos o antónimos. *Para cada par de palabras, indique si el significado es igual (=) o lo opuesto (≠).*

1. la ventaja _____ la desventaja
2. la tarifa _____ el precio
3. el destino _____ la salida
4. divertirse _____ hacer algo que le dé gusto
5. la excursión _____ el viaje independiente
6. el consejo _____ la recomendación
7. asegurar _____ poner en duda
8. el huésped _____ alguien que no es admitido
9. el alojamiento _____ los hoteles, los hostales y las pensiones
10. lujoso _____ de lujo
11. el crucero _____ el viaje marítimo
12. el placer _____ el disgusto
13. contar con _____ depender de
14. la propina _____ la recompensa
15. guardar silencio _____ hablar

D. Analogías. *Subraye la respuesta más apropiada para duplicar la relación que existe entre las palabras modelo.*

> **EJEMPLO:**   el libro: la biblioteca
> la película: a. la habitación
> b. divertirse
> c. el cine

1. poco: mucho
    modesto: a. módico
    b. lujoso
    c. el presupuesto

2. la taza: el vaso
    la mesa: a. el folleto
    b. contar con
    c. el mostrador

3. salir: entrar
    terminar: a. emprender
    b. divertirse
    c. aprovechar

4. cantar: callarse
    hablar: a. meterse donde no le llaman
    b. guardar silencio
    c. asegurar

5. el restaurante: el menú
    la agencia de viajes: a. el folleto
    b. la ventaja
    c. el huésped

6. vivir en su casa: visitar un hotel
    la residencia permanente: a. la estancia
    b. el consejo
    c. la ventaja

7. escuchar: oír
    interferir: a. asegurar
    b. aprovechar
    c. meterse donde no le llaman

8. la música: el concierto
    el descanso: a. el presupuesto
    b. el mostrador
    c. el balneario

9. comer: cenar
    afirmar: a. guardar silencio
    b. asegurar
    c. aprovechar

10. leer: el libro
    pagar: a. la ventaja
    b. el consejo
    c. la factura

CONVERSACIÓN CREADORA
En la recepción del hotel

PERSONAJES

DON ANTONIO, 50 años
JUAN, su hijo, 20 años
PABLO, su hijo, 18 años
LAURA, recepcionista, 32 años
JORGE, recepcionista, 45 años

ESCENARIO

Vestíbulo de un hotel de lujo en Manuel Antonio (cerca de Quepos), Costa Rica.
Hay bastante movimiento de viajeros junto al mostrador de recepción. Don
Antonio y sus dos hijos, que acaban de llegar, arrastran° las maletas y esperan   drag
ser atendidos. Guardan silencio.

Escuche la siguiente conversación, y luego repítala para practicar la pronunciación.

DON ANTONIO:	*(A Laura)* ¿Podría atenderme, señorita, por favor?
LAURA:	Un momentico, ya lo atiendo.
PABLO:	*(A su hermano)* ¡Pura vida!⁴ Este hotel es increíble.
JUAN:	Pero si hay mucha confusión, y no conocemos a nadie. Yo ya no aguanto° más de pie. Estoy cansadísimo.
LAURA:	*(Al teléfono)* No, no tenemos absolutamente nada libre. Durante Semana Santa siempre pasa lo mismo. No insista, por favor, es imposible. *(A don Antonio)* Dígame, señor.
DON ANTONIO:	Tenemos una reservación por tres días a nombre de Antonio Fuentes. Dos habitaciones comunicadas.°
LAURA:	Déjeme ver. *(Laura consulta su computadora.)*
PABLO:	*(Acercándose a Juan mientras empuja una maleta con el pie)* ¿Ves cómo ya nos atienden? Te pones insoportable.° Ya sabes que a papá le hace mucha ilusión° este viaje.
LAURA:	*(A Jorge, en voz baja)* Oye, aquí no figura ninguna reservación a nombre del señor Fuentes. ¿No la tendrás tú en tu computadora?
JORGE:	*(Impaciente)* Por favor, Laura, no puedo hacerlo todo. Mira la gente que tengo. Si no figura ahí, será que no hicieron reservación.
JUAN:	*(Avanzando hacia el mostrador)* ¿Cómo que no hicimos reservación? Entonces mi padre es un mentiroso.°
DON ANTONIO:	Por favor, hijo, no te metas donde no te han llamado. *(A Laura)* Nosotros llamamos la semana pasada, desde San José. Me aseguraron que podía contar con las habitaciones.
LAURA:	*(Sigue mirando la computadora cada vez más° nerviosa.)* Pues aquí no aparece registrado, lo siento, señor. ¿Recuerda con quién habló?
DON ANTONIO:	*(Sacando la billetera° y buscando un papelito)* Lo tengo apuntado en algún sitio, espere que lo estoy buscando.
JUAN:	*(A su hermano)* Lo de siempre. Papá es un completo desorden.°
DON ANTONIO:	Aquí está la información, pero falta el nombre del hombre con quien hablé. Creo que se llamaba Miguel Ramírez o Miguel Domínguez. Sí, eso fue, Miguel Domínguez.
JORGE:	*(Interviniendo)* Aquí no hay ningún empleado con ese nombre. Perdone, señor, ¿a qué hotel viene?
DON ANTONIO:	Al Hotel Bellavista.

Margin glosses: **no...** *can't endure* · *connecting* · **Te...** *You're becoming unbearable* / **le...** *is so looking forward to* · *liar* · **cada...** *more and more* · *wallet* · *mess*

---

⁴Éste es un regionalismo costarricense que aquí significa «¡Qué maravilla!». También se usa como un saludo («Hola») y como una expresión de bienestar («Estoy bien, gracias»).

Comprensión

A. ¿Qué pasó? *Conteste cada pregunta con una oración.*

1. ¿Por qué están don Antonio Fuentes y sus dos hijos en Manuel Antonio? _____
_____

2. ¿Qué problema encuentra don Antonio cuando va a registrarse? _____
_____

3. ¿Por qué piensa don Antonio que tiene una reservación? _____
_____

4. ¿Por qué dicen los recepcionistas que don Antonio no hizo reservación? _____
_____

5. ¿Qué necesita hacer don Antonio? _____
_____

B. ¿Qué conclusiones saca Ud.? *Indique la(s) letra(s) que corresponde(n) a la mejor respuesta.*

1. ¿Qué adjetivo describe mejor a don Antonio?
   a. bien organizado
   b. eficiente
   c. desorganizado
   d. ordenado

2. ¿Cómo se sienten los dos hermanos cuando esperan ser atendidos?
   a. Juan está entusiasmado con el hotel mientras su hermano está muy cansado.
   b. Pablo está entusiasmado con el hotel mientras su hermano está cansadísimo.
   c. Los dos hermanos están muy cansados y a ninguno le gusta estar allí.
   d. Los dos hermanos están muy entusiasmados con el hotel.

3. ¿Cómo reacciona Jorge cuando Laura le pide ayuda?
   a. Parece estar dispuesto a ayudarla porque no tiene mucho que hacer.
   b. Parece que él se complace en hacer *(takes pleasure in doing)* todo el trabajo.
   c. Es muy atento con *(attentive to)* Laura y por eso quiere ayudarla.
   d. Está impaciente porque necesita atender a otra gente en este momento.

4. ¿Por qué le dice don Antonio a Juan que no se meta donde no le han llamado?
   a. porque Juan ha intervenido en la discusión entre don Antonio y Laura
   b. porque Juan ha intervenido en la discusión entre su padre y su hermano
   c. porque a Juan no le gusta el Hotel Bellavista
   d. porque Juan está discutiendo con su hermano

5. Cuando don Antonio dice que viene al Hotel Bellavista, ¿cuáles son las posibles implicaciones?

   a. Don Antono hizo una reservación en este hotel, pero por alguna razón los empleados no pueden encontrarla.

   b. Don Antonio y sus hijos no están en el Hotel Bellavista.

   c. Don Antonio hizo una reservación para otro hotel con el mismo nombre.

   d. a, b y c

Conclusión

Después de dividirse en grupos, inventen una conclusión en forma de diálogo a la **Conversación creadora** *En la recepción del hotel. Empiecen con la distribución de papeles (roles). Luego, discutan sus ideas para la conclusión. Consulten el* **Vocabulario útil** *al final del capítulo para obtener ayuda con el vocabulario del turismo, el hotel, el tiempo y las discusiones. La conclusión de su grupo será presentada luego al resto de la clase.*

INSTRUCCIONES

_____

_____

PERSONAJES

Don Antonio _____

Juan _____

Pablo _____

Laura _____

Jorge _____

IDEAS PARA SU CONCLUSIÓN

_____

_____

_____

_____

_____

_____

_____

Enlace gramatical

Ser y estar

Los usos de ser

1. Para identificar, describir o definir.

   Entonces mi padre **es** un mentiroso.
   Las vacaciones **son** una actividad importante en el mundo hispano.

2. Con adjetivos para expresar características o cualidades intrínsecas.

   Estos centros turísticos **son** famosos por sus casinos y discotecas.

3. Para indicar profesiones, nacionalidades (origen), materiales, asociaciones (por ejemplo, religión, partido político) y posesión.

   Laura y Jorge **son** recepcionistas.

4. Con los participios pasados para formar la voz pasiva.

   Don Antonio y sus hijos esperan **ser** atendidos por un recepcionista.

5. Para expresar dónde tiene lugar un evento.

   La ceremonia de inauguración de la Conferencia Internacional Sobre Ecoturismo **será** en el auditorio del instituto.

6. Para expresar la hora, el día o una fecha.

   El aniversario de la fundación del Parque Nacional Manuel Antonio **es** el 15 de noviembre.

7. Con expresiones impersonales.

   Es preferible ir en excursiones organizadas y con guías expertos.

Los usos de estar

1. Para expresar lugar o ubicación de personas y cosas.

   Don Antonio y sus hijos **están** en la recepción del hotel.

2. Con adjetivos y con participios pasados usados como adjetivos para expresar condiciones o estados.

   A veces Jorge **está** impaciente.
   Los huéspedes **están** sentados en el vestíbulo *(lobby)* del hotel.

3. Con los gerundios (-ando, -iendo) para formar los tiempos progresivos.

   Lo tengo apuntado en algún sitio, espere que lo **estoy** buscando.

4. Con algunas expresiones.

estar de vacaciones	estar con ganas de
estar de viaje	estar de buen/mal humor
estar de vuelta / estar de regreso	estar listo/a
estar de acuerdo	estar de pie

¿**Estás** listo? El autobús sale para San José a las ocho.

Práctica

A. Saludos desde Costa Rica. *Complete este correo electrónico con las formas apropiadas de* **ser** *y* **estar.**

Hola a todos,

¡Pablo y yo (1) _____ de vacaciones en Costa Rica! Hoy yo les (2) _____ escribiendo desde un café Internet en San José. Mañana vamos a hacer una excursión al Parque Nacional Manuel Antonio. El parque (3) _____ ubicado en la costa Pacífica y (4) _____ uno de los más visitados del país. Unos amigos costarricenses me han dicho que las playas de Manuel Antonio (5) _____ hermosísimas y la variedad de especies que se puede ver en el bosque tropical (6) _____ asombrosa. Tengo muchas ganas de ver un mono cariblanco (*white-faced capuchin monkey*), pues dicen que adonde vamos hay muchos.

Hasta pronto, cariños y abrazos de

Ana

B. En la recepción del hotel en Manuel Antonio. *Laura y Jorge reciben llamadas telefónicas y atienden a los huéspedes en la recepción del hotel. Complete cada pregunta con las formas apropiadas de* **ser** *y* **estar.** *Los tiempos pueden variar.*

1. —Quisiera hacer una reservación por dos días. ¿ _____ todas las habitaciones modernas, con conexión Internet y cable?
   —¡Claro! Aquí Ud. puede disfrutar de (*enjoy*) todas las amenidades.

2. —¿Me podría decir si el Parque Nacional Manuel Antonio _____ abierto hoy?
   —No, desafortunadamente no se puede visitar el parque los lunes.

3. —¿ _____ necesario hacer una excursión guiada?

   —No, en el centro de información _____ disponibles mapas del parque y algunos folletos.

4. —Hoy algunos ecólogos van a dar una charla sobre la biodiversidad, ¿verdad?

   —Sí, la presentación _____ en el salón de conferencias del hotel a la una.

5. —Por favor, me interesaría saber cuánto cuestan las habitaciones de lujo.

   —Pues, durante la temporada alta cuestan $220. Tienen balcón privado con vista al mar y _____ más grandes que las otras habitaciones.

6. —Disculpe, señor. ¿Me podría decir cuándo _____ fundado el Parque Nacional Manuel Antonio?

   —Se estableció en noviembre de 1972.

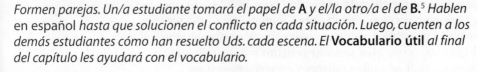

Escenas

*Formen parejas. Un/a estudiante tomará el papel de **A** y el/la otro/a el de **B**.[5] Hablen en español hasta que solucionen el conflicto en cada situación. Luego, cuenten a los demás estudiantes cómo han resuelto Uds. cada escena. El **Vocabulario útil** al final del capítulo les ayudará con el vocabulario.*

1. **A** For the first time in years, you are taking a much-needed vacation, and you want a travel agent to arrange a trip to Spain for you and your partner. You really want to get away from it all; your dream is to experience life in a quiet seaside town, such as Bayona on the Atlantic coast near Pontevedra (Galicia), where a Spanish friend of yours spends the summer. Try to convince your partner to take this trip.

   B You have searched the Internet and found a one-week package to Torremolinos on Spain's Costa del Sol, a built-up beach area with high-rise hotels and an active nightlife. You think that you and your partner would have a lot of fun in Torremolinos, and that you could save money by booking online. Try to persuade him or her to take this trip.

---

[5]*Si hay un grupo de tres, hagan la cuarta escena con el papel de «C».*

2. **A** You are packing for a two-week trip by plane. You think that it is important to keep all your belongings in one (bulging) carry-on bag. This way you will avoid baggage claim inconveniences and be sure that your luggage arrives when you do. You are determined to convince your traveling companion to pack the same way.

    B You are packing for the same two-week trip, using a large suitcase that must be checked through on your flight. However, the suitcase is half empty, since you plan to use it to bring back souvenirs **(recuerdos).** You want to convince your companion that you should both bring spacious suitcases.

3. **A** You are a photographer **(un/a fotógrafo/a)** from Costa Rica who is checking into a hotel in Mendoza, Argentina, late at night, with tickets for every session of tomorrow's international ecology conference. You have just learned that the hotel has given away your reservation, and there are no rooms available. You see another person with photography equipment in the lobby who appears to be alone. Try to convince him or her to let you have the extra bed in his/her room for the night. Offer to pay half the price of a room.

    B You are a photographer from Colombia who has been in Mendoza for two days covering the ecology conference. You are disappointed because you couldn't get tickets to some of tomorrow's sessions. You are a very independent person, and the thought of sharing your hotel room does not appeal to you. However, you are almost out of money. Try to recover as much of your cost as possible if you share your room, preferably the full 400 pesos that the room cost. (**Un peso argentino =** approximately three U.S. dollars; consult an online currency converter such as **www.xe.com/es,** a newspaper or a bank for the latest exchange rate.)

4. **A** You have always dreamed of going to Costa Rica for a vacation. You dislike tours but fear that your Spanish is not good enough to travel on your own. You decide to consult a travel agent who is a native speaker of Spanish. Although you've never met, you trust the agent because he or she is dating your cousin.

    B You are an aggressive travel agent. You have just sold nine package tours to Mexico, and you will receive a cash prize as soon as you sell one more. You think this customer's Spanish is adequate for traveling alone in Central America, but you would like to convince him or her to buy a package tour.

    C You are a friend of A's who is going on this vacation with him or her. You think that your companion speaks Spanish well enough to travel independently. Try to convince him or her to reject the tour, or at least to think about it some more.

Más actividades creadoras

El **Vocabulario útil** *al final del capítulo le ayudará con estas actividades.*

A. Dibujos. *Invente una narración, tomando los siguientes dibujos como punto de partida. Su cuento debe explicar quiénes son estos personajes, qué les ha pasado antes, qué está ocurriendo ahora y qué les va a pasar en el futuro.*

B. Uso de mapas y documentos. *Refiérase al mapa y a la tabla para contestar las siguientes preguntas.*

El tiempo

Despejado

Parcialmente nublado

Nublado

Llovizna

Lluvia

Aguacero y tormenta eléctrica

Pronóstico: Válido de las 6:00 a.m. a las 6:00 p.r
(Suministrado por el Instituto Meteorológico Nacional)

Valle Central: Durante el período, viento moderado y ráfagas del este. Lloviznas sobre la Cordillera Central. En la mañana, parcialmente nublado en el sector este. Poca nubosidad en el oeste. En la tarde, nublado.
Guanacaste: Durante el período, poca nubosidad y viento moderado del este. Lloviznas sobre la Cordillera de Guanacaste.
Pacífico Central: En la mañana, despejado con viento débil del este. En la tarde, poca nubosidad.
Pacífico Sur: En la mañana, despejado. En la tarde, poca nubosidad.

Zona Norte: Durante el período, nubosidad variable entre parcialmente nublado y nublado con lluvias intermitentes, especialmente en la mañana.
Vertiente del Atlántico: En la mañana, nublado con aisladas lluvias. En la tarde, nublado con lluvias sobre la región marítima.

Comentario

Ayer, imperó la actividad lluviosa sobre la Vertiente del Atlántico y la Zona Norte, así como sobre las Cordilleras principales del país. El campo de presión sobre la Cuenca del Caribe continúa provocando un viento alisio con velocidades moderadas. Por eso, la persistencia en las condiciones meteorológicas. Para las próximas horas se estima un cambio gradual en la velocidad del viento alisio y, con ello, una mejoría del tiempo sobre la región del Caribe.

Mareas mañana en todo el país

	Alta	Mts.	Baja	Mts.	Alta	Mts.	Baja	Mts.
Puntarenas	08:49	2.19	02:39	0.33	21:11	2.36	14:49	0.45
Quepos	08:42	2.11	02:38	0.41	21:04	2.26	14:46	0.52
Limón	06:56	0.33	13:56	−0.02	19:39	0.12	23:58	0.01

Fases de la luna

C. Menguante	L. Nueva	C. Creciente	L. Llena
6 Feb.	14 Feb.	23 Feb.	28 Feb.

Sol sale: 06:58   **Sol se pone: 18:42**

Clima de ayer

Estación	Máx.	Hr.	Mín.	Hr.	Hrs. Sol	MM. lluvia
San José	19.8	12:00	14.0	02:00	1.3	0.0
Alajuela	26.7	14:10	18.6	06:10	9.4	0.0
Puntarenas	34.0	15:40	23.0	04:10	9.6	0.0
Limón	27.3	13:50	21.0	07:30	1.1	4.5
Irazú	N.D.	N.D.	N.D.	N.D.	N.D.	N.D.
Pavas	23.2	12:30	17.5	06:50	1.8	0.0
Liberia	33.5	13:00	20.0	07:00	10.9	0.0
Palmar Sur	33.2	14:40	22.0	07:40	N.D.	0.0

Humedad relativa en San José: 84%

Fórmula de conversión: La temperatura en

$$\text{Grados Celsio} \times \frac{9}{5} + 32 = \text{Grados Fahrenheit}$$

$$\text{Grados Fahrenheit} - 32 \times \frac{5}{9} = \text{Grados Celsio}$$

1. ¿Dónde hizo más frío y dónde más calor el día anterior en Costa Rica?

2. Basando su opinión en el pronóstico, ¿a qué zona iría Ud. para un paseo? ¿Hay alguna zona adonde no iría?

3. Según esta información, ¿cómo es el clima de Costa Rica en febrero?

4. ¿Cuál es la fuente *(source)* de la información en este pronóstico?

5. ¿Cómo se compara este pronóstico con uno de su región en el mes de febrero?

C. A escuchar. *Escuche la entrevista en el disco compacto en la que una persona contesta algunas preguntas sobre el tiempo en su país. (Para ver las preguntas, refiérase al ejercicio D, número 1.) Luego, conteste las siguientes preguntas en la forma indicada por su profesor/a.*

1. ¿Cómo se llama la persona entrevistada, y dónde nació?

2. ¿Dónde vive ahora, y dónde estudia?

3. El día de la entrevista, ¿cómo fue el tiempo en Costa Rica?

4. ¿Cuántas estaciones hay en Costa Rica? ¿Cuándo comienza y cuándo termina cada una?

5. ¿Cómo se compara el clima costarricense con el clima de la región donde Ud. vive?

D. Respuestas individuales. *Piense en las siguientes preguntas para contestarlas en la forma indicada por su profesor/a.*

1. ¿Cómo está el tiempo hoy? ¿Cómo suele ser el tiempo en esta región, durante esta estación y durante todo el año? En su opinión, ¿qué región del mundo tiene el clima ideal?

2. ¿Cómo fue el mejor hotel en que Ud. se ha alojado? ¿Cómo fue el peor hotel en que se ha alojado?

E. Contestaciones en parejas. *Formen parejas para completar las siguientes actividades.*

1. Aquí hay una compilación de ciertas tendencias que exhiben algunos viajeros norteamericanos cuando van a otros países. Formando dos listas, indiquen cuáles son las características de un/a buen/a viajero/a y cuáles son las de un/a mal/a viajero/a. Cuando terminen, añadan sus propias características a las listas.

    A. *Buen/a viajero/a*   **B.** *Mal/a viajero/a*

  a. Le gusta probar comida típica del país.
  b. Le gusta caminar.
  c. Le molesta cuando alguien no le habla en inglés.
  d. Le preocupa mucho lo que estará pasando en su casa mientras no está allí.
  e. Las incomodidades le molestan mucho.
  f. Le gusta explorar lugares menos frecuentados por turistas.
  g. No le interesa la historia de otros países.
  h. Le gusta que todo sea igual que en su casa.
  i. Trata de adaptarse a las costumbres de la gente del país.
  j. Le gusta hablar con la gente.

2. Uds. tienen un presupuesto muy limitado para un viaje internacional de siete días. ¿Adónde irían y qué harían allí? ¿Qué tipo de alojamiento escogerían? ¿Qué harían para gastar menos dinero?

F. Proyectos para grupos. *Formen grupos de cuatro o cinco personas para completar estos proyectos.*

1. Consigan información en español, en la red y/o en la biblioteca, sobre un país hispano. Preparen un informe sobre este país, señalando su geografía, su patrimonio *(heritage)* cultural, y sus atractivos *(attractions)* para los turistas. Los siguientes sitios Web les pueden ayudar:
   lanic.utexas.edu/indexesp.html y **www.spain.info/Tourspain/?language=es**

2. Diseñen un folleto turístico describiendo su ciudad o pueblo como destino turístico.

G. Discusiones generales. *La clase entera participará en discusiones usando como base las siguientes preguntas.*

1. ¿Sacan Uds. muchas fotos cuando viajan, o creen que una cámara es una molestia o una intrusión? Defiendan sus posiciones.

2. ¿Qué conclusiones pueden sacar de esta tabla de hoteles y sus categorías? ¿Cómo se clasificarían algunos hoteles de su región?

SERVICIOS SEGÚN LAS CATEGORÍAS					
SERVICIO	**CATEGORÍA**				
	★★★★★	★★★★	★★★	★★	★
Climatización	Sí	Sí	Zonas nobles*	No	No
Calefacción	Sí	Sí	Sí	Sí	Sí
Agua caliente	Sí	Sí	Sí	Sí	Sí
Teléfono habitaciones	Sí	Sí	Sí	Sí	Sí
Teléfono general	Sí	Sí	Sí	Sí	Sí
Ascensores	Sí	Sí	Sí	Sí	Sí
Habitaciones individuales	Sí	Sí	Sí	Sí	Sí
Habitaciones dobles	Sí	Sí	Sí	Sí	Sí
Suites	Sí	No	No	No	No
Salones sociales	Sí	Sí	Sí	Sí	Sí
Servicio de Bar	Sí	Sí	Sí	No	No
Lavandería	Sí	Sí	Sí	Sí	Sí
Limpieza habitaciones	D	D	D	D	D
Cambio toallas	D	D	D	2S	2S
Cambio sábanas	D	D	3S	2S	S
TV	P	C	C	No	No
Transporte equipaje	Sí	Sí	Sí	No	No
Claves	**S:** Semanal; **D:** Diario; **P:** Privada; **C:** Sala común.				
	2S: Dos veces por semana; **3S:** Tres veces por semana.				
	*Vestíbulos, salones, comedores y bares				

Vocabulario útil

*La siguiente es una lista de palabras y expresiones selectas que le ayudarán en este capítulo. Para el vocabulario del aeropuerto, consulte la página 44. Al final de cada sección, Ud. puede usar el **Vocabulario individual** para acordarse de otras palabras nuevas que encuentre.*

EL TURISMO

Sustantivos

el cheque de viajero	*traveler's check*
el equipaje	*baggage, luggage*
el itinerario	*itinerary, trip plan*
el plazo (de tiempo)	*period (of time)*
el rollo de película	*roll of film*
la temporada turística	*tourist season*
el turismo nacional	*domestic travel*
el/la veraneante	*summer vacationer*
el veraneo	*summer vacation*
la zona turística	*tourist area*

Verbos

alojarse, hospedarse	*to stay*
dar la vuelta al mundo	*to take a trip around the world*
elegir (i)	*to choose*
hacer las maletas	*to pack*
hacer un viaje	*to take a trip*
instalarse	*to settle in*
organizar	*to organize, to arrange*
relajarse	*to relax*
veranear	*to spend one's summer vacation*

Adjetivos

fuera de temporada	*off season*
primera (segunda, tercera) categoría	*first (second, third) class*

Expresiones

Adonde fueres, haz lo que vieres. *(Ancient proverb)*	*When in Rome, do as the Romans do. (Take your cues from local customs.)*
¿Con cuánta anticipación?	*How far in advance?*
pasarlo bien/mal	*to have a good/bad time*

Vocabulario individual

_____   _____
_____   _____
_____   _____
_____   _____

EL HOTEL

Sustantivos

el aire acondicionado, la climatización	*air-conditioning*
la almohada	*pillow*
la bañera, la tina *(H.A.)*	*bathtub*
la bata de baño, el albornoz *(Sp.)*	*bathrobe*
el botones	*bellhop*
la caja	*cashier's desk*
la calefacción	*heating*
la cama individual	*single bed*
la cama matrimonial/de matrimonio	*double bed*
la casilla	*cubbyhole for mail and/or keys*
el champú	*shampoo*
el/la conserje	*concierge*
la conserjería	*concierge's desk*
el (cuarto)/la (habitación) doble	*double room*
el cuarto de baño	*bathroom*
la ducha, la regadera *(Mex.)*	*shower*
la funda de almohada	*pillowcase*
el/la gerente	*manager*
el jabón	*soap*
el lavabo	*sink*
la lavandería (el lavado y planchado)	*laundry (washing and ironing)*
la llave	*key*
la manta, la cobija *(H.A.)*, la frazada *(H.A.)*	*blanket*
la mucama *(H.A.)*, la camarera *(Mex., Sp.)*	*chambermaid, hotel maid*
el portero	*doorman*
el servicio a/de habitación, a/de habitaciones	*room service*
la recepción	*registration desk*
el recargo	*surcharge*
la reservación *(H.A.)*, la reserva	*reservation*
la sábana	*sheet*
el secador de pelo	*hair dryer*
el (cuarto)/la (habitación) sencillo/a	*single room*
la toalla	*towel*
el vestíbulo	*lobby*

EL TIEMPO

Sustantivos

el clima	*climate*
el granizo	*hail*
la lluvia	*rain*
la marea	*tide*
el/la meteorólogo/a	*weather person*
la niebla	*fog*
la nieve	*snow*
la nube	*cloud*
la nubosidad	*cloudiness*
el pronóstico	*forecast*
la ráfaga	*gust of wind*
la tormenta	*storm*
el viento	*wind*

Verbos

llover (ue)	*to rain*
lloviznar	*to drizzle*
nevar (ie)	*to snow*

Expresiones

Está despejado.	*It's clear out.*
Está neblinoso.	*It's foggy.*
Está nublado.	*It's cloudy.*
Hace buen tiempo.	*It's nice out.*, *The weather's good.*
Hace calor., Está caluroso.	*It's hot.*
Hace fresco.	*It's cool.*
Hace frío.	*It's cold.*
Hace mal tiempo.	*It's not nice out.*, *The weather's bad.*
Hace sol., Está soleado.	*It's sunny.*
Hace viento., Está ventoso.	*It's windy.*
Llueve a cántaros.	*It's pouring.*

Vocabulario individual

_____   _____

_____   _____

_____   _____

_____   _____

LAS ASERCIONES

A mi parecer...	*In my view . . .*
¡Buena idea!	*Good idea!*
Bueno.	*OK.*
Creo que...	*I believe that . . .*
En mi opinión...	*In my opinion . . .*
Eso me gusta.	*I like that.*
Estoy de acuerdo.	*I agree.*
Mire (Ud.)./Mira (tú).	*Look.*
Para mí...	*To me . . . , In my view . . .*
Pienso que...	*I think that . . .*
Por mí, Por mi parte...	*As far as I'm concerned . . .*
Por un lado... por otro lado...	*On one hand . . . on the other hand . . .*
¿Qué te/le parece...?	*What do you think . . . ?*
¿Qué tal si...?	*What if . . . (followed by a suggested action)*

LAS CONTRADICCIONES

De ninguna manera.	*Definitely not., No way.*
Eso no me gusta.	*I don't like that.*
No, es demasiado aburrido (caro)...	*No, that's too boring (expensive) . . .*
No estoy de acuerdo.	*I disagree.*
Pero si...	*But . . . (followed by an important fact to consider)*
¡Yo no!	*Not I! (Not me!)*

Vocabulario individual

_____   _____

_____   _____

_____   _____

_____   _____

LOS ACUERDOS Y LOS DESACUERDOS

Sustantivos

el acuerdo	*agreement*
el desacuerdo	*disagreement*
la riña	*quarrel, argument*

Verbos

aceptar	*to accept, to agree to*
aguantar (algo)	*to tolerate (something)*
consentir (ie)	*to permit, to allow*
despreciar	*to put down, to scorn*
discutir	*to discuss; to dispute; to argue*

elogiar, exaltar	*to praise*
impresionar	*to impress*
llegar a un acuerdo, ponerse de acuerdo	*to reach an agreement*
ponerse	*to become* (for emotional states or conditions)
rechazar	*to reject*
reñir (i)	*to quarrel, to argue*
tener razón/no tener razón	*to be right/to be wrong*

Adjetivos

bruto/a	*gross, ignorant, brutish*
considerado/a	*considerate*
desconsiderado/a	*inconsiderate*
insoportable	*unbearable, insufferable*
sensible	*sensitive*
tonto/a	*silly, stupid, dumb*

Expresiones

Con mucho gusto.	*Gladly.*
depende de...	*it depends on . . .*
Es verdad./No es verdad.	*That's true./That's not true.*
Ni en sueños.	*I woudn't dream of it., That is highly unlikely.*
¡No me diga(s)!	*Really!, You don't say!*
¡Qué barbaridad!	*How awful!; That's nonsense!*
Yo no tengo la culpa.	*It's not my fault.*

Vocabulario individual

_____   _____

_____   _____

_____   _____

_____   _____

CAPÍTULO 2
Los aeropuertos y el transporte

OBJETIVOS: Aprender a...

♦ obtener, interpretar y presentar información relacionada con el transporte.

♦ participar en las actividades de un aeropuerto.

♦ defenderse contra acusaciones.

NOTAS CULTURALES
Hispanoamérica

Agente revisando el equipaje en el Aeropuerto Internacional Juan Santamaría, a 20 km. de San José, Costa Rica

El transporte aéreo en Hispanoamérica es muy bueno. La mayoría de los países en Hispanomérica tiene por lo menos una línea aérea nacional con viajes a otros países del mundo. Cuentan también con una o dos líneas domésticas para el transporte de pasajeros y mercadería° dentro del país. *freight*
Por ejemplo, en México la línea internacional Aeroméxico, que ofrece vuelos nacionales e internacionales, tiene las líneas subsidiarias AeroCalifornia y Aeromar. Aunque el método de transporte más usado en Hispanoamérica es sin duda el autobús, muchos viajeros están acostumbrados a viajar en avión, puesto que° es la forma más eficiente y a veces única de llegar a ciertos destinos. Por falta de buenos caminos debido a la geografía, el avión es la mejor manera de llegar a ciudades andinas como Quito, la capital de Ecuador, y a ciudades rodeadas por junglas como Iquitos, Perú. Para los visitantes de otros países, algunas aerolíneas ofrecen programas con descuento, permitiendo que el pasajero compre vales° para vuelos nacionales a un precio reducido. Estos boletos° generalmente se compran en el extranjero.°

puesto... since

vouchers
tickets / en... abroad

Además de las líneas aéreas existe también una extensa red° de ferrocarriles y autobuses. Argentina, Colombia, Chile y México son los países
con las redes ferroviarias° más amplias. Por lo general los trenes son usados principalmente para el comercio, aunque algunos atraen a los turistas
con sus vistas únicas del paisaje. Un ejemplo es el tren entre La Paz
(Bolivia) y Arica (Chile) que baja desde 4.000 metros de altura hasta el nivel
del mar. Los autobuses son usados más que los trenes y vinculan° la mayoría de las ciudades y los pueblos en Hispanoamérica. Existe una gran
diversidad en la calidad de autobuses interurbanos, desde los ultramoder-
nos (con ventanas enormes, baños a bordo y películas en video) hasta
antiguos buses escolares pintados y decorados según la región donde circulan. En los países hispanos, hay distintos nombres para el autobús urbano.
Por ejemplo, se le llama «camión» en México, «camioneta» en Guatemala,
«guagua» en Cuba y Puerto Rico, «ómnibus» en Perú y Uruguay,
«microbús» en Argentina y «micro» en Chile.

    Como en todas partes del mundo, en las grandes ciudades his-
panoamericanas es preferible usar el transporte público y caminar cuando
la distancia lo permite. En las ciudades se usan los autobuses y colectivos
(coches, camionetas o autobuses que llevan a un grupo pequeño de
pasajeros directamente a su destino), los taxis y el metro.° La ciudad de
Caracas, en Venezuela, tiene 35 estaciones de ferrocarril metropolitano[1] con
servicio cómodo y barato. En los últimos años ha habido un crecimiento
rápido en el uso de taxis compartidos° o microbuses en Caracas y otras ciudades venezolanas grandes. Existe también el servicio de taxi convencional.
Aunque estos vehículos cuentan con taxímetro,° a veces se puede negociar
la tarifa con el conductor. En cambio,° la ciudad de Bogotá en Colombia
cuenta con un servicio de transporte público masivo de primera categoría
llamado TransMilenio. Existen más de 60 estaciones y alrededor de° 450
autobuses con capacidad de 160 viajeros por vehículo. Además de ofrecer
un servicio ultramoderno y cómodo, la tarifa es muy barata. Hoy por hoy el
TransMilenio se ha convertido en el modelo de redes de transporte al que
las grandes metrópolis del mundo —Tokio, Moscú, México, D.F.[2] y Nueva
Delhi, entre otras— están mirando como alternativa a la solución del problema del transporte masivo.

    Las ciudades cosmopolitas que poseen sistema de metro son la Ciudad
de México, Caracas, Santiago de Chile y Buenos Aires; en esta última ciudad se le llama «subte», una abreviatura de «subterráneo». En la Ciudad de
México el sistema del metro es uno de los más grandes del mundo y cuenta
con una red de alrededor de 207 kilómetros que transporta a más de cuatro
millones de personas al día. En varias estaciones se exhiben artefactos y
arquitectura precolombina que se descubrieron durante su construcción.

network

railroad

link

subway

shared

taximeter
En... *On the other hand*

alrededor... *around*

---

[1]**Metro** es una abreviatura de **metropolitano**.

[2]El nombre oficial de la Ciudad de México es «México, D.F.» —Distrito Federal— y se le
llama comúnmente «el D.F.».

España

Viajeras con carritos afuera de una terminal del Aeropuerto de Barajas, a 15 km. de Madrid

El transporte aéreo se ha intensificado mucho en España. Iberia, la línea nacional, es una compañía de transporte conocida a nivel mundial.° Lo que actualmente la convierte en una empresa° más dinámica son sus puentes aéreos entre las distintas ciudades españolas. El de Madrid-Barcelona funciona cada quince minutos de lunes a viernes durante las horas punta.° Otras líneas con servicio nacional son Aviaco, Air Europa y Spanair.

A pesar de que el servicio aéreo cuenta con muchos vuelos dentro del país, los españoles usan más el tren y los autobuses para desplazarse° de un sitio a otro porque cuestan menos. El sistema de ferrocarril se llama RENFE (Red Nacional de Ferrocarriles Españoles). Los trenes son muy buenos, rápidos y cómodos, y generalmente tienen servicio de primera y segunda clase. La RENFE ofrece varias opciones de trenes, entre los cuales

worldwide
company

horas... *rush hours*

to get around

destacan los trenes de cercanías,° los trenes regionales, las Grandes Líneas   **de...** *local*
(para viajes de más de 400 kilómetros), y modelos de alta velocidad como
el Talgo, el nuevo Alaris (que viaja a más de 200 kilómetros por hora) y el
AVE,[3] cuya velocidad máxima es 300 kilómetros por hora. Para viajes de
larga distancia son populares los coches cama, ofreciendo al pasajero com-
partimientos privados o de seis literas.° También existen varios trenes turís-   *berths*
ticos. El más famoso es el tren de lujo llamado el Al Andalus Expreso que
tiene coches elegantes de los años veinte. Durante la primavera y el otoño
sale de Sevilla semanalmente para recorrer° en seis días las ciudades más   *to travel through*
importantes de Andalucía.

La red de autobuses funciona muy bien y vincula los distintos puntos de
España, con buenas estaciones terminales. Los autobuses son grandes y
cómodos; algunos ofrecen bebidas y sistemas de video a bordo.

Aunque circulan autobuses en todas las ciudades, el medio de transporte urbano más usado es el metro. Funciona puntualmente y es el
preferido de los trabajadores por su velocidad. En Madrid hay doce líneas
de metro, en Barcelona hay cinco, en Valencia hay cuatro y en Bilbao hay
dos. Un billete° para autobús o metro cuesta más de un euro,[4] pero se   *ticket*
venden bonos° para diez viajes a precio reducido.   *passes*

Comprensión y comparación

Conteste las siguientes preguntas en la forma indicada por su profesor/a.

Hispanoamérica

1. En general, ¿cómo es el transporte aéreo en Hispanoamérica y por qué es tan
   importante? _____

2. Además de la línea aérea nacional, ¿qué otras líneas existen en la mayoría de
   los países de Hispanoamérica? _____

3. ¿Cuáles son dos importantes redes de transporte además de las líneas aéreas,
   y qué importancia tiene cada una? _____

4. ¿Cómo son los autobuses urbanos en Hispanoamérica y qué nombres se les da?
   _____
   _____

---

[3]La sigla *(acronym)* AVE (de Alta Velocidad Española) también significa «pájaro».

[4]Desde que se introdujo como moneda única de la Unión Europea en 2002, el valor del euro (€) ha
variado de entre 80 centavos del dólar estadounidense y más de un dólar y treinta centavos. Para
calcular el cambio con precisión, es necesario consultar un convertidor de divisas *(currencies)* en la
red como **www.xe.com/es,** un periódico reciente, o con un banco.

5. ¿Qué ciudad cuenta con un servicio de transporte público ultramoderno que se ha convertido en modelo para el resto del mundo? ¿Cómo se llama este servicio, y qué ofrece? _____

_____

6. ¿Cómo es el sistema de metro de la Ciudad de México? ¿Cómo se compara con algún sistema de metro en su país? _____

_____

España

7. ¿Cuál es la línea aérea nacional de España, y qué tipo de servicio ofrece entre las distintas ciudades españolas? _____

_____

8. ¿Cómo se llama y cómo es el sistema de ferrocarril en España? _____

_____

9. ¿Cómo es la red de autobuses en España? _____

_____

10. ¿Cuál es el medio de transporte urbano más usado, y por qué? _____

_____

Conexión Internet

Investigue los siguientes temas en la red. Vaya primero a **http://college.hmco.com/ languages/spanish/students,** *y de ahí al sitio de* **Conversaciones creadoras** *para encontrar enlaces (links). Si busca sus propios enlaces, será necesario hacer clic en «español» y apuntar las direcciones (addresses) que utilice.*

1. **El sistema TransMilenio.** ¿Cómo funciona el TransMilenio, cómo es el sistema de pago, y qué novedades recientes hay? Haga una lista de cinco características del sistema que le parezcan interesantes. (Será útil mirar el recorrido virtual y la sección para niños.) ¿Cómo se compara este sistema bogotano con los autobuses en su ciudad o pueblo?

2. **Las líneas aéreas de Latinoamérica.** Seleccione e investigue tres líneas aéreas: una de México, una línea de algún país de Centroamérica, y una línea de un país suramericano. ¿Qué información puede conseguir acerca de cada una de las líneas? Explique las semejanzas y las diferencias entre ellas. Si pudiera hacer un viaje en cualquiera de las tres líneas aéreas, ¿cuál escogería, y adónde iría?

3. **Una investigación de tarifas.** Escoja dos itinerarios entre Latinoamérica y España (por ejemplo, de Buenos Aires a Barcelona), para un viaje de diez días que tendrá lugar dentro de un mes. Luego, busque la mejor tarifa para un pasaje de ida y vuelta *(round-trip ticket)* —con o sin escalas *(stopovers)*— a estos destinos. Compare sus itinerarios y los precios de sus boletos con los de sus compañeros de clase.

4. **Un viaje en tren.** Investigue las posibilidades que se ofrecen esta semana para dos itinerarios: de Madrid a Sevilla (Sevilla-Santa Justa) y de Madrid a Valencia. ¿Con qué frecuencia salen los trenes para estos destinos, cuánto cuestan los distintos tipos de billetes, cuántas paradas hace cada tren, y cuánto tiempo duran los viajes? Después de conseguir esta información, explique qué viaje le parece más interesante, y por qué.

Vocabulario básico

Escuche las siguientes palabras y expresiones en el disco compacto, y repítalas para practicar la pronunciación.

EL AEROPUERTO

Sustantivos

la aduana	*customs*
la cola	*line in which people wait (queue)*
el comprobante, el talón	*baggage claim check (stub or receipt)*
el control de pasaportes, el control de seguridad	*passport checkpoint, security checkpoint*
la demora	*delay*
el equipaje de mano, la bolsa de mano, el bolso de mano	*hand luggage, carry-on bag*
el horario de vuelos	*flight schedule*
el maletero, el mozo de equipajes	*porter, skycap*
el pasaje, el boleto *(H.A.)*, el billete *(Sp.)*	*ticket*
la tarjeta de embarque	*boarding pass*
la visa *(H.A.)*, el visado *(Sp.)*	*visa*

Verbos

chequear *(H.A.)*, checar *(Mex.)*, cachear *(Sp.)*	*to frisk, to search (someone)*
estar en regla	*to be in order*
facturar	*to check through (baggage, goods)*
hacer escala	*to make a stopover*
perder (ie) un vuelo	*to miss a flight*
revisar	*to check, to inspect*
tomar un vuelo, coger[5] un vuelo	*to catch a flight*

Adjetivos

(de) ida y vuelta	*round-trip*

Adverbios

a tiempo	*on time*
adelantado	*ahead of schedule, early*
atrasado, con retraso	*delayed, late*

---

[5]**Coger** is not used in Mexico or in the Southern Cone (Argentina, Chile, Uruguay, and Paraguay) because it also has an impolite meaning.

Expresiones

por cierto	*by the way, incidentally*
tocarle (a uno)	*to be one's turn*
tratarse de	*to be about, to be a question of*

Práctica del Vocabulario básico

A. Oraciones con espacios. *Para completar esta anécdota, añada las palabras indicadas de la siguiente lista, haciendo los cambios necesarios.*

el horario de vuelos	**tomar un vuelo**
el comprobante	**tocarle (a uno)**
hacer escala	**la demora**
atrasado	**tratarse de**
el control de pasaportes	**adelantado**
revisar	**la tarjeta de embarque**
estar en regla	**a tiempo**
por cierto	

1. Cuando Enrique llega al aeropuerto, consulta inmediatamente
_____ para buscar su vuelo a Caracas.

2. Enrique ve que el vuelo llega _____ y que necesita esperar.

3. Otros viajeros están agitados a causa de _____.

4. «_____ —comenta un pasajero en la cola con Enrique—

5. ¿no sale nunca un vuelo _____ en vez de atrasado?»

6. Por fin _____ a Enrique entregar las maletas al empleado
de la línea aérea.

7. El empleado menciona que el vuelo no sale _____.

8. El empleado explica también que el vuelo _____ en
Trinidad.

9. El empleado le da a Enrique _____ para recoger sus
maletas en Caracas.

10. Entonces Enrique saca sus documentos y va a pasar por
_____.

11. El oficial examina su pasaporte y ve que su visa _____.

12. El oficial también examina el billete y _____ de Enrique.

13. Entonces Enrique pasa por el detector de metales y su bolsa de mano pasa por una máquina de rayos X. En esta situación _____ asegurar que no haya objetos peligrosos en el avión.

14. Cuando la bolsa de mano sale de la máquina, otro oficial _____ el contenido.

15. Después de ver la bolsa de mano, este oficial le dice a Enrique que ahora él puede _____.

B. Definiciones.   *Empareje las columnas.*

_____   1. la demora
_____   2. la bolsa de mano
_____   3. la cola
_____   4. la aduana
_____   5. el billete
_____   6. por cierto
_____   7. el visado
_____   8. ida y vuelta
_____   9. perder un vuelo
_____ 10. a tiempo
_____ 11. el control de pasaportes
_____ 12. tratarse de
_____ 13. hacer escala
_____ 14. adelantado
_____ 15. el maletero
_____ 16. estar en regla
_____ 17. con retraso
_____ 18. cachear
_____ 19. coger un vuelo
_____ 20. facturar

a. temprano
b. ser cuestión de
c. examinar físicamente
d. personas esperando en fila
e. el control de policía que vigila la entrada y salida de viajeros y mercancías
f. a la hora anticipada
g. tomar un avión
h. a propósito
i. el empleado que carga el equipaje
j. el pasaje para un vuelo
k. la tardanza
l. llegar tarde para un vuelo
m. registrar equipaje para su destino
n. el equipaje que puede llevar consigo en el avión
ñ. donde examinan los documentos de los viajeros
o. estar en orden
p. el permiso oficial del gobierno para entrar en un país
q. la partida y el regreso
r. tarde
s. aterrizar en un sitio intermedio antes de llegar al destino final

C. Dibujos. *Escoja la palabra o frase que corresponde a cada dibujo y escriba la letra.*

a. la cola
b. el mozo de equipajes
c. el horario de vuelos
d. la visa
e. chequear

f. facturar
g. la aduana
h. el bolso de mano
i. el talón
j. la tarjeta de embarque

k. el pasaje
l. perder un vuelo
m. revisar
n. ida y vuelta
ñ. tocarle a uno

_____ 1.

_____ 2.

_____ 3.

_____ 4.

_____ 5.

_____ 6.

_____ 7.

AVIANCA

LLEGADAS INTERNACIONALES			SALIDAS INTERNACIONALES		
VUELO	DE	LLEGADA	VUELO	A	SALIDA
AVO 82	Quito	13:00	AVO 87	Santiago de Chile	10:30
AVO 44	Buenos Aires	13:00	AVO 78	Caracas	14:20
AVO 84	Lima	13:20	AVO 10	Madrid	14:45

_____ 8.

VIAJES BUSTILLO S.A.
SANTAFÉ DE BOGOTÁ

Itinerario:

Sra. Juana Cruz Meléndez

23 agosto Bogotá-Madrid
4 septiembre Madrid-Bogotá

_____ 9.

_____ 10.

aeroméxico

PEREZ /ANA

DE MEXICO	AM	404	Y	29 JUN	17:45
DE NEW YORK	AM				
A MEXICO					

2 139 4201846718 0

A2 1 3 8 4 2 0 1 0 4 6 7 1 8 0 E

_____ 11.

_____ 13.

_____ 12.

_____ 15.

_____ 14.

CONVERSACIÓN CREADORA
De Madrid a Nueva York

PERSONAJES

LUISA, 25 años
RAMÓN, 30 años
UN EMPLEADO
UN POLICÍA

ESCENARIO

Aeropuerto de Barajas en Madrid. Hay una cola de viajeros esperando para pasar el control de pasaportes. Llevan paquetes y bolsas de mano.

Escuche la siguiente conversación, y luego repítala para practicar la pronunciación.

LUISA:	Me hace tanta ilusión ir° contigo a Nueva York. Me parece un sueño. ¿Tú crees que les gustaré a tus padres?	**Me...** *I'm so looking forward to going*
RAMÓN:	No digas tonterías,° claro que sí. En cuanto te vean te los meterás en un bolsillo.° Además ya sabes que ellos, aunque lleven casi toda la vida allí, son españoles de origen y les gusta mucho que me haya echado° una novia madrileña. Son encantadores, ya lo verás.	**No...** *Don't talk nonsense* **te...** *you'll have them eating out of your hand* *brought home*
LUISA:	¡Tengo unos nervios! Por cierto, oye, ¿la bolsa con el vino tinto la llevas tú?	
RAMÓN:	Sí, aquí está. Tú tranquila. Anda,° prepara el pasaporte, que ya nos toca.	*Go on*

Llega Ramón a la ventanilla y entrega su pasaporte. El empleado lo mira atentamente y luego le mira a él.

EMPLEADO:	¿Es usted Ramón Sánchez García?
RAMÓN:	Sí, soy yo.
EMPLEADO:	Espere un momento.

El empleado hace una seña° a un policía, que está al otro lado del control, y éste se acerca. Hablan confidencialmente, mirando el pasaporte de Ramón.

signal

LUISA:	¿Por qué tardan tanto? ¿Pasa algo?
RAMÓN:	Parece que sí, pero no lo entiendo.

El policía sale del recinto° del control con el pasaporte de Ramón en la mano.

(restricted) area

POLICÍA:	*(A Ramón)* Haga el favor de acompañarme un momento.	
RAMÓN:	¿Pero por qué? Yo tengo mi visado en regla.	
POLICÍA:	Ya lo sé, pero necesitamos confirmar un dato.° Venga conmigo.	*piece of information*
RAMÓN:	¿Vamos a tardar mucho?	
POLICÍA:	Depende.	
RAMÓN:	Tú espérame aquí, Luisa.	
LUISA:	No, de ninguna manera. Yo voy contigo. ¿Pero qué pasa? ¡Ay, Dios mío, qué nervios!	
RAMÓN:	No te preocupes, tiene que tratarse de un error. ¿Puede venir mi novia conmigo?	
POLICÍA:	Que haga lo que quiera. Vamos, cojan su equipaje, que están ustedes interrumpiendo la cola.	

Comprensión

A. ¿Qué pasó? *Escoja la letra que corresponde a la mejor respuesta.*

1. ¿Por qué van Luisa y Ramón a Nueva York?
   a. Ramón va a presentarles a[6] su novia a sus padres.
   b. Ramón va a establecer un nuevo negocio de vinos.
   c. Luisa y Ramón van a casarse en Nueva York.
   d. Les hace ilusión ir a Nueva York.

2. ¿Qué hace el empleado del control de pasaportes cuando Ramón presenta su pasaporte?
   a. Examina el pasaporte de Luisa.
   b. Le pregunta si es español.
   c. Hace una seña a un policía.
   d. Le devuelve su pasaporte.

3. ¿Qué le pide el policía a Ramón?
   a. Le pide que abra su bolsa de mano.
   b. Le pide que le presente a Luisa.
   c. Le pide que interrumpa la cola.
   d. Le pide que le acompañe un momento.

4. ¿Qué necesita de Ramón el policía?
   a. Necesita sacar algo de su equipaje.
   b. Tiene que confirmar un dato suyo.
   c. Necesita examinar su visado.
   d. Tiene que cachearle.

5. ¿Qué necesita de Luisa el policía?
   a. Necesita chequearla.
   b. Tiene que confirmar un dato.
   c. Tiene que examinar su visado.
   d. No la necesita para nada.

B. ¿Qué conclusiones saca Ud.? *Conteste cada pregunta con una oración.*

1. ¿Qué emociones siente Luisa al emprender este viaje, y por qué? _____

   _____

2. ¿Por qué piensa Ramón que Luisa va a gustarles a sus padres? _____

   _____

3. ¿Qué parece provocar la sospecha del empleado del control? _____

   _____

---

[6]Hoy día en Hispanoamérica, es muy frecuente omitir la **a** personal con el verbo **presentar** cuando se especifican el objeto directo y el objeto indirecto del verbo. Esta oración sería entonces: «Ramón va a presentarles su novia a sus padres.»

4. ¿Qué tendrá que hacer Ramón para poder tomar su vuelo? _____
_____

5. ¿Cómo reacciona Luisa ante esta investigación? _____
_____

Conclusión

Después de dividirse en grupos, inventen una conclusión en forma de diálogo a la **Conversación creadora** *De Madrid a Nueva York. Empiecen con la distribución de papeles (roles). Luego, discutan sus ideas para la conclusión. Consulten el* **Vocabulario útil** *al final del capítulo para obtener ayuda con el vocabulario del avión, la seguridad y las defensas y disculpas. La conclusión de su grupo será presentada luego al resto de la clase.*

INSTRUCCIONES

_____

_____

PERSONAJES

Luisa _____

Ramón _____

Un/a empleado/a _____

Un/a policía _____

_____

IDEAS PARA SU CONCLUSIÓN

_____

_____

_____

_____

_____

_____

_____

_____

Enlace gramatical

Gustar y otros verbos con una construcción idéntica

A mí	me		
A ti	te		
A él/ella/Ud.	le		**gusta** + sustantivo singular o infinitivo
A nosotros/as	nos	+	**gustan** + sustantivo plural
A vosotros/as	os		
A ellos/ellas/Uds.	les		

1. Con el verbo **gustar** el sujeto es lo que da placer (*pleasure*) y no la persona que lo siente. Un pronombre de complemento indirecto precede al verbo y el sujeto sigue al verbo.

2. Por lo general se usa la tercera persona del singular del verbo (**gusta, gustó, ha gustado,** etc.) o la tercera persona del plural (**gustan, gustaron, han gustado,** etc.)

   ¿**Te gustan** estas bolsas de mano?

   Es menos frecuente el uso de la primera o segunda persona del singular o plural.

   ¿Tú crees que **les gustaré** a tus padres?

3. Para aclarar los pronombres **le** y **les,** se recomienda el uso de **a** + el pronombre preposicional.

   ¿**A ella** le gusta mi novio?

   También se puede usar **a** + un nombre o un sustantivo con los pronombres **le** y **les.**

   A muchos viajeros no les gusta hacer escala.
   A Sara le ha gustado mucho su viaje en tren.

4. Para dar más énfasis a los otros pronombres de complemento indirecto (**me, te, nos, os**), se puede agregar **a** + el pronombre preposicional.

   A mí no me gusta viajar solo.

5. Algunos de los otros verbos que usan una construcción idéntica a la de **gustar** son los siguientes:

convenir (ie)	*to be convenient; to be suitable or advisable*
disgustar	*to annoy; to upset, to displease*
doler (ue)	*to hurt, to ache*
encantar	*to adore, to love; to delight*
faltar	*to be lacking, to be missing*
fascinar	*to fascinate*
hacer falta	*to need; to be missing*

importar	to be important; to matter
interesar	to interest, to be interesting
molestar	to bother, to annoy
parecer	to seem
preocupar	to worry, to be concerned
quedar	to remain, to have left
sorprender	to surprise

Práctica

A. Una encuesta. *El gobierno del Distrito Federal ha decidido hacer una encuesta sobre el Sistema de Transporte Colectivo (el metro) en la Ciudad de México. Complete sus preguntas con un pronombre de complemento indirecto y la forma verbal apropiada del presente de indicativo.*

1. ¿A los usuarios del sistema (convenir) _____ el horario de servicio?

2. ¿Al director general (importar) _____ el mantenimiento de los trenes?

3. ¿A los ciudadanos (parecer) _____ módico el costo de un boleto?

4. ¿A los empleados (hacer falta) _____ mejores prestaciones laborales *(work benefits)*?

5. ¿A las personas con discapacidad (interesar) _____ tener mayor acceso a las estaciones?

6. ¿A la gente (molestar) _____ las medidas de seguridad?

B. Contáctenos. *En el sitio Web de la línea nacional los viajeros pueden informarse sobre los vuelos, los servicios especiales y mucho más. Complete sus preguntas con un pronombre de complemento indirecto y la forma verbal apropiada del presente de indicativo.*

1. A mi jefe (importar) _____ usar una computadora portátil durante el vuelo. ¿Está permitido?

2. ¿Por qué permiten la sobreventa de sus vuelos? ¡A mí (molestar) _____ muchísimo esta práctica!

3. A mis padres (hacer falta) _____ información sobre las tarifas. ¿Se les ofrece algún descuento a las personas de la tercera edad *(senior citizens)*?

4. ¿Ofrecen un programa de millas para los viajeros frecuentes? A mi esposo y a mí (interesar) _____ inscribirnos antes de las próximas vacaciones.

5. A mí (preocupar) _____ las demoras inesperadas en el camino al aeropuerto. ¿Qué hago si pierdo mi vuelo?

6. ¿Tienen disponibles algunas almohadas (*pillows*) y mantas (*blankets*) en el vuelo que sale esta tarde para Miami? A mi hija (gustar) _____ dormir durante el vuelo.

Escenas

*Formen parejas. Un/a estudiante tomará el papel de **A** y el/la otro/a el de **B**.[7] Hablen en español hasta que solucionen el conflicto en cada situación. Luego, cuenten a los demás estudiantes cómo han resuelto Uds. cada escena. El **Vocabulario útil** al final del capítulo les ayudará con el vocabulario.*

1. **A** You suffer from mild claustrophobia and are only comfortable in a window seat on an airplane. Unfortunately, you were not able to get a window seat on the flight you have just boarded, from La Paz, Bolivia, to Montevideo, Uruguay. The airline agent told you that your best bet would be to try to switch seats with another passenger on the plane. Try to persuade the person occupying the window seat next to your seat to trade with you.

   B For some time you have looked forward to this flight to visit your sister in Montevideo, and you made sure that you would have a window seat so that you would enjoy it fully. Try to convince the person requesting your seat that it means a lot to you to sit by the window. Offer to let him or her share the view.

2. **A** You have been admiring some expensive pens in an airport duty-free shop. You decide that the pens are not much different from the one you already own, and it is getting close to your flight time, so you leave the store. A guard approaches you and asks if you have taken a pen from the shop. Convince him or her that the only pen you have is your own.

   B You are a security guard in an airport duty-free shop who has been observing a suspicious customer. This customer spent a lot of time looking at expensive pens, then walked out without buying anything. Since he or she left the store in a hurry, you suspect that this person possibly may have stolen one of the pens. Try to recover the pen if possible.

---

[7]*Si hay un grupo de tres, hagan la cuarta escena con el papel de «**C**».*

3. **A** You and your friend are going to visit your grandparents in Peru. While you are in Peru, you would like to see the ancient Inca city of Machu Picchu, which you have heard is breathtaking and fascinating. However, to reach Machu Picchu in the time that you have available, it will be necessary to take a small plane to Cuzco, and your companion is afraid of flying. Try to convince him or her that this is an opportunity of a lifetime and that it will be worth the flight.

    B You are going to visit your friend's grandparents and are extremely nervous. You are especially worried about flying from Miami to Lima. The idea of another flight, especially in a small plane, is almost more than you can bear. Try to convince your companion that you should spend time with his/her grandparents, rather than go on a trip. If he or she insists on an excursion, try to see to it that you go to Pachacamac, an archeological site that is only twenty minutes from Lima by car.

4. **A** You bought an antique sword (**una espada antigua**) at the Rastro, an open-air market in Madrid, and you plan to hand-carry it back to the United States. As you enter the Barajas airport, an airport security officer seizes the sword, thinking that it could be used as a weapon. Try to persuade him or her that the sword is a work of art, that you want it only as a decoration, that it is not sharp (**no es afilada**), and that you are a peaceful person. Explain that your flight leaves in an hour, and try to persuade him or her to let you board with your souvenir.

    B You are a conscientious and cautious security officer. You fear that this person carrying the sword may use it to hijack the plane. Try to persuade him or her to give up the sword, or at least to check it as luggage.

    C You are A's traveling companion. You know that he or she would never use this antique sword as a weapon. Try to convince the security officer to let your friend hand-carry the sword as planned.

Más actividades creadoras

*El **Vocabulario útil** al final del capítulo le ayudará con estas actividades.*

A. Dibujos. *Invente una narración, tomando los siguientes dibujos como punto de partida. Su cuento debe explicar quiénes son estos personajes, qué les ha pasado antes, qué está ocurriendo ahora y qué les va a pasar en el futuro.*

B. Uso de mapas y documentos. *Refiérase a esta tabla de la aerolínea AeroRepública con vuelos entre Cali y Cartagena para contestar las siguientes preguntas.*

Todos los precios son Ida y Vuelta

Cali - Cartagena

Vuelo Nº	Salida	Llegada	Paradas	Frecuencia	Precios Adulto	Niños
7450/7470	06:00	08:55	Bogotá	Lun - Vie	$240.000	$240.000
7454/7474	12:50	19:05	Bogotá	Lun - Vie	$240.000	$240.000
7456/7474	14:30	19:05	Bogotá	Lun - Vie	$240.000	$240.000
7462	06:30	07:50	Ninguna	Domingo	$352.000	$240.000
7454 / 7474	12:50	19:05	Bogotá	Domingo	$352.000	$240.000
7456 / 7474	14:30	19:05	Bogotá	Domingo	$352.000	$240.000

Cartagena - Cali

Vuelo Nº	Salida	Llegada	Paradas	Frecuencia	Precios Adulto	Niños
7463	14:20	15:40	Ninguna	Lun - Vie	$240.000	$240.000
7471 / 7455	09:25	12:20	Bogotá	Lun - Vie	$240.000	$240.000
7463	11:50	13:10	Ninguna	Domingo	$352.000	$240.000
7471 / 7455	09:25	12:20	Bogotá	Domingo	$352.000	$240.000

1. ¿En qué país suramericano se encuentran estas dos ciudades? Consulte el mapa en la página xiv para localizarlo.

2. ¿Cuántos vuelos sin escala (sin parada) se ofrecen entre Cali y Cartagena, y cuándo son?

3. ¿A qué hora es el último vuelo de Cali a Cartagena los miércoles?

4. ¿Cuánto tiempo dura el viaje más largo de Cali a Cartagena, y por qué es tan largo?

5. ¿Cómo se compara esta tabla con alguna tabla de vuelos nacionales en su región?

C. A escuchar. *Escuche la entrevista en el disco compacto en la que una persona contesta algunas preguntas sobre sus experiencias con el transporte. (Para ver las preguntas, refiérase al ejercicio D, número 1.) Luego, conteste las siguientes preguntas en la forma indicada por su profesor/a.*

1. ¿Cómo se llama la persona entrevistada, y de dónde es?

2. ¿Por qué viajaban ella y su hermano Israel a Tenerife cuando ocurrió ese aterrizaje abortado en el que casi se tragaban *(swallowed up)* una casa?

3. ¿Qué error cometió un día cuando quiso viajar en tren desde Atocha, la gran estación en Madrid, hasta el pueblo de Valdepeñas en la provincia de Madrid?

4. Cuando se dio cuenta de su error aquel día, ¿qué hizo entonces para llegar a Valdepeñas?

5. ¿Cómo se comparan las experiencias de esta española con algunas de las que Ud. ha tenido en un avión o en un tren?

D. Respuestas individuales. *Piense en las siguientes preguntas para contestarlas en la forma indicada por su profesor/a.*

1. ¿Cuál ha sido la experiencia más memorable que Ud. ha tenido en un aeropuerto o en un avión? Descríbala en detalle. ¿Cómo ha sido su experiencia más memorable en un tren o un autobús?

2. ¿Ud. o algún conocido suyo se ha defendido alguna vez contra acusaciones hechas por un/a policía? Cuente el episodio. Si prefiere, puede inventar y narrar un episodio dramático.

E. Contestaciones en parejas. *Formen parejas para completar las siguientes actividades.*

1. Formulen juntos una lista de cinco factores que les importan cuando viajan en avión. Ordenen su lista de uno a cinco, con el número uno siendo el factor más significativo. Luego, comparen su lista con las de otras parejas.

2. En cada pareja, los estudiantes serán pasajeros que se encuentran sentados juntos en un vuelo de Buenos Aires a Nueva York. Un/a estudiante será un hombre/una mujer de negocios argentino/a que viaja por primera vez a los Estados Unidos y tiene muchas preguntas, y el/la otro/a será un/a negociante norteamericano/a que viaja con frecuencia a Latinoamérica. Preséntense y charlen durante unos cinco minutos; luego, cambien de papeles e inventen otra breve conversación.

F. Proyectos para grupos. *Formen grupos de cuatro o cinco personas para completar estos proyectos.*

1. Planeen y presenten un programa de televisión en que un/a reportero/a entrevista a varias personas en un aeropuerto para averiguar algo sobre sus experiencias recientes. Las entrevistas pueden incluir a un piloto, un mozo de equipajes, un/a empleado/a de alguna línea aérea y varios viajeros de distintas edades.

2. Diseñen un folleto de orientación para explicar los medios de transporte disponibles en su región para un grupo de conferenciantes (*conference participants*) hispanoamericanos.

G. Discusiones generales. *La clase entera participará en estas actividades.*

1. Lleven a cabo una encuesta *(survey)* de los aeropuertos que conocen los miembros de la clase. ¿Cuáles son los mejores? ¿Cuáles son los peores? Defiendan sus opiniones con datos. Luego, hagan lo mismo con referencia a las estaciones de tren y las terminales de autobús.

2. Siéntense en círculo y creen una narración consecutiva (de estudiante a estudiante, añadiendo espontáneamente cada estudiante un nuevo acontecimiento [*event*]) que tenga como tema central las aventuras de un/a policía en un aeropuerto internacional. Si quieren, usen fotos sacadas de revistas o gráficos por computadora para ilustrar su narración.

Vocabulario útil

La siguiente es una lista de palabras y expresiones selectas que le ayudarán en este capítulo. Al final de cada sección, Ud. puede usar el **Vocabulario individual** *para acordarse de otras palabras nuevas que encuentre.*

EL AVIÓN

Sustantivos

el ala	*wing*
el asiento	*seat*
el aterrizaje	*landing*
el audífono	*earphone*
el/la auxiliar de vuelo, el aeromozo/la azafata	*flight attendant*
la bandeja	*tray*
la bolsa para el mareo	*airsickness bag*
el bulto	*bulky package, piece of luggage*
la carretilla para el equipaje	*baggage cart*
el carrito	*personal luggage carrier or cart*
el chaleco salvavidas	*lifejacket*
el cinturón de seguridad	*seatbelt*
el compartimento, el compartimiento	*(overhead) compartment*
la correa	*strap or belt; conveyor belt*
el deslizadero (de emergencia)	*(escape) slide*
el despegue	*take-off*
la etiqueta	*tag, label*
la fila	*row*
la hélice	*propeller*
el jet	*jet*
la mascara de oxígeno	*oxygen mask*
el/la pasajero/a	*passenger*
el pasillo	*aisle*
la puerta	*gate*

la salida de emergencia	*emergency exit*
la sección de fumar/no fumar	*Smoking/No Smoking section*
la tripulación	*flight crew*
el/la tripulante	*crew member*
la ventanilla	*window*

Verbos

abordar	*to board*
abrochar(se)	*to buckle*
aterrizar	*to land*
caber (yo quepo)	*to fit*
deslizarse (por)	*to slide down*
despegar	*to take off*
hacer cola	*to line up, to queue*
reclamar	*to claim something* (such as your luggage)
sobrevender	*to overbook*
sobrevolar (ue)	*to fly over*
transbordar	*to change planes or trains*
volar (ue)	*to fly*

Adjetivos

pesado/a	*heavy; also used metaphorically to mean "a drag"* (people or events)

Preposiciones

a bordo	*on board*
al lado de	*next to*
debajo de	*beneath*
delante de	*in front of*
dentro de	*within* (used with time as "in")
detrás de	*behind*
encima de	*above, on top of*

Vocabulario individual

_____   _____

_____   _____

_____   _____

_____   _____

_____   _____

LA SEGURIDAD

Sustantivos

la alarma	*alarm*
la ametralladora	*machine gun*
el arma	*weapon*

el aviso	*warning; notification*
el cacheo	*frisking, searching*
el/la comandante	*commander, commanding officer*
la conspiración	*conspiracy*
el dato	*piece of information*
el detector de metales	*metal detector*
la EUROPOL	*EUROPOL (European Police Office)*
el/la guarda jurado/a	*security guard*
el/la guardia	*member of civil police force*
la Guardia Civil	*Civil Guard (Sp.)*
el impuesto	*duty, tax*
la INTERPOL	*INTERPOL (International Criminal Police Organization)*
la máquina de rayos X	*X-ray machine*
la pistola, el revólver	*gun*
el recinto restringido	*restricted area*
el secuestro (de un avión)	*hijacking (of a plane)*
la seña	*sign, signal*
el/la soldado/a	*soldier*
la sospecha	*suspicion*
la vara	*wand*

Verbos

alertar, avisar	*to alert*
amenazar	*to threaten*
esconder	*to hide*
hacer sonar (ue)	*to set off* (an alarm or buzzer)
hacerle preguntas a alguien	*to question someone*
perseguir (i)	*to pursue, to chase*
sospechar	*to suspect*

Adjetivos

afilado/a	*sharp-edged*
apacible	*peaceful*
cauteloso/a	*cautious, wary*
culpable	*guilty*
envuelto/a (en)	*wrapped (in)*
libre de impuestos/de derechos *(H.A.)*	*duty-free*
lleno/a	*full*
peligroso/a	*dangerous*
sospechoso/a	*suspicious*
vacío/a	*empty*

Adverbios

pronto	*soon, promptly*

Vocabulario individual

_____   _____

_____   _____

_____   _____

_____   _____

LAS DEFENSAS Y LAS DISCULPAS

Sustantivos

la culpa	*fault, blame, guilt*
la disculpa	*apology*
la excusa	*excuse*
la explicación	*explanation*
el pretexto	*pretext; made-up excuse*
la razón	*reason, cause*

Verbos

disculparse	*to apologize*
dudar	*to doubt*
explicar	*to explain*
pedir (i) permiso	*to ask permission*
poner pretextos	*to make up excuses*
resolver (ue)	*to solve*

Expresiones

A ver...	*Let's see . . .*
¡Basta ya!	*That's enough!*
Con permiso.[8]	*Excuse me. (for a minor inconvenience such as passing in front of someone)*
¿De veras?	*Really?*
¡Dios mío!	*My goodness! (not blasphemous)*
¿Le/Te molesta...?	*Does . . . bother you?*
Lo siento (mucho).	*I'm (very) sorry.*
¡No puede ser!	*That's impossible!*
O sea...	*In other words . . . , That is to say . . .*
Perdón.[9]	*Excuse me. Pardon me. Sorry. (for a minor infraction such as bumping into someone)*
¡Por Dios!	*For heaven's sake! (not blasphemous)*
¡Qué lástima!	*What a pity!*
¡Qué lío!	*What a mess!*

---

[8]This expression is both formal and informal, since it can imply either **tu permiso** or **su permiso.**

[9]This interjection is used in both formal and informal situations. The use of the verb **perdonar (Perdone [Ud.] / Perdona [tú])** is also correct.

Vocabulario individual

_____   _____

_____   _____

_____   _____

_____   _____

EL TREN Y EL AUTOBÚS

Sustantivos

el andén	_platform (for boarding)_
el autobús de línea	_inter-city bus_
el bufé	_snack car_
la casilla de la consigna automática	_locker_
el coche cama	_sleeping car_
el coche comedor	_dining car_
el compartimento, el compartimiento	_compartment_
la consigna	_baggage checkroom_
la cortinilla	_window shade_
la estación de tren _(H.A.)_/de ferrocarril _(Sp.)_	_train station_
el horario de trenes/de autobuses	_train/bus schedule_
la litera	_berth, bunk (on a train)_
la locomotora	_locomotive_
la rejilla	_luggage rack_
la repisa	_overhead shelf_
el/la revisor/a	_ticket taker_
la sala de espera	_waiting room_
la taquilla de boletos _(H.A.)_/de billetes _(Sp.)_, la ventanilla	_ticket office, ticket window_
la terminal de autobuses	_bus terminal_
el último aviso	_last call (for boarding)_
el vagón	_(train) car_

Verbos

bajar(se) de	_to get off, to get out of_
depositar	_to deposit, to place, to leave_
subir(se) a, montar en	_to get on, to get into_

Vocabulario individual

_____   _____

_____   _____

_____   _____

_____   _____

CAPÍTULO 3
Los restaurantes y la vida social

OBJETIVOS: Aprender a...

- obtener, interpretar y presentar información relacionada con la comida.
- participar en las actividades de un restaurante.
- emprender y desarrollar las interacciones sociales.

NOTAS CULTURALES
Hispanoamérica

Estudiantes charlando en un restaurante en Guadalajara, México

La comida tiene un papel muy importante en todas partes del mundo hispano aunque los hábitos de comer y la comida varían mucho de región en
región. El reunirse a comer es uno de los eventos sociales más importantes
por dos razones. La primera es que a la hora de comer se reúne la familia,
que constituye el núcleo fundamental en la sociedad hispana. Y la segunda
es que durante las comidas, sobre todo en los restaurantes, también se
pueden definir las amistades y arreglar los negocios.

La diversidad de la comida en Hispanoamérica es debida principalmente a
la variada geografía del continente y a la influencia de varias culturas: la indígena, la africana y la europea. Por ejemplo, en las islas caribeñas se come
mucho plátano, arroz y frijoles. En México y los países de Centroamérica el
maíz, los frijoles y el arroz forman la base de muchas comidas. La papa es el
alimento principal en los países andinos, especialmente en Perú donde hay
alrededor de° cuarenta variedades de papas. En el Cono Sur se come una gran
cantidad de carne de res,° producto de las extensas pampas argentinas. En el
Cono Sur y en Perú se conserva la costumbre del té, que se sirve a media tarde
y durante el cual se puede tomar té o café con pasteles dulces y bocadillos. En

alrededor... *around*

carne... *beef*

Argentina y Paraguay se suele tomar «el mate» por las tardes, aunque últimamente esta costumbre se está perdiendo. Esta bebida es una infusión hecha
con las hojas secas de la yerba mate, y se sirve en una calabaza° seca con una   *gourd*
bombilla.° En Chile, a eso de las siete u ocho de la tarde se toma «las once».   *straw*
Consiste normalmente en una taza de té y pasteles dulces o bocadillos.

   Las diferencias lingüísticas entre un país y otro son más notorias
cuando se habla de comida, de manera que las mismas verduras o frutas
tienen distintos nombres en distintos países. Por ejemplo, se le llaman
«tomates» en Colombia y «jitomates» en México; en Colombia, Guatemala y
México se habla de «plátanos» mientras en Costa Rica, Honduras, Cuba,
Argentina y Uruguay son «bananas». No obstante la diversidad del lenguaje
y de sus costumbres, y a pesar de la variedad de sus productos alimenticios,
existen ciertas características típicas que unen a los hispanoamericanos.
Las horas tradicionales para servir la comida son, en general, más tarde que
el horario norteamericano. La comida principal, generalmente conocida
como el almuerzo, se toma entre la una y las tres de la tarde, y la cena de las
ocho a las diez de la noche; el desayuno generalmente se sirve entre las
siete y las ocho de la mañana. Estos horarios cambian mucho los fines de
semana y los días festivos o cuando la familia celebra algo en especial. Por
lo general el desayuno consiste en café con leche y panecillos calientes. La
comida más fuerte° del día es el almuerzo que incluye tres platillos:° la   **más...** *heaviest / courses*
sopa; la carne, pollo o pescado acompañado de verduras o ensalada; y por
último el postre. La cena usualmente consta de algo muy ligero,° excepto en   *light*
ocasiones especiales o cuando se sale a algún restaurante; entonces la cena
es más elaborada y se sirve más tarde.

   Otro rasgo común entre los países latinoamericanos es la forma en que
se socializa a través de la comida. El ejemplo más típico y tradicional es «la
sobremesa» en que la familia y los invitados, cuando los hay, permanecen sentados a la mesa después del almuerzo o la cena y charlan° sobre cualquier   *they chat*
tema. Durante la semana la sobremesa sólo dura unos cuantos minutos mientras cada persona comparte con los demás algún suceso sobre su día o los
planes que se tenga para el resto del día. Cuando hay invitados, la sobremesa
puede durar hasta una hora y puede tocar los más variados temas, desde la
política y los encabezados noticiosos° más importantes del día, hasta anécdo-   **encabezados...** *leading*
tas familiares del pasado. También puede haber chistes.   *headlines*

   Es muy común que, cuando menos una vez a la semana, se reúnan a
comer o a cenar la familia y los parientes más cercanos, tanto los niños y los
jóvenes como los adultos. Fuera del ámbito° de la familia, los desayunos o   *sphere*
almuerzos de negocios son muy populares entre ejecutivos y empleados de
oficina, y suelen tener lugar en restaurantes. Las cenas de negocios son
menos frecuentes y generalmente suceden por motivo de algún evento.
Aunque cada vez se ven más negocios de comida rápida, sobre todo los de
las grandes franquicias° norteamericanas, los restaurantes siguen siendo el   *franchises*
lugar preferido para comer fuera de casa, más aún si se trata de alguna
ocasión especial.

España

Amigos sentados a la barra en una tasca (tapas pub) *en Madrid*

La comida española es variada, debido a su buena ganadería,° sus muchos productos agrícolas y su pesca. Cada región tiene su plato típico. Uno de los más apreciados es la paella, especialidad del Levante[1] español, donde se dan los mejores arrozales.°

    En España las comidas se sirven más tarde que en muchos otros países. El desayuno es tal vez la comida con un horario más flexible. Se suele tomar café con leche y churros,° tostadas o un bollo° y a veces un zumo de naranja.° El almuerzo es la comida más importante del día y suele incluir dos platos y postre. Se empieza a tomar a las dos de la tarde y muchos restaurantes a las cinco siguen abiertos, porque no está arraigada° la costumbre de levantarse de la mesa inmediatamente al acabar de comer. La cena por lo general es más ligera que el almuerzo, sobre todo cuando se toma en casa, y se sirve a partir de° las nueve de la noche. Pero hay muchos restaurantes en ciudades grandes como Madrid y Barcelona que están

livestock

rice fields

crullers / sweet bun
zumo... *orange juice*

deeply rooted

a... *starting from*

---

[1]El Levante es una región situada en la parte oriental (*eastern*) del Mediterráneo, donde se levanta el sol. Aunque sus límites no son fijos, el Levante español suele incluir cuatro de las cuarenta y nueve provincias: Castellón, Valencia, Alicante y Murcia.

abiertos y sirven comidas hasta la madrugada.° Hay gente que cena a la   *early morning hours*
salida de la última sesión de los teatros o los cines, que acaba a la una.

En los bares de España un punto favorito de reunión es la barra.°   *counter*
Mucha gente come allí; van de aperitivos o «tapas°», famosas por su va-   *hors d'oeuvres*
riedad, que a veces sustituyen la comida. En los restaurantes se puede
comer a la carta o según el menú del día que suele consistir en primer plato,
segundo plato y postre. Algunos jóvenes españoles prefieren comidas al
estilo americano en locales° como Burger King y McDonald's. Pero aún pre-   *places*
dominan los que siguen eligiendo «pinchos°», «tapas» o «guisos°» de tipo   *small shish kebabs / stews*
español. Los locales especializados en bocadillos también tienen gran
demanda. (El bocadillo se diferencia del sándwich en que está hecho con
pan de barra.°) Al bocadillo se le llama familiarmente «bocata» y a los   **pan...** *long loaf*
locales especializados «bocadillerías» o «bocaterías».

Comprensión y comparación

Conteste las siguientes preguntas en la forma indicada por su profesor/a.

Hispanoamérica

1. ¿Por qué tiene la comida un papel social importante en el mundo hispano?
   _____
   _____

2. ¿Cuáles son algunas características de la comida de las siguientes regiones:
   las islas del Caribe, México y Centroamérica, y el Cono Sur? _____
   _____

3. ¿Cuáles son las horas tradicionales para el desayuno, el almuerzo y la cena?
   ¿Cómo se compara este horario con el suyo? _____
   _____

4. En un día típico, ¿en qué consiste el desayuno, el almuerzo y la cena para la
   gente hispanoamericana? ¿Cómo se comparan estas comidas con las suyas?
   _____
   _____

5. ¿Qué es la «sobremesa»? ¿Qué temas suele incluir durante la semana? ¿Existe
   semejante costumbre en su familia? _____
   _____

6. ¿Cómo son las comidas de negocios hispanoamericanas y cómo se comparan
   con las que tienen lugar en su país? _____
   _____

España

7. ¿Cuál es la comida principal en España y qué incluye? _____

8. ¿Cuándo se suele tomar la cena en las ciudades grandes? _____

9. Típicamente, ¿dónde se reúne la gente en un bar o restaurante y qué se hace allí?
_____

10. ¿Qué es un bocadillo, cómo se le llama familiarmente y dónde se compra?
_____
_____

 # Conexión Internet

Investigue los siguientes temas en la red. Vaya primero a **http://college.hmco.com/
languages/spanish/students,** *y de ahí al sitio de* **Conversaciones creadoras** *para
encontrar enlaces (links). Si busca sus propios enlaces, será necesario hacer clic en
«español» y apuntar las direcciones (addresses) que utilice.*

1. **Los restaurantes de Buenos Aires.** Investigue y comente sobre dos
   restaurantes de Buenos Aires. ¿Cuáles son sus especialidades, cuándo están
   abiertos, qué promociones hay, y qué ofrecen además de la comida? ¿Qué
   pediría si fuera a uno de estos restaurantes, y por qué? ¿Cómo se comparan
   estos restaurantes con algunos restaurantes en su ciudad o pueblo?

2. **Unas recetas de cocina.** Seleccione una categoría de comida que más le
   interesa (por ejemplo los primeros platos, los segundos platos, las ensaladas,
   las pastas, los pescados y mariscos, las verduras, las salsas o los postres).
   Luego, imprima *(print)* dos recetas que le gustaría probar. ¿Cómo son estos
   platos, y por qué cree que le van a gustar?

3. **La comida vegetariana.** ¿Cuáles son algunas ventajas de la comida
   vegetariana? ¿Cómo es la dieta ovo-lacto-vegetariana, y cómo se compara con
   la de comida vegetariana estricta *(vegan)*? ¿Es Ud. vegetariano/a, y de qué
   tipo? ¿Por qué escogió Ud. el vegetarianismo? Si no es vegetariano/a, ¿le
   influye de alguna manera la información ofrecida aquí? Explique.

4. **Las tapas españolas.** Busque una explicación para el origen del nombre
   «tapas». ¿Cuáles son algunas tapas sencillas, y cuáles son algunas más
   elaboradas? Consultando el *Diccionario de las tapas* o algunos menús de
   restaurantes sevillanos, indique dos tapas que le gustaría probar *(to try)*. ¿Hay
   algunas tapas que cree que no le gustaría probar? ¿Por qué no?

Vocabulario básico

Escuche las siguientes palabras y expresiones en el disco compacto, y repítalas para practicar la pronunciación.

EL RESTAURANTE

Sustantivos

el aperitivo, el entremés *(Sp.)*	*appetizer*
el/la camarero/a, el/la mesero/a *(H.A.)*	*waiter/waitress*
la copa, el trago	*drink* (alcoholic)
el fondo	*back of a room or building; bottom*
el local	*place, premises*
la pareja	*pair, couple*
el postre	*dessert*
el primer/segundo plato[2]	*first/second course*
la ración	*portion*
el refresco	*soft drink*

Verbos

charlar	*to chat, to converse*
citarse (con)	*to make a date or appointment (with)*
comprometerse	*to commit oneself; to get engaged*
encontrarse (ue) (con)	*to meet, to run into*
ponerse	*to become* (for emotional states or conditions)
probar (ue)	*to taste, to try*
señalar	*to signal, to point out*

Adjetivos

fuerte	*strong; heavy* (for meals and drinks)
ligero/a	*light*

Adverbios

alrededor (de)	*around*
enseguida, en seguida	*right away*

Expresiones

a partir de... (una hora)	*starting from . . . , as of . . . (a certain time)*
de espaldas	*with one's back turned*
hacer falta	*to need; to be missing*
¡Qué casualidad!	*What a coincidence!*

---

[2]En México y en algunas otras regiones de Hispanoamérica se le llama «**platillo**».

Práctica del Vocabulario básico

A. Definiciones. *Empareje las columnas.*

_____ 1. de espaldas
_____ 2. encontrarse
_____ 3. la pareja
_____ 4. a partir de
_____ 5. probar
_____ 6. enseguida
_____ 7. ponerse
_____ 8. señalar
_____ 9. charlar
_____ 10. comprometerse
_____ 11. el segundo plato
_____ 12. alrededor
_____ 13. la ración
_____ 14. citarse
_____ 15. el fondo

a. hablar
b. una porción de comida
c. en un círculo exterior
d. juntarse por casualidad en algún sitio
e. señalar un día y un lugar para una reunión
f. dos personas juntas
g. desde algún tiempo en adelante
h. en una habitación, la parte más lejos de la entrada
i. prometer hacer una cosa
j. llamar la atención hacia una persona o una cosa
k. la comida que se sirve después del primer plato
l. experimentar una nueva condición
m. muy pronto
n. posición en la que no se ve la cara sino la espalda
ñ. comer algo por primera vez

B. Sinónimos o antónimos. *Para cada par de palabras, indique si el significado es igual (=) o lo opuesto (≠).*

1. en seguida _____ mucho más tarde
2. el camarero _____ el mesero
3. el local _____ el sitio
4. el refresco _____ la bebida sin alcohol
5. el trago _____ la copa
6. charlar _____ conversar
7. probar _____ declinar
8. señalar _____ indicar
9. alrededor de _____ en torno a
10. citarse con _____ no aceptar una invitación
11. hacer falta _____ necesitar
12. ¡Qué casualidad! _____ ¡Qué coincidencia!
13. el primer plato _____ el plato que sigue al entremés
14. el fondo _____ el frente
15. el entremés _____ el aperitivo

C. Analogías. *Subraye la respuesta más apropiada para duplicar la relación que existe entre las palabras modelo.*

> **EJEMPLO:** la película: el cine
> la comida: a. el libro
> b. <u>el restaurante</u>
> c. la cuenta

1. caliente: sol
    dulce: a. el primer plato
    b. el postre
    c. ligero

2. el libro: el prefacio
    la cena: a. el postre
    b. el primer plato
    c. el aperitivo

3. el ingrediente: cocinar un plato
    la promesa: a. comprometerse
    b. probar
    c. señalar

4. pequeño: ligero
    grande: a. fuerte
    b. alrededor
    c. en seguida

5. sobre: encima de
    desde: a. a partir de
    b. una comida ligera
    c. ligero

6. mucho: poco
    un banquete: a. una comida fuerte
    b. una comida ligera
    c. la pareja

7. ver: mirar
    cambiar de estado: a. hacer falta
    b. citarse
    c. ponerse

8. once futbolistas: el equipo
    dos novios: a. la pareja
    b. el fondo
    c. encontrarse

9. cambiar: variar
   reunirse: a. ponerse
               b. encontrarse
               c. el local

10. las maletas: el portero
    los platos: a. la cuenta
               b. el primer plato
               c. el camarero

D. Palabras en contexto. *Escriba la palabra o frase que corresponde a cada definición, y úsela en una oración original.*

1. un lugar: _____

   _____

2. una bebida no alcohólica: _____

   _____

3. lo opuesto de cara a cara: _____

   _____

4. hay necesidad: _____

   _____

5. lo que se toma en un bar: _____

   _____

6. una exclamación de sorpresa: _____

   _____

7. Una comida grande es _____ .

   _____

8. el último plato de la cena: _____

   _____

9. Una comida pequeña es _____ .

   _____

10. la cantidad para una persona: _____

    _____

CONVERSACIÓN CREADORA
Encuentro en un restaurante

PERSONAJES

MANUEL, 50 años, padre de Isabel y Luisito
CRISTINA, 45 años, madre de Isabel y Luisito
ISABEL, 18 años, hija
LUISITO, 15 años, hijo
ARTURO, 22 años, amigo de Isabel
MESERO JOVEN

ESCENARIO

Restaurante bastante lujoso, cerca de la Plaza de Mayo, en Buenos Aires. Son las 2 p.m. y casi todas las mesas están ocupadas. En una de ellas está sentado solo Arturo comiendo unos aperitivos.

Entran Manuel y Cristina con sus dos hijos. Un mesero se acerca a ellos.

Escuche la siguiente conversación, y luego repítala para practicar la pronunciación.

MESERO: *(Dirigiéndose a Manuel)* Buenos días, señor. ¿Cuántos son?

MANUEL: Cuatro. Tenemos mesa reservada para las dos y cuarto.

MESERO: ¿A nombre de quién?

CRISTINA: Familia Sánchez Torres.

MESERO: *(Mirando su libreta°)* Ah, sí, aquí está. *(Señala una mesa junto a la ventana.)* Es aquélla de la ventana, se la preparo enseguida. *(Mira su reloj.)* Llegaron temprano.

reservation book

CRISTINA: No importa, esperamos. *(A su marido)* ¿Querés[3] tomar una copa en el bar mientras tanto, Manolo?° Tengo sed.

nickname for "Manuel"

Van hacia el bar, que está a la izquierda del local, y piden tres cervezas para los mayores y un refresco para Luisito. Luisito y su hermana se han quedado un poco aparte y miran alrededor.

LUISITO: *(A su hermana)* Che,[4] mira ese chico que está de espaldas.

ISABEL: ¿Cuál?

LUISITO: Ese alto de la chaqueta gris. ¿No estaba el otro día hablando con vos en el portal° cuando yo salía de casa?

doorway

ISABEL: *(Fijándose en° Arturo y poniéndose un poco nerviosa)* Sí, es Arturo, un amigo mío, pero cállate.

Noticing

LUISITO: *(Irónico)* ¿Un amigo o un novio?

En ese momento vuelve el mesero.

MESERO: Pasen, la mesa está lista.

MANUEL: Gracias. Vamos.

Van los cuatro hacia la mesa, siguiendo al mesero.

ISABEL: *(A su madre)* Mamá, yo voy al baño. Vuelvo enseguida.

CRISTINA: ¿Querés que vaya con vos?

ISABEL: *(Nerviosa)* No, no hace falta. No soy una niña pequeña, mamá.

CRISTINA: *(Sonriendo)* Sí, sé que hoy cumplís° dieciocho. Ya sos° toda una señorita.

(vos) cumplís = *(tú) cumples* / **(vos) sos** = *(tú) eres*

get comfortable

Mientras ellos se acomodan° en la mesa, Isabel cruza hacia el fondo y se para un momento junto a la mesa de Arturo.

ARTURO: ¡Isabel! ¡Qué casualidad! ¿Qué hacés aquí? ¿Estás sola?

ISABEL: No, estoy con mi familia. Vinimos a celebrar mi cumpleaños. Hoy cumplo los dieciocho. Vos lo sabías, ¿no?

---

[3]**Vos querés** is equivalent to *tú quieres*. **Vos** is a form of *tú* used extensively in Argentina, Uruguay, and part of Paraguay. It is also used in certain regions of Central America. While many verbs follow a regular pattern, others do not.

[4]**"Che"** is a familiar substitute for someone's proper name in Argentina and Uruguay.

ARTURO: Claro que lo sabía. Precisamente iba a llamarte esta tarde para que tomáramos algo. *(Ofreciéndole un camarón)* Toma, ¿querés uno? Están muy buenos.

ISABEL: No, gracias, llámame luego, me están esperando mis padres.

ARTURO: ¿Aquéllos son tus padres?

ISABEL: Sí, pero no mires. Todavía no saben que salgo con vos.

ARTURO: ¡Caramba! ¡Pero si es don Manuel Sánchez Torres, mi profesor de geología!

Isabel se despide y entra en el baño.

Comprensión

A. ¿Qué pasó? *Escoja la letra que corresponde a la mejor respuesta.*

1. ¿Por qué ha venido la familia Sánchez Torres al restaurante?
   a. para conocer al nuevo novio de Isabel
   b. para celebrar el cumpleaños de Isabel
   c. para felicitar a Luisito por sus buenas notas en el colegio
   d. para conocer este nuevo restaurante

2. ¿Por qué va la familia al bar?
   a. porque necesitan beber algo inmediatamente
   b. porque Luisito quiere un refresco
   c. porque llegaron temprano y necesitan esperar un rato
   d. porque Isabel no quiere encontrarse con Arturo

3. ¿Cómo puede Isabel ver a Arturo en el restaurante sin que su familia se dé cuenta?
   a. Cuando va sola al baño, primero pasa por la mesa de Arturo.
   b. Ella y Arturo van juntos al bar.
   c. Luisito va a la mesa de Arturo para arreglar una reunión.
   d. Isabel y Arturo se encuentran al fondo de la gran sala.

4. Según Arturo, ¿qué pensaba hacer él esta tarde?
   a. tomar una copa con Luisito
   b. hablar con su profesor de geología
   c. invitar a Isabel a almorzar
   d. invitar a Isabel a celebrar su cumpleaños

5. ¿Cómo conoce Arturo al padre de Isabel?
   a. Es su tío.
   b. Es su profesor.
   c. Es también el padre de Luisito.
   d. Es también su amigo.

B. ¿Qué conclusiones saca Ud.? *Conteste cada pregunta con una oración.*

1. ¿Qué tipo de relación existe entre Isabel y Luisito? _____

_____

2. ¿Qué importancia tiene el cumpleaños de Isabel para la familia Sánchez Torres? _____
    _____

3. ¿Por qué se pone nerviosa Isabel cuando su mamá quiere acompañarla al baño? _____
    _____

4. ¿Cómo reacciona Arturo cuando ve a Isabel? _____
    _____

5. ¿Cómo reacciona Arturo al ver al padre de Isabel? _____
    _____

Conclusión

Después de dividirse en grupos, inventen una conclusión a la **Conversación creadora** Encuentro en un restaurante, *siguiendo las instrucciones de su profesor/a. Probablemente usarán «***tú***» en vez de «***vos***». Consulten el* **Vocabulario útil** *al final del capítulo para obtener ayuda con el vocabulario de la comida y de las relaciones sociales.*

INSTRUCCIONES

_____

_____

PERSONAJES

Isabel _____

Arturo _____

Manuel _____

Cristina _____

Luisito _____

Mesero/a _____

IDEAS PARA SU CONCLUSIÓN

_____

_____

_____

_____

_____

_____

_____

Enlace gramatical

Los pronombres de complemento directo e indirecto

Pronombres de complemento directo		Pronombres de complemento indirecto	
me	nos	me	nos
te	os	te	os
lo/la	los/las	le	les

Los pronombres de complemento directo

1. Los pronombres de complemento directo indican qué o quién recibe directamente la acción del verbo.

    Pensaba llamar**te** esta tarde.
    Me están esperando mis padres.

2. Por lo general los pronombres de complemento directo **lo, la, los** y **las** sustituyen a los complementos directos para evitar la repetición.

    ¿El mesero mira su **libreta**?   Sí, el mesero **la** mira.
    ¿Manuel y Cristina siguen al **mesero**?   Sí, Manuel y Cristina **lo** siguen.

3. El leísmo es la práctica de usar **le** y **les** en lugar de los pronombres de complemento directo **lo** y **los** cuando éstos se refieren a personas. El leísmo se practica frecuentemente en España y en algunas regiones de Hispanoamérica.

Los pronombres de complemento indirecto

1. Los pronombres de complemento indirecto indican a quién o para quién se hace una acción.

    Arturo **le** ofrece un camarón.
    Isabel no **les** ha dicho que sale con Arturo.

2. Puesto que los pronombres **le** y **les** tienen más de un significado, frecuentemente se añade **a** + sustantivo o pronombre para evitar ambigüedad o para dar énfasis.

    Arturo **le** ofrece un camarón **a ella.**
    Isabel no **les** ha dicho **a sus padres** que sale con Arturo.

La posición de los pronombres de complemento directo e indirecto

1. El pronombre de complemento indirecto siempre precede al pronombre de complemento directo.

    ¿El menú? El mesero ya **nos lo** dio.

2. Los pronombres de complemento indirecto **le** y **les** se convierten en **se** cuando preceden a los pronombres de complemento directo **lo, la, los** y **las**. El uso de una frase preposicional aclaratoria puede ser útil en estos casos.

> ¿Los refrescos? **Se los** traigo **a Uds.** enseguida.

3. La tabla a continuación resume la posición de los pronombres de complemento directo e indirecto cuando los dos figuran en la misma oración.

Forma verbal	Antes del verbo	Después del verbo
Tiempos simples	Arturo **lo** probó.	
Tiempos perfectos	Arturo no **lo** ha probado.	
Mandato afirmativo		¡Pruébe**lo**!
Mandato negativo	¡No **lo** pruebe!	
Infinitivo	Arturo **lo** va a probar.	Arturo va a probar**lo**.
Tiempos progresivos	Arturo **lo** está probando.	Arturo está probándo**lo**.

Práctica

A. Conversaciones telefónicas. *Éstas son dos conversaciones parecidas a las que podrían tener Isabel y Arturo con sus mejores amigos. Complételas con los pronombres de complemento directo o indirecto, según convenga.*

Según ella:

ISABEL: Acabo de ver a Arturo en el restaurante.

TERESA: Pues, ¡cuéntamelo todo! ¿(1) _____ dio algún regalo para tu cumpleaños?

ISABEL: No, pero él (2) _____ invitó a tomar algo esta noche.

TERESA: ¿Crees que Luisito (3) _____ dijo a tus padres que sales con Arturo?

ISABEL: ¡No lo sé, chica!

TERESA: Pues, ¿tus padres (4) _____ conocieron a Arturo?

Según él:

ARTURO: ¡Imagínate! Nuestro profesor de geología es el padre de Isabel.

FELIPE: ¡No me digas! ¿Cuándo te enteraste?

ARTURO: Pues, esta tarde (5) _____ vi a ella con toda su familia en el restaurante.

FELIPE: ¿Y ella (6) _____ presentó a sus padres?

B. ¿Está listo para pedir? *En un restaurante en Salamanca, un camarero habla con Antonio, quien ha venido a cenar con una amiga de la universidad. Complete su conversación con los pronombres de complemento directo o indirecto, según convenga.*

CAMARERO: Señor, (1) _____ recomiendo las gambas. Están muy buenas.

ANTONIO: Gracias, no. Nunca (2) _____ pido. Tengo alergias a los mariscos.

CAMARERO: ¿Le apetece el lomo de ternera? Está exquisito.

ANTONIO: ¿La carne? ¡De ninguna manera! No (3) _____ como nunca. Soy vegetariano.

CAMARERO: Entonces, ¿(4) _____ sirvo a Ud. la tortilla con espárragos?

ANTONIO: ¿Está fresca la tortilla?

CAMARERO: ¡Claro! (5) _____ preparamos cada mañana.

ANTONIO: Bueno. Y para beber, una botella de vino blanco, por favor.

CAMARERO: Sí, señor. (6) _____ la traigo a Uds. en seguida.

Escenas

Formen parejas. Un/a estudiante tomará el papel de **A** *y el/la otro/a el de* **B**.[5] *Hablen en español hasta que solucionen el conflicto en cada situación. Luego, cuenten a los demás estudiantes cómo han resuelto Uds. cada escena. El* **Vocabulario útil** *al final del capítulo les ayudará con el vocabulario.*

1. You are nearing the end of a delightful meal at an elegant restaurant, when the waiter or waitress trips and spills coffee on your blouse or shirt. You are upset because you are afraid the garment will be ruined. Try to persuade the waiter/waitress to guarantee that the restaurant will pay the dry cleaning bill **(la cuenta de la tintorería)** and replace your blouse or shirt if it cannot be cleaned properly.

   B You are a new waiter/waitress who has just spilled coffee on a well-dressed client. Your boss has told you that any customer claims will come out of your salary. Apologize to this customer, then assure him or her that the stain will come out with water. Try to get the customer to forget the small spill and enjoy him/herself.

---

[5]*Si hay un grupo de tres, hagan la cuarta escena con el papel de «C».*

2. **A** Your niece/nephew has just moved to town, and you know that she/he would like the wonderful boy/girl who lives next door to you. Describe the person in such a way that your niece/nephew will want to meet him or her, and try to arrange a date.

    B You have just moved to town and have called your favorite aunt/uncle for some recommendations about where to shop, eat, and so on. You already have a romantic partner, someone whom you are not yet ready to introduce to your family but with whom you are in love. Try to persuade your aunt/uncle that you are not interested in dating, without causing any hurt feelings.

3. **A** You are a college student from Miami, of Cuban-American heritage, who is spending his or her junior year in Madrid. You have been going out with an exchange student from Bogotá, Colombia. He or she has invited you to spend Easter vacation **(Semana Santa)** with his/her family in Colombia, and you must convince your parents to let you go. You believe that their main concern will be that the airfare is very expensive.

    B You are the Cuban-born parent of a child who wants to visit a boyfriend's/girlfriend's family for ten days. Although you can afford the airfare, you do not think it is proper for your son or daughter to arrange such a visit without a direct invitation from the boy/girlfriend's parents. Try to persuade your son or daughter to bring his/her friend home to Miami instead.

4. **A** You are a twenty-two-year-old man from Caracas, Venezuela, who has just finished a restaurant meal with a young North American whom you like a lot. This is your first date. When the waiter/waitress presents the bill, you try to pay with a credit card but are told that the establishment accepts only cash. You are embarrassed that this has happened, and you want to save face with your date. Try to persuade your date that the best thing to do is for you to call one of your brothers to bring you some cash, even though this could take over an hour.

    B You are an eighteen-year-old woman from New York who is spending the summer with your grandparents in Caracas. You have enjoyed dinner very much and don't want it to be spoiled by this problem with the bill. Try to persuade your date to allow you to pay tonight's bill. Insist that it would give you pleasure to do so and that he can pick up the next check. If that tactic fails, persuade him to borrow the money from you, so that the evening won't be ruined.

    C You are the waiter/waitress and would like this couple to pay the bill and leave because other customers are waiting for the table. Without being rude, encourage them to pay now or at least to wait someplace else.

Más actividades creadoras

El **Vocabulario útil** *al final del capítulo le ayudará con estas actividades.*

A. Dibujos. *Invente una narración, tomando los siguientes dibujos como punto de partida. Su cuento debe explicar quiénes son estos personajes, qué les ha pasado antes, qué está ocurriendo ahora y qué van a hacer en el futuro.*

B. Uso de mapas y documentos. *Refiérase a este menú para servicio a habitaciones del Hotel Four Seasons en México, D.F., para contestar las siguientes preguntas.*

MENÚ PARA TODO EL DÍA

New York Steak, salsa de chile pasilla°	$ 280.00[6]	*type of mild green chile*
Enchiladas de camarón en dos salsas	$ 135.00	
Fajitas de pollo, res o camarones	$ 155.00	
Arrachera° con chimichurri°	$ 160.00	*Skirt steak / olive oil, garlic and herb sauce*
Ensalada de pollo con aguacate, jitomate, pepinos, aderezo de mostaza y finas hierbas	$ 123.00	
Farfalle° con salmón ahumado	$ 158.00	*Bow-shaped pasta*
Rigatoni con salsa boloñesa°	$ 103.00	*Bolognese (creamy tomato with meat)*
Penne con pollo a la parrilla, jitomate, hongos pambazo° y piñones°	$ 131.00	*porcini / pine nuts*
Robalo Tikin Xic envuelto° en hoja de plátano	$ 125.00	*wrapped*
Club sandwich en pan integral°	$ 123.00	*whole wheat*
*Sandwich vegetariano con pesto	$ 101.00	
Hamburguesa tradicional	$ 104.00	

POSTRES

Surtido° de helados	$ 57.00	*Assortment*
Pastel de queso estilo Nueva York	$ 57.00	
Pastel de chocolate	$ 57.00	
Tarta de frutas de la temporada	$ 57.00	

BEBIDAS

Nuestra operadora de Servicio de Habitaciones tiene a su disposición una amplia selección de vinos y licores.

*Cocina Alternativa

Estas selecciones están nutricionalmente balanceadas, son bajas en calorías, colesterol y grasas.°   *fats*
A cada orden se le agregará un cargo por servicio del 15%.
Los precios anteriores incluyen el 15% de iva.
Oprima° la extensión 1605 para servicio a habitaciones.   *Press*

---

[6]Aproximadamente once pesos mexicanos equivalen a un dólar estadounidense. Para calcular el cambio con precisión, es necesario consultar un convertidor de divisas (*currencies*) en la red, un periódico reciente, o con un banco.

1. ¿Qué plato y qué postre pediría Ud.? ¿Por qué?

2. ¿Hay algún plato que sabe Ud. que no le gustaría? ¿Por qué no?

3. ¿Qué plato aquí ofrece tres posibilidades distintas en cuanto a su preparación?

4. Si Ud. se encontrara en una dieta para adelgazar *(to lose weight)*, ¿qué pediría? ¿Por qué?

5. ¿Cómo se compara este menú con un menú para servicio a habitaciones en uno de los mejores hoteles de su región?

C. A escuchar. *Escuche la entrevista en el disco compacto en la que una persona habla sobre sus experiencias en algunos restaurantes. (Para ver las preguntas, refiérase al ejercicio D, número 1.) Luego, conteste las siguientes preguntas en la forma indicada por su profesor/a.*

1. ¿Cómo se llama la persona entrevistada, y de dónde es?

2. ¿Cómo es la comida del restaurante «Don Genaro», y qué platos son excelentes?

3. Además de la comida, ¿qué otros aspectos del restaurante «Don Genaro» son atractivos?

4. ¿Por qué no le gustó la comida del restaurante «Montecatini»?

5. ¿Cómo se comparan los restaurantes «Don Genaro» y «Montecatini» con algunos restaurantes que Ud. conoce?

D. Respuestas individuales. *Piense en las siguientes preguntas para contestarlas en la forma indicada por su profesor/a.*

1. Describa el mejor restaurante en que ha comido, e indique por qué le gustó. Entonces, describa el peor restaurante en que ha comido, indicando por qué no le gustó.

2. Si Ud. pudiera arreglar una comida ideal para su cumpleaños sin pensar en el costo, ¿qué pediría?

E. Contestaciones en parejas. *Formen parejas para completar las siguientes actividades.*

1. En cada pareja, una persona será el/la cliente en un restaurante y la otra será el/la camarero/a. El/La cliente pedirá una comida completa, y el/la camarero/a apuntará lo que dice. Luego, cambien de papeles y de restaurantes, comparando lo que ha apuntado el/la camarero/a con lo que ha pedido el/la cliente para ver si todo está correcto.

2. Estudien esta receta para flan de leche. Entonces, compongan juntos una receta para un plato sencillo. Luego, cambien su receta con la de otra pareja y decidan si podrían hacer este plato siguiendo su receta.

FLAN DE LECHE

Esta receta rinde[1] para 4 raciones.

150 gr (2/3 de taza) de azúcar
1 cucharadita de agua
3 huevos

1 cucharadita de vainilla
1/2 litro (2 tazas) de leche caliente
una pizca de sal

Caliente el horno a una temperatura moderada de 160° Celsio (325° Fahrenheit)

1. Ponga la mitad del azúcar y el agua en una pequeña olla o sartén gruesa. A fuego lento, dore el azúcar hasta que tenga la consistencia y el color de miel, moviéndolo a menudo con una cuchara de madera para que no se queme.
2. Viértalo inmediatamente en un molde de aluminio o un recipiente Pyrex® redondo de 20 centímetros (8 pulgadas) en diámetro, y déjelo enfriar.
3. Bata los huevos. Agregue el resto de los ingredientes, y revuélvalos bien.
4. Vierta la mezcla[2] sobre el azúcar caramelizado. Ponga el molde dentro de un recipiente que contenga suficiente agua caliente, de manera que el agua en el exterior llegue hasta la mitad de la mezcla en el molde.
5. Hornéelo de una a una hora y media, hasta que se cuaje[3] y al introducirle un palillo[4] en el centro, salga seco.
6. Retírelo del horno y sáquelo del agua. A los diez minutos, colóquelo en la nevera.[5]
7. Cuando esté completamente frío, pase un cuchillo alrededor de los lados del molde con mucho cuidado, para despegar[6] el flan. Vuélquelo[7] sobre un platón que permita conservar su delicioso almíbar de caramelo.

[1]*yields* [2]*mixture* [3]**se...** *it jells* [4]*toothpick* [5]*refrigerator* [6]*to detach* [7]*Invert it*

F. Proyectos para grupos. *Formen grupos de cuatro o cinco personas para completar estos proyectos.*

1. Formulen una guía de la vida social contemporánea para un grupo de estudiantes chilenos que pasarán seis semanas estudiando en su localidad. Incluyan la siguiente información: las costumbres para amistades entre jóvenes ahora, dónde y cómo se conocen los estudiantes aquí y dónde suelen reunirse. La guía tendrá dos páginas. Cuando esté lista, preséntenla a la clase.

2. Imagínense que acaban de terminar una comida en un buen restaurante. Siéntense en un círculo para participar en una charla de sobremesa. Mientras hablan espontáneamente, una persona apuntará los temas de la conversación para compararlos luego con los de otros grupos.

G. Discusiones generales. *La clase entera participará en estas actividades.*

1. Compongan una lista de diez de los restaurantes de esta ciudad o este pueblo. Entonces, lleguen a un acuerdo en cuanto al número de tenedores (la marca de excelencia gastronómica) que merece cada uno: de uno (el peor) a cinco (el mejor).

2. Lleven a cabo una encuesta *(survey)* acerca de los hábitos de comer de los miembros de la clase. ¿Cuándo, dónde, con quién(es) y qué suelen tomar para el desayuno, el almuerzo, la cena, y los refrigerios *(snacks)*? ¿Qué piensan de la comida en esta universidad o escuela, y qué cambios pueden sugerir para mejorarla?

Vocabulario útil

LA COMIDA

Sustantivos
Las carnes

la carne de res	*beef*
el conejo	*rabbit*
el cordero	*lamb*
el pollo	*chicken*
el puerco	*pork*
la ternera	*veal*

Los pescados y mariscos

la almeja	*clam*
el bacalao	*cod*
el calamar	*squid*
el camarón *(H.A.)*, la gamba *(Sp.)*	*shrimp*
la langosta	*lobster*
el lenguado	*sole*
los mariscos	*shellfish*
la merluza	*hake* (fish similar to whiting)
el robalo	*sea bass*

Los entremeses / Los aperitivos / Las tapas

la albóndiga	*meatball*
el bocadillo, el sándwich, el sandwich *(Mex.)*	*sandwich*
el chorizo	*hard sausage*
el queso	*cheese*
la salchicha *(H.A.)*, el salchichón	*fresh sausage*
la tortilla de patata *(Sp.)*	*potato omelet*

Los primeros platos

el caldo	*broth*
la sopa	*soup*

Las verduras

el aguacate	*avocado*
la alcachofa	*artichoke*
el apio	*celery*
el arroz	*rice*
la arveja, el chícharo *(H.A.)*, el guisante *(Sp.)*	*pea*
la berenjena	*eggplant*
la calabaza	*squash, zucchini*
la cebolla	*onion*
la espinaca	*spinach*
la habichuela verde, la judía verde *(Sp.)*	*green bean*
el hongo *(H.A.)*, el champiñón	*mushroom*
la lechuga	*lettuce*
el maíz	*corn*
la papa *(H.A.)*, la patata *(Sp.)*	*potato*
el pimiento verde/rojo	*green/red (sweet) pepper*
el pepino	*cucumber*
la soya *(H.A.)*, la soja *(Sp.)*	*soy; soybean*
la zanahoria	*carrot*

Los postres

el arroz con leche	*rice pudding*
el flan	*baked caramel custard*
la fruta de la temporada	*fresh fruit*
la fruta en almíbar	*stewed fruit in syrup*
el helado	*ice cream*
el pastel	*pastry, pie; cake*

El desayuno

el bollo	*sweet bun*
el churro	*cruller*
la mermelada	*jam or marmalade*
el pancito *(H.A.)*, el panecillo	*roll*
la tostada	*slice of toast*

Las bebidas

el agua mineral (con gas/sin gas)	*mineral water (carbonated/non-carbonated)*
el café solo/cortado, con leche	*black coffee/coffee with milk*
el vino blanco/tinto/clarete (rosado)	*white/red/rosé wine*

Los ingredientes y condimentos

el aderezo (de ensalada)	*(salad) dressing*
el aceite	*oil*
el (diente de) ajo	*(clove of) garlic*
el azúcar	*sugar*
la especia	*spice*
la harina	*flour*
la hierba	*herb*
la pimienta	*pepper*
la sal	*salt*
el vinagre	*vinegar*

LOS MÉTODOS DE COCINAR

Verbos

ahumar	*to smoke*
asar	*to roast*
asar en la parrilla	*to grill*
cocinar al vapor	*to steam*
cortar en cubitos/cuadritos	*to dice*
cortar en rodajas	*to slice*
dorar	*to brown*
escurrir	*to drain*
freír (i)	*to fry*
guisar	*to stew*
hervir (ie)	*to boil*
picar	*to mince (cut up finely)*
revolver (ue)	*to mix; to scramble*
saltear	*to sauté*
sazonar	*to season*

Adjetivos

moderado/a	*mild*
picante	*spicy, hot*
sabroso/a	*delicious, tasty*

A LA MESA

Sustantivos

la fuente	*serving dish, platter*
el IVA, el iva	*Value Added Tax*
(Impuesto sobre el Valor Añadido)	*(for restaurants, usually 7–12 percent of check)*
la jarra	*pitcher*
la mancha	*stain*
el mantel	*tablecloth*

Verbos

derramar	*to spill*
manchar	*to stain*
masticar	*to chew*
quemar	*to burn*
reclamar	*to demand*
reembolsar	*to reimburse*
tragar	*to swallow*
tropezar (ie)	*to trip*
verter (ie)	*to pour, to spill*

Vocabulario individual

_____   _____

_____   _____

_____   _____

_____   _____

_____   _____

LAS RELACIONES SOCIALES

Sustantivos

el abrazo	*hug*
el/la amante	*lover*
la amistad	*friendship*
el beso	*kiss*
el cariño, el afecto	*affection*
el compromiso	*social engagement; engagement to be married*
el/la cuñado/a	*brother/sister-in-law*
el matrimonio	*marriage; married couple*
el/la nieto/a	*grandson/granddaughter*
el/la novio/a	*boyfriend/girlfriend; fiancé/fiancée; groom/bride*
la nuera	*daughter-in-law*
el/la primo/a	*cousin*
el/la sobrino/a	*nephew/niece*
el/la suegro/a	*father/mother-in-law*
el yerno	*son-in-law*

Verbos

amar, querer (ie)	*to love*
casarse con	*to marry*
coquetear, flirtear, tontear	*to flirt*
dejar(le) a alguien	*to leave someone*
desenamorarse (de)	*to fall out of love (with)*
emocionarse	*to be moved, touched, thrilled*
enamorarse (de)	*to fall in love (with)*
felicitar	*to congratulate*
formalizar	*to formalize, to make official*
herir (ie)	*to wound, to hurt*
tener cariño a	*to be fond of*
tratar bien/mal (a alguien)	*to treat (someone) well/badly*

Adjetivos

afectuoso/a, cariñoso/a	*affectionate, tender*
amoroso/a	*loving, related to love*
apasionado/a	*passionate*
comprensivo/a	*understanding*

Expresiones

Amor, Cariño	*Darling*
¡Enhorabuena![7]	*Congratulations!* (for an achievement such as a promotion)
¡Felicitaciones![7]	*Congratulations!* (on a lucky event a person had something to do with, such as an engagement)
¡Felicidades![7]	*Congratulations!* (on a lucky event that is due to fate, such as a birth or anniversary)
¡Qué emoción!	*How thrilling!*
¡Qué pena!	*What a shame!*

Vocabulario individual

_____   _____

_____   _____

_____   _____

_____   _____

_____   _____

_____   _____

---

[7]These three congratulatory expressions are often used interchangeably.

CAPÍTULO 4
El comercio y la seguridad ciudadana°

OBJETIVOS: Aprender a...

◆ obtener, interpretar y presentar información relacionada con el comercio.

◆ hacer compras en varios entornos *(environments)*.

◆ describir gente y narrar acontecimientos relacionados con un crimen.

°seguridad... *urban security*

NOTAS CULTURALES
Hispanoamérica

El centro comercial Galerías Pacífico en Buenos Aires, Argentina

En los países hispanos existe la posibilidad de comprar una gran variedad de productos en establecimientos de todo tipo. En todas las grandes ciudades cosmopolitas hay una sección en el centro de la ciudad donde se encuentran las tiendas lujosas y muchas boutiques, así como restaurantes y bares de moda. En la Ciudad de México esta sección se llama la Zona Rosa y en Buenos Aires es la Calle Florida. También, se puede ir de compras a los almacenes y centros comerciales. Los almacenes son tiendas grandes, generalmente de varios pisos, donde se puede comprar de todo. Hay artículos eléctricos para la casa, muebles, ropa y zapatos, libros, discos y joyas. Los centros comerciales son casi idénticos a los de los Estados Unidos y han sido muy comunes en las grandes metrópolis desde la década de los 70. Este fenómeno comercial se ha desarrollado aún más durante los últimos años; por ejemplo, en Santiago de Chile, tan sólo en el sector de Gran Santiago, ahora existen más de veinte centros comerciales. En estos centros la arquitectura es muy moderna y se ofrece una gama° completa de tiendas nacionales y sucursales° de tiendas conocidas mundialmente.

range
branches

Chistoso
llamativo

A pesar de que los almacenes y centros comerciales atraen a mucha gente por la variedad de tiendas, existen también en todas partes de las ciudades unas boutiques y tiendas pequeñas que se especializan en la venta de cierto producto. Las boutiques por regla general son más caras que las tiendas y venden ropa de famosos diseñadores° o de mejor calidad. Muchas tiendas pequeñas llevan el nombre del producto que venden. Por ejemplo, los perfumes se compran en una perfumería y en las joyerías se venden joyas. Las tiendas pequeñas se especializan también en ropa interior, ropa deportiva,° calcetines y medias, telas y mucho más. En algunas, el cliente no puede seleccionar ni tocar la mercancía;° tiene que esperar su turno hasta que el dependiente° pueda mostrarle el artículo que quiere ver. No es frecuente que se devuelvan artículos y en algunos lugares se permite sólo con la compra de otros objetos del mismo valor o más caros. Los posibles métodos de pago varían según la región y el tipo de establecimiento.

designers

sports-related merchandise
store clerk

Quizás lo que convierte a los países hispanoamericanos en lugares singulares para ir de compras es que en cada uno de ellos es posible observar distintas manifestaciones artísticas y culturales. La artesanía° cambia no sólo de país en país sino de región en región dentro del mismo país. Así ocurre en México, donde cada uno de sus treinta y dos estados produce distintos tipos de artesanías relacionadas con su propio folclor. Las artesanías se pueden adquirir en distintos lugares, desde los puestos° en los mercados al aire libre hasta las elegantes boutiques.

crafts

stands

Para hacer compras de todo tipo, los mercados al aire libre añaden un toque colorido a las ciudades modernas y ofrecen experiencias únicas. Han formado parte de la tradición hispanoamericana desde los tiempos precoloniales. En mercados como La Lagunilla en la Ciudad de México se puede regatear[1] y comprar a buenos precios desde comestibles hasta artesanía nacional, joyas, ropa, libros, antigüedades,° obras de arte y artículos para la casa. Aunque van desapareciendo, los vendedores ambulantes° que se encuentran en algunos barrios de las ciudades y los pueblos ofrecen otra oportunidad para hacer las compras. A cualquier hora del día se puede comprar comida, bebida, ropa o alguna chuchería° sin tener que entrar en una tienda.

antiques
vendedores... *peddlers*

knickknack

Finalmente, es muy común ver los quioscos o pequeños puestos. A veces, en los barrios más modestos, están instalados en una ventanilla de una casa particular. En los quioscos se puede comprar periódicos, revistas, dulces y cigarrillos.

[1]En cuanto al regateo *(bargaining)*, en la mayoría de los centros comerciales, almacenes, tiendas y quioscos los precios son fijos. En los mercados al aire libre y con vendedores ambulantes, generalmente los precios son negociables.

España

Un puesto donde se venden libros en el Rastro de Madrid

Como en Hispanoamérica, en España hay diversas posibilidades para hacer compras, desde el enorme hipermercado al pequeño estanco.° El almacén más importante es «El Corte Inglés», que tiene veintisiete sucursales repartidas por todo el país. Visitar «El Corte Inglés», aunque sea para no comprar nada, se ha convertido en una costumbre para mucha gente. Entre sus varias empresas expansionistas, esta compañía ha creado una cadena de hipermercados «Hipercor». En los «hipers» se puede comprar un sinfín° de mercancía, generalmente expuesta° en un solo piso. Allí se vende todo lo que se encuentra en un supermercado, además de libros, ordenadores,° muebles, televisores, artículos deportivos, joyas y ropa. Están cerrando muchas tiendas de comestibles° en España a causa del terreno que les han ido ganando° los hipermercados y los supermercados, que presentan más ofertas.°

Las tiendas cuyo auge° es imparable° hoy son las boutiques, y ahora hay boutiques para todos los gustos y precios. Últimamente está muy de moda la boutique de segunda mano o de ropa usada. Los estancos también siguen siendo muy populares y se encuentran por todas partes. Ofrecen una variedad de artículos: tabaco, periódicos, revistas, sellos° y material de papelería. En algunos hacen fotocopias y se expenden° billetes para el transporte público.

Entre los muchos lugares donden se pueden hacer compras, a muchos madrileños y turistas les atrae el Rastro. Situado en torno a° la Plaza de

tobacco shop

endless amount
displayed
computers

tiendas... *grocery stores*
terreno... *ground gained by special offers*
expansion / unstoppable

stamps
se... *they sell*

en... *surrounding*

Cascorro, en uno de los barrios más populares de Madrid, es el lugar más importante de compraventa° de objetos usados. Abarca° varias calles, donde no hay más que tiendas de antigüedades y puestos callejeros.° Se puede comprar desde un enchufe° viejo hasta un cuadro que vale miles de euros. Los domingos el Rastro está particularmente animado. En los últimos años los vendedores se han aprovechado de la popularidad creciente° del Rastro para subir bastante los precios. Ya no se encuentran gangas° con tanta facilidad como antes, aunque todavía, con un poco de paciencia, puede aparecer alguna.

buying and selling / [It] covers
puestos... *street stands*
electrical plug

growing
bargains

Comprensión y comparación

Conteste las siguientes preguntas en la forma indicada por su profesor/a.

Hispanoamérica

1. ¿Dónde están y qué son la Zona Rosa y la Calle Florida? ¿Qué zonas de algunas ciudades norteamericanas serían comparables? _____

2. ¿Qué posibilidades existen para hacer compras en una ciudad hispanoamericana? _____

3. ¿Cómo se comparan los centros comerciales en Hispanoamérica con los de los Estados Unidos? _____

4. ¿Qué característica común hace que los países hispanoamericanos sean una experiencia única para ir de compras? _____

5. ¿Por qué son populares los mercados al aire libre? _____

6. ¿Cómo se diferencian los vendedores ambulantes de los quioscos y qué artículos venden? _____

España

7. ¿Qué son «El Corte Inglés» e «Hipercor»? _____

8. ¿Qué clases de boutiques hay y qué tipo de boutique está muy de moda ahora? _____

9. ¿Qué se puede comprar en un estanco? _____

10. ¿Qué es el Rastro y dónde se encuentra? _____

Conexión Internet

Investigue los siguientes temas en la red. Vaya primero a **http://college.hmco.com/ languages/spanish/students,** *y de ahí al sitio de* **Conversaciones creadoras** *para encontrar enlaces. Si busca sus propios enlaces, será necesario hacer clic en «español» y apuntar las direcciones que utilice.*

1. **De compras en el Internet.** Investigue la posibilidad de hacer compras en algunos sitios de Internet. Seleccione un producto que le interesaría comprar, señalando por qué le interesa. Luego, seleccione un producto que refleja de alguna manera la cultura hispana; por ejemplo, una «jamonera» artesanal (que se usa para sujetar un jamón serrano[2] mientras se corta). ¿Cómo se compara un sitio en español —por ejemplo, **ebay España**— con un sitio semejante en los Estados Unidos?

2. **Los centros comerciales en Latinoamérica.** Seleccione y resuma un artículo relacionado con los centros comerciales en Latinoamérica. ¿Qué información comunica, y por qué le interesa?

3. **Telemadres.** Investigue el sitio de las amas de casa españolas, y explique qué servicios se ofrecen. ¿Qué piensa de este sitio y de este negocio? ¿Cree que tendría éxito en los Estados Unidos? Explique su respuesta.

4. **El Corte Inglés.** Investigue el sitio de esta compañía para ver qué novedades hay en sus almacenes. ¿Qué es lo que más le interesa en este sitio, y por qué? ¿Cómo se comparan los almacenes «El Corte Inglés» con alguna cadena de almacenes en su región?

Vocabulario básico

EL COMERCIO

Sustantivos

el almacén, la tienda por departamentos *(Mex.)*	*department store*
la bolsa, la cartera *(H.A.)*, el bolso *(Sp.)*	*handbag*
el/la dependiente/a	*store clerk*
la estación de policía *(H.A.)*, la comisaría *(Sp.)*	*police station*
la ganga	*bargain*

---

[2]El jamón serrano es un tipo de jamón español parecido al prosciutto italiano.

la plata *(H.A.)*, la pasta *(Sp.)*[3]   *money (slang)*
el puesto (callejero)   *(street) stand*
el/la ratero/a, el/la ladrón/ladrona   *thief, pickpocket*
la talla   *clothing size*

Verbos

agacharse   *to bend down, to crouch down*
cobrar   *to charge (a price), to collect payment*
denunciar   *to report something to an authority*
fijarse en   *to notice, to pay attention to*
pagar en efectivo, pagar al contado   *to pay cash*
pagar con tarjeta de crédito   *to charge (payment)*
probarse (ue)   *to try on*
regatear   *to bargain, to haggle over a price*
soltar (ue)   *to let go of*

Adjetivos

confiado/a   *trusting, unsuspecting*
fijo/a   *fixed (**precio fijo** means no bargaining allowed)*

Adverbios

gratis   *free of charge*

Expresiones

darse cuenta (de)   *to become aware (of), to realize*
lo de menos   *the least of it*
no ser para tanto   *to be not so bad, to be not so serious*
por mí   *as far as I'm concerned*

Práctica del Vocabulario básico

A. Sinónimos o antónimos. *Para cada par de palabras, indique si el significado es igual (=) o lo opuesto (≠).*

1. agacharse	≠	ponerse de pie
2. denunciar	=	reportar a la policía
3. el almacén	=	una tienda grande
4. la comisaría	=	la base de la policía en una localidad
5. cobrar	=	pedirle dinero al comprador
6. fijarse en	=	notar
7. pagar con tarjeta de crédito	≠	pagar en efectivo
8. probarse	≠	quitarse
9. gratis	≠	caro
10. pasta	=	plata
11. No es para tanto.	≠	No es tan malo.

---

[3]Otras expresiones comunes *(slang)* para **el dinero** son: **la lana** (México), **la guita** (Argentina, España) y **la tela** (España).

12. lo de menos   _____   lo más importante
13. pagar al contado   _____   pagar con dinero
14. el dependiente   _____   el cliente
15. por mí   _____   en mi opinión
16. la talla   _____   el tamaño de la ropa
17. regatear   _____   pagar lo que se pide
18. confiado/a   _____   sospechoso/a
19. precio fijo   _____   prohibido regatear
20. darse cuenta de   _____   no saber

B. Párrafo con espacios. *Llene cada espacio en blanco con la forma correcta de la palabra más apropiada de la siguiente lista.*

el ratero	**fijarse en**
la bolsa	**no ser para tanto**
agacharse	**el puesto callejero**
cobrar	**la talla**
el almacén	**soltar**

María va a La Lagunilla a hacer algunas compras. Al bajar del camión se para en el primer (1) _____ que encuentra. En vez de quedarse de pie, (2) _____ para ver mejor la mercancía que está en el suelo. María (3) _____ la bolsa, dejándola a su lado. Así puede encontrar más rápido (4) _____ del suéter que quiere comprarle a su novio. Ella (5) _____ un suéter bello, admirándolo.

—¡Qué lindo! ¿Cuánto cuesta? —le pregunta al vendedor.

—Cuatrocientos pesos[4] —contesta él.

—Es demasiado caro, hombre. Le puedo dar doscientos cincuenta pesos.

—¡Uf! ¡Qué va! Si está hecho a mano, no como los suéteres que se hallan en cualquier (6) _____. ¿Usted quiere que se lo regale? ¡Le tengo que (7) _____ algo!

—Bueno, ¿qué tal trescientos?

—¡Es el último precio! Vamos a dejarlo en trescientos veinticinco, por ser usted. Y cuidado con (8) _____, porque en este sitio hay más de un (9) _____.

—Yo creo que (10) _____, a mí nunca me han robado nada. Y vengo mucho por aquí.

—Bueno, era sólo un consejo.

---

[4]Aproximadamente once pesos mexicanos equivalen a un dólar estadounidense. Para calcular el cambio con precisión, es necesario consultar un convertidor de divisas (*currencies*) en la red, un periódico reciente, o con un banco.

C. Definiciones. *Empareje las columnas.*

_____ 1. lo de menos	a. la empleada que atiende al público
_____ 2. por mí	b. el bolso
_____ 3. la dependienta	c. descubrir
_____ 4. darse cuenta	d. con mucha fe en los demás
_____ 5. gratis	e. ponerse una prenda de ropa y
_____ 6. la ganga	examinarla
_____ 7. regatear	f. discutir el precio
_____ 8. la comisaría	g. a mi parecer
_____ 9. denunciar	h. no importa mucho
_____ 10. confiado/a	i. un precio que no se puede regatear
_____ 11. pagar en efectivo	j. sin tener que pagar
_____ 12. probarse	k. vale más de lo que cuesta
_____ 13. fijo	l. avisar a las autoridades
_____ 14. pagar con tarjeta de crédito	m. pagar con billetes
_____ 15. la cartera	n. la estación de policía
	ñ. pagar luego con cheque cuando
	llegue la cuenta

D. Narración original. *Escriba la palabra que corresponde a cada definición y luego úsela en una historia original de cuatro a seis oraciones.*

1. un sinónimo para el dinero en España _____

2. algo que se compra a poco costo _____

3. un ladrón _____

4. dejar ir algo que estaba detenido _____

5. un sitio donde se vende mercancía en la calle _____

_____

_____

_____

_____

_____

_____

_____

_____

_____

PERSONAJES

UN VENDEDOR, de unos 50 años
UNA SEÑORA, de unos 60 años
CHICO PRIMERO
CHICO SEGUNDO (VICENTE)

ESCENARIO

Un puesto de compraventa en el Rastro. Es domingo por la mañana. Los vendedores del Rastro alinean° su mercancía en la calle. Hay mucho barullo° de gente que se empuja.

    Una señora de unos sesenta años se ha agachado a mirar unas prendas° de ropa y ha dejado un momento el bolso en el suelo para calcular sobre su cuerpo el tamaño de una blusa. Cuando se da cuenta, el bolso ha desaparecido.

line up
commotion

articles

SEÑORA:	¡Mi bolso! ¡Mi bolso! Lo tenía aquí ahora mismo.
VENDEDOR:	Pues ya se puede despedir de él, señora. ¿De dónde sale usted? No hay que soltar los bolsos de la mano. Aquí hay mucho «chorizo°» los domingos.
SEÑORA:	*(Mirando alrededor)* ¡No puede ser! Tiene que aparecer. ¡Si no aparece me han hundido!°
VENDEDOR:	No será para tanto. Ahí no está. ¿No ve usted que no está? ¡No me revuelva° la ropa, por favor!
SEÑORA:	¡Ay Dios mío, qué catástrofe! ¿Qué voy a hacer?

thieves (slang)

me... *I'm sunk*

mix up

La gente se agrupa alrededor de la señora. Dos chicos jóvenes tratan de calmarla.

CHICO PRIMERO:	¿Se ha fijado usted en la gente que tenía al lado?
SEÑORA:	No me acuerdo. Bueno..., sí. Había un chico muy simpático que me estuvo dando conversación. Pero era muy guapo y muy amable. Además iba bien vestido.
CHICO SEGUNDO:	No me diga más. Ésos son los peores.
SEÑORA:	¡Cómo está el mundo, Dios mío, cómo está el mundo! Hasta le dije que se parecía a mi sobrino, que Dios tenga en su gloria,° al pobre Óscar. ¡No puede haber sido él!
CHICO PRIMERO:	¿Llevaba usted mucha pasta?
SEÑORA:	Sí, bastante, pero el dinero es lo de menos.
CHICO PRIMERO:	Eso de que es lo de menos lo dirá usted.
SEÑORA:	Llevaba las llaves de casa, el carnet de identidad,° unas fotos que quiero mucho, un billete de avión para mañana...
VENDEDOR:	Pero bueno, ¿y cómo se le ocurre a usted salir a la calle con ese almacén? La veo demasiado confiada.
SEÑORA:	A mí nunca me habían robado, nunca... No sé qué hacer... Lo peor es lo del billete de avión.
CHICO SEGUNDO:	El que sea se quedará con la pasta. Lo otro muchas veces lo devuelven. Depende de la ética que tengan. ¡Pero no llore, señora! Venga con nosotros a aquel bar° a tomarse un vaso de agua, que le va a dar algo.°
SEÑORA:	No, lo que yo quiero es ir a la comisaría. ¿Dónde está la comisaría más cercana?
CHICO PRIMERO:	Ahí en La Latina. Pero una denuncia no sirve para nada. Si quiere, vamos con usted. ¿La acompañamos, Vicente?
CHICO SEGUNDO:	Por mí, vale.[5]
CHICO PRIMERO:	Venga, señora, no se ponga así. Vamos para allá, que está muy cerca.
SEÑORA:	Dios os lo pague, hijos, Dios os lo pague. Menos mal° que queda gente buena.

que... *may God rest his soul*

carnet... *I.D. card*

neighborhood café in Spain
le... *you're going to give yourself a heart attack*

Menos... *It's a good thing*

---

[5]La palabra **vale** *(fine, sure, OK)* es una expresión común en España.

Comprensión

A. ¿Qué pasó? *Escoja la letra que corresponde a la mejor respuesta.*

1. ¿Cuándo y dónde tiene lugar este episodio?
   a. en La Lagunilla el sábado por la mañana
   b. en el Rastro el domingo por la mañana
   c. en la comisaría el domingo por la mañana
   d. en el Rastro el sábado por la mañana

2. ¿Cuántos personajes participan?
   a. dos
   b. tres
   c. cuatro
   d. seis

3. ¿Qué le ha pasado a la señora?
   a. Ha dejado las llaves en casa.
   b. Ha conseguido una ganga.
   c. Se ha olvidado de dónde estaba el bolso.
   d. Ha sido víctima de un robo.

4. ¿Qué *no* llevaba la señora en el bolso?
   a. las llaves
   b. un billete de avión
   c. el pasaporte
   d. unas fotos

5. ¿Adónde quiere ir la señora?
   a. al bar
   b. a la Plaza de Cascorro
   c. a casa
   d. a la comisaría

B. ¿Qué conclusiones saca Ud.? *Conteste cada pregunta con una oración.*

1. ¿Cómo pudo ocurrir el robo? _____

   _____

2. Después del robo, ¿cómo reaccionan la señora y el vendedor? _____

   _____

3. ¿Qué piensa el vendedor de la señora? _____

   _____

4. ¿Cómo tratan los chicos a la señora? _____

_____

5. ¿Por qué piensa el chico segundo que es posible que el ratero devuelva todo lo que estaba en el

bolso, menos el dinero? _____

_____

Conclusión

Después de dividirse en grupos, inventen una conclusión a la **Conversación creadora**
*Un puesto de compraventa en el Rastro, siguiendo las instrucciones de su
profesor/a. Consulten el* **Vocabulario útil** *al final del capítulo para obtener ayuda con
el vocabulario de las compras, el crimen, las descripciones y el mercado al aire libre.*

INSTRUCCIONES

_____

_____

PERSONAJES

Vendedor/a _____

Señora _____

Chico primero _____

Chico segundo (Vicente) _____

_____

_____

IDEAS PARA SU CONCLUSIÓN

_____

_____

_____

_____

_____

_____

_____

_____

_____

_____

Enlace gramatical

El pretérito y el imperfecto

Usos del pretérito

1. Para expresar una acción pasada que se considera instantánea o completa; puede indicar el principio o la terminación de la acción.

> Alguien le **robó** el bolso a la señora.
> La señora **empezó** a gritar.
> Los chicos la **acompañaron** a la comisaría.

2. Para expresar una acción que se desarrolló durante un período de tiempo específico.

> Vicente **estuvo** en el Rastro durante una hora y media.

Usos del imperfecto

1. Para describir una escena o narrar acciones que estaban en proceso.

> **Era** domingo por la mañana y **hacía** sol. **Había** mucho barullo de gente en el Rastro.
> La señora **llevaba** las llaves de casa en el bolso.
> El vendedor **alineaba** su mercancía cuando se le acercó la señora.

2. Para expresar una acción pasada que se considera repetida o habitual.

> Vicente **iba** al Rastro cada domingo.

3. Para describir condiciones físicas o características de algo o de alguien.

> **Era** muy guapo y muy amable. Además **iba** bien vestido.

4. Para expresar estados de ánimo y deseos.

> La señora **quería** presentar una denuncia.

5. Para expresar la hora y la edad en el pasado (incluso una etapa de la vida).

> **Eran** las diez de la mañana cuando llegaron al Rastro.
> El vendedor **tenía** unos cincuenta años.
> Cuando Vicente **era** adolescente vivía con su abuela.

Algunos verbos que cambian de significado

Verbo	Imperfecto	Pretérito en afirmativo	Pretérito en negativo
conocer	knew, was acquainted with	met	didn't meet
poder	was able (to), could	managed (to)	failed, did not succeed in
querer	wanted, wished (to)	tried, attempted (to)	refused (to)
saber	knew	found out, discovered	didn't find out, didn't discover
tener	had, possessed	received, got	didn't receive, didn't get

Recuerde que **había** significa *there was* o *there were*; **hubo** significa *there was* o *there were* con el sentido de «ocurrió» o «ocurrieron».

Práctica

A. Las rebajas de invierno. *Complete este párrafo con el pretérito o el imperfecto de los verbos, según convenga.*

Ayer (1. comenzar) _____comencé_____ las rebajas de enero en todos los grandes almacenes. Yo (2. ir) _____fui_____ con mis amigas al centro comercial en Sanchinarro.[6] Afortunadamente, (3. haber) _____había_____ una gran selección en todos los departamentos y nosotras (4. poder) _____pudimos_____ encontrar unas rebajas fenomenales. Por ejemplo, mis padres me (5. pedir) _____pidieron_____ que yo le comprara una cámara digital a mi hermano menor y (6. encontrar) _____encontré_____ una con *zoom* y *flash* incorporado por sólo 214 euros. ¡Cuando yo (7. ser) _____era_____ adolescente mis padres nunca me (8. dar) _____daban_____ regalos como ése! Después, yo (9. probarse) _____me probé_____ un suéter de cachemir que (10. estar) _____estaba_____ rebajado un 40%. ¡Qué ganga! Claro que yo (11. decidir) _____decidí_____ llevármelo. Al final del día mis amigas y yo (12. regresar) _____regresamos_____ a casa muy satisfechas con todas las compras.

---

[6]Sanchinarro es un ensanche (una «mini-ciudad») en la zona norte de Madrid. El centro comercial de El Corte Inglés/Hipercor allí es conocido por su arquitectura original y su tamaño (unos 55.000 metros cuadrados).

B. De compras en Quito. *Complete este párrafo con el pretérito o el imperfecto de los verbos, según convenga.*

Recientemente unos amigos me (1. visitar) _____visitaron_____ por unos días. Yo (2. saber) _____sabía_____ que a ellos les gustaría ir de compras, así que yo les (3. organizar) _____organicé_____ una visita al Mercado Artesanal La Mariscal. Por la mañana nosotros (4. dar) _____dimos_____ un paseo por el centro histórico de Quito para que pudieran conocer el barrio y la catedral. Después, ellos (5. tomar) _____tomaron_____ un taxi al gran mercado artesanal, donde se venden sombreros de paja toquilla *(straw hats)*, tejidos *(woven goods)* y objetos de cerámica, plata, madera, cuero y más, todos hechos a mano. Desafortunadamente, ya (6. ser) _____era_____ la una y media, y algunos puestos (7. estar) _____estaban/estaban_____ cerrados para el almuerzo. ¡Menos mal porque después de media hora, mis amigos (8. llevar) _____llevaron_____ en brazos una gran cantidad de artesanías! Más tarde, yo (9. reunirse) _____me reuní_____ con ellos en La Bodega Exportadora, porque les interesaban las antigüedades en que esta tienda se especializa. Ellos no (10. comprar) _____compraron_____ nada, pero creo que (11. divertirse) _____se divirtieron_____ mucho. Cuando nos cansamos de las compras, nosotros (12. ir) _____fuimos_____ a la Casa de la Cultura Ecuatoriana, donde hay exhibiciones de arte moderno, traje indígena e instrumentos musicales.

Escenas

En parejas (o un grupo de tres), hablen en español para solucionar y luego describir cada conflicto. El **Vocabulario útil** *al final del capítulo les ayudará con estas escenas.*

1. **A** You just bought a watch at a very low price from a street vendor. However, when you try to set it, you cannot get it to work. You want your money back.

   B You just sold a customer a watch from a batch that possibly contained some defective watches. You would like to exchange the defective watch for another one, instead of refunding the purchase price. Try to persuade the customer to accept a replacement.

2. **A** You have been invited to dinner tonight at the home of a professor in the Study Abroad program in which you have been participating for several months, and you would like to bring flowers. You once heard your professor say that he or she likes carnations **(los claveles),** so you intend to buy some. The flower stand you visit has some attractive carnations and some spectacular roses; the roses are much more expensive than the carnations.

   B You own a flower stand in La Lagunilla. All of your flowers are fresh, but you would like to sell the more perishable ones first. You know that roses will wilt in a few days, while carnations will last almost a week, so you want to sell the roses first. Try to persuade this customer to buy roses.

3. **A** While you are walking in the Centro Ciudad Comercial Tamanaco (C.C.C.T.), a modern shopping center in Caracas, the young woman next to you drops a handful of coins. You bend down to help pick them up, and when you stand up you realize that your wallet has been stolen. Go to the nearest police officer and enlist help to recover your wallet.

   B You are a police officer in the C.C.C.T. who is nearing the end of a shift and eager to go home. You are aware of a coin-dropping scam **(un engaño)** that is being perpetrated by two pickpockets in the area. Usually the victim cannot describe the people around him or her in enough detail to make a search worthwhile. Try to persuade this victim to go to the nearby police station to file a report.

4. **A** You bought a T-shirt **(una camiseta)** without trying it on, and when you get home you realize that it is too small. Unfortunately, you removed the tag **(la etiqueta)** and lost it. Go back to the department store where you bought the T-shirt, and try to exchange it for the correct size.

   B You have been working as a salesperson at the department store for three months and hope to become a manager someday. The store has strict new rules for exchanges and returns of merchandise, and one of them is that all sales tags must be attached. The reason for this rule is that some customers have been wearing items of clothing before returning them. Without offending the customer, explain why you cannot exchange the T-shirt.

   C You are a friend who is accompanying A because the two of you are going to have lunch together. You are hungry and want to go to the restaurant. You know that the T-shirt was never worn. Try to help your friend convince the salesperson to exchange it.

Más actividades creadoras

El **Vocabulario útil** *al final del capítulo le ayudará con estas actividades.*

A. Dibujos. *Invente una narración, tomando los siguientes dibujos como punto de partida. Su cuento debe explicar quiénes son estos personajes, qué ocurrió en el pasado, qué está ocurriendo ahora y qué les va a pasar en el futuro.*

B. Uso de mapas y documentos. *Refiérase a este anuncio venezolano para contestar las siguientes preguntas.*

Las maravillas del mundo animal...

Happy Animals

el multicentro de las mascotas[1]

- Todo tipo de animales domésticos: perros, gatos, canarios, tortugas,[2] peces y una gran variedad de aves.
- Alimentos y medicinas.
- Criadero[3] y entrenamiento de perros.
- Atención veterinaria y peluquería en general.
- Accesorios (ropa, huesos, juguetes, jaulas[4]) y la más completa línea de productos para shows.
- Peceras,[5] adornos, filtros y accesorios.
- Pensión[6]

- Artículos de colección con las figuras del animal de su preferencia.
- Areas verdes para la recreación de sus niños y mascotas, mientras compra en la tienda.
- Servicio expreso de fumigación contra pulgas[7] y garrapatas.[8]
- No es tóxico para niños ni animales domésticos.
- Acuarios marinos y tropicales.

Estacionamiento[9] con vigilancia privada.

Happy Animals

Av. Valencia Parpacén (Av. Los Mangos) Qta. Setorray, La Florida, Caracas, Telf: 74.31.32

---

[1]*pets*   [2]*turtles*   [3]*Kennel*   [4]*cages*   [5]*Fish tanks*   [6]*Boarding*   [7]*fleas*   [8]*ticks*   [9]*Parking*

1. ¿Qué tipos de animales domésticos se ofrecen en esta tienda?

2. Además de los animales, ¿qué artículos están en venta?

3. ¿Qué servicios se ofrecen para los animales?

4. ¿Qué hace este negocio para prevenir el robo de los carros de sus clientes?

5. ¿Cómo se compara esta tienda con algunas tiendas de mascotas donde Ud. vive?

C. A escuchar. *Escuche la entrevista en la que una persona contesta algunas preguntas sobre cómo prefiere pagar las compras. (Para ver las preguntas, refiérase al ejercicio D, número 1.) Luego, conteste las siguientes preguntas en la forma indicada por su profesor/a.*

1. ¿Cómo se llama la persona entrevistada, y de dónde es?

2. ¿Cómo prefiere ella pagar sus compras cuando va al mercado?

3. ¿Cuáles son los dos métodos de pago que ella prefiere usar si va al supermercado?

4. Según ella, ¿cuál es una ventaja de pagar con la tarjeta de crédito?

5. ¿Cómo se comparan los métodos de pago preferidos por esta nicaragüense con los que Ud. prefiere?

D. Respuestas individuales. *Piense en las siguientes preguntas para contestarlas en la forma indicada por su profesor/a.*

1. ¿Cómo prefiere Ud. pagar sus compras? O sea, ¿cuándo prefiere pagar en efectivo, cuándo suele usar una tarjeta de crédito, cuándo paga con cheque y cuándo usa una tarjeta de débito o cobro automático *(debit card)*? En su opinión, ¿cuáles son las ventajas y las desventajas de cada método de pago?

2. ¿Ha sido Ud. alguna vez víctima de un robo? Cuente cómo fue.

E. Contestaciones en parejas. *Formen parejas para completar las siguientes actividades.*

1. En cada pareja, un/a estudiante será el/la vendedor/a, y el/la otro/a será el/la comprador/a. El/La vendedor/a tratará de vender algo que ha traído a la clase. Uds. tendrán que regatear hasta que lleguen a un acuerdo sobre un precio aceptable para los dos. Luego, cambien de papeles y sigan practicando su destreza con el regateo. (Nota: Por regla general, al comprador le conviene empezar ofreciendo un poco más de la mitad de lo que pide el vendedor.)

2. Cuéntense cuándo fue la última vez que compraron algo en rebaja *(on sale)* o en una subasta *(auction)*. ¿Resultó ser una verdadera ganga? Luego, cuente cada uno a la clase entera la experiencia de su compañero/a.

F. Proyectos para grupos. *Formen grupos de cuatro o cinco personas para completar estos proyectos.*

1. Sírvanse de las siguientes preguntas para guiar una discusión sobre la seguridad ciudadana. ¿Están Uds. preocupados por su seguridad en el lugar donde viven? ¿Qué precauciones toman para evitar robos? ¿Qué precauciones adicionales deberían tomar? Si vivieran Uds. en otra parte, por ejemplo en una ciudad grande o en un pueblo, ¿se comportarían de otra manera? Elijan a un representante de cada grupo para comunicar sus conclusiones.

2. Uno por uno, describan a un/a compañero/a de clase, sin nombrarlo/la. Cuenten los segundos que pasan antes de que uno de sus compañeros del grupo pueda identificar la persona a quien se describe.

G. Discusiones generales. *La clase entera participará en estas actividades.*

1. Siéntense en círculo para este ejercicio que fortalece *(strengthens)* la memoria. La primera persona dirá: «Hoy fui al Rastro y compré una lámpara.» La próxima persona empezará con lo que dijo la anterior y añadirá otra cosa, tal como: «Hoy fui al Rastro y compré una lámpara y un tostador.» Continúen hasta donde les sea posible.

2. Hagan una encuesta sobre los hábitos de los miembros de la clase en cuanto a las compras. Durante el último mes, ¿cuántos han ido a un gran almacén, a una librería, a un supermercado, a una boutique, a una tienda o a un mercado al aire libre? ¿Cuántos han hecho compras por el Internet, por teléfono y/o por fax?

Vocabulario útil

LAS COMPRAS

Sustantivos

la billetera, la cartera	*wallet*
la caja	*cashier's station*
el cambio	*change* (from cash payment)
el comprobante de compra, el comprobante de venta	*sales slip, sales receipt*
la cuenta de crédito, la cuenta a cargo	*charge account*
el descuento	*discount*
la deuda	*debt*
la devolución	*return*
el/la diseñador/a	*designer*
la etiqueta	*tag, label*
la facturación	*billing, invoicing*
la liquidación, la rebaja	*sale, price reduction*
el número	*size* (number)
la oferta	*offer, special offering; bid*

el pedido	*order*
la prenda (de ropa)	*article of clothing, garment*
el recibo	*receipt*
el regateo	*bargaining, haggling*
la regla	*rule*
la subasta	*auction*
la tarjeta de débito/cobro automático	*debit card*
la tela	*fabric*
el/la vendedor/a ambulante	*street vendor, peddler*

Verbos

agotarse, estar agotado/a	*to be sold out*
cambiar	*to exchange, to change*
cargar a mi (su) cuenta	*to charge to my (your) account*
devolver (ue)	*to return (something)*
envolver (ue)	*to wrap*
llevar	*to wear*
pagar a plazos	*to pay in installments*

Adjetivos

al por mayor	*wholesale*
al por menor	*retail*
apretado/a	*tight*
claro/a	*light (in color)*
estampado/a	*printed* (fabric)
gratuito/a	*free*
oscuro/a	*dark*
rayado/a, de rayas	*striped*
suelto/a	*loose*

Expresiones

en rebaja, rebajado/a	*on sale, marked down*
hacer juego	*to match, to go together*
¡Qué va!	*Come on!* (Used to dispute something, such as an unfair price or any inaccurate statement)
quedarle a uno bien/mal	*to look good/bad, to fit well/poorly*

Vocabulario individual

_____   _____

_____   _____

_____   _____

_____   _____

_____   _____

EL CRIMEN

Sustantivos

el acusado	*the accused, defendant*
el crimen, el delito	*crime*
las esposas	*handcuffs*
la huella	*footprint, track*
la huella digital	*fingerprint*
el indicio	*piece of circumstantial evidence*
la multa	*fine*
la patrulla	*patrol*
la pista	*clue*
el robo	*robbery, theft*
el/la testigo	*witness*

Verbos

arrestar	*to arrest*
asesinar	*to murder*
atestiguar	*to witness*
decomisar, confiscar	*to confiscate, to seize*
matar	*to kill*
patrullar	*to patrol*
robar	*to rob, to steal*
sospechar	*to suspect*

Adjetivos

sospechoso/a	*suspicious*
culpable	*guilty*

Expresiones

¡Cuidado!	*Careful!*
¡Ojo!	*Watch out!*
¡Qué alivio!	*What a relief!*
¡Qué susto!	*What a scare!*
¡Socorro! ¡Auxilio!	*Help!*

Vocabulario individual

_____   _____

_____   _____

_____   _____

_____   _____

_____   _____

_____

Estatura y peso[1]

Estatura

Pies y pulgadas	Metros y centímetros
4' 10"	1,47
4' 11"	1,49
5'	1,52
5' 1"	1,55
5' 2"	1,57
5' 3"	1,60
5' 4"	1,63
5' 5"	1,65
5' 6"	1,68
5' 7"	1,70
5' 8"	1,73
5' 9"	1,75
5' 10"	1,78
5' 11"	1,80
6'	1,83
6' 1"	1,85
6' 2"	1,88
6' 3"	1,91

Peso

Libras	Kilogramos	Libras	Kilogramos
100	45,40	180	81,72
105	47,67	185	83,99
110	49,94	190	86,26
115	52,21	195	88,53
120	54,48	200	90,80
125	56,75	205	93,07
130	59,02	210	95,34
135	61,29	215	97,61
140	63,56	220	99,88
145	65,83	225	102,15
150	68,10	230	104,42
155	70,37	235	106,69
160	72,64	240	108,96
165	74,91	245	111,23
170	77,18	250	113,50
175	79,45		

[1] Para convertir pulgadas a centímetros, multiplique por 2,540. Para convertir libras a kilogramos, multiplique por 0,454.

LAS DESCRIPCIONES

Sustantivos

la barba	*beard*
el bigote	*mustache*
la estatura	*height*
la peluca	*wig*
el peso	*weight*

Adjetivos

alto/a	*tall*
bajo/a	*short*
calvo/a	*bald*
canoso/a	*gray-haired, white-haired*
delgado/a	*thin, slender*
flaco/a	*skinny*
gordo/a	*plump*
moreno/a	*brunette; dark-skinned*
pelirrojo/a	*red-headed*
rubio/a	*blond*

Vocabulario individual

_____   _____

_____   _____

_____   _____

_____   _____

_____   _____

_____   _____

EN EL MERCADO AL AIRE LIBRE

Sustantivos

las antigüedades	*antiques*
los aretes, los pendientes	*earrings*
el armario	*wardrobe, free-standing closet*
la cabecera	*headboard*
el/la casete	*audiocassette*
la cerámica	*ceramics, pottery*
el collar	*necklace*
la cristalería	*glassware*
el disco compacto, el CD	*CD, compact disc*
el estante para libros	*bookcase*

la figura de porcelana	*porcelain figurine*
la grabadora	*tape recorder*
las joyas	*jewelry*
el marco	*frame*
el mueble	*piece of furniture*
el prendedor, el broche	*pin, brooch*
la pulsera	*bracelet*
el secador (de pelo)	*hair dryer*
el tostador, la tostadora	*toaster*
la vajilla	*set of dishes*
el ventilador	*room fan*

Vocabulario individual

_____   _____

_____   _____

_____   _____

_____   _____

_____   _____

_____   _____

CAPÍTULO 5
La familia y el entretenimiento en casa

OBJETIVOS: Aprender a...

◆ obtener, interpretar y presentar información relacionada con el entretenimiento en casa.

◆ comentar programas de televisión y películas.

◆ discutir un tema controvertido en un ambiente social.

NOTAS CULTURALES
Hispanoamérica

Un breve informativo (news update) *desde la sede* (headquarters) *de la cadena Univisión en Los Angeles, California*

Aunque la estructura y la dinámica de la familia en Hispanoamérica son menos rígidas que en el pasado, todavía perduran° ciertos valores culturales que se expresan a través de esta institución. Por regla general, las familias todavía conservan estrechos lazos° de unión entre sí y la vida de cada miembro se rige en función de° la de los demás. Las familias típicas están formadas por un matrimonio y tres o más hijos. Además, en muchos hogares todavía es común que el abuelo o la abuela, ya sean maternos o paternos, vivan bajo el mismo techo.° Puesto que ahora un 45% de las mujeres casadas trabajan fuera del hogar, en muchos casos los abuelos se han convertido en los guardianes principales de sus nietos tanto niños como adolescentes. Por otro lado, los hijos viven junto con sus padres hasta que se casan o hasta que se gradúan de la universidad.

    Otro rasgo típico de la familia latinoamericana es que no es tan común que se mude° de una ciudad a otra, sobre todo si la familia goza de cierta estabilidad económica. Así que las familias establecen raíces° profundas en su lugar de origen y crean grandes redes de parientes que viven en la misma ciudad o pueblo y a veces hasta en el mismo barrio. Tal vez sea ésta la razón por la cual los hispanos se refieren no sólo a su familia inmediata con la palabra «familia», sino a todos sus parientes, tanto maternos como paternos. Es por eso mismo que las grandes reuniones familiares son muy frecuentes: siempre hay algún cumpleaños de un primo, tía o abuelo que celebrar, más aún si a éstos se añade la familia política.°

remain

ties

se... *is governed by*

roof

move
roots

familia... *in-laws*

La influencia de la cultura estadounidense —que se transmite a través de los medios de comunicación de masas— ha sido y es un factor definitivo en el constante cambio que experimentan las familias latinoamericanas, sobre todo entre sus miembros más jóvenes. Un ejemplo palpable es la cultura del entretenimiento familiar, sobre todo en lo que se refiere a la televisión y al cine. Como en los hogares en los Estados Unidos, uno de los pasatiempos preferidos es ver la televisión. Ya desde hace más de veinticinco años, que con la introducción de la televisión por cable, casi todos los países hispanoamericanos tienen acceso a la programación° de muchas de las más importantes transmisoras° de televisión en los Estados Unidos. Desde mediados° del siglo XX° se podían ver programas norteamericanos como los de Walt Disney, *Bonanza* y *I Love Lucy*, por mencionar sólo algunos. Para mediados de la década de los 80 se podían ver todo tipo de series, películas y programas especiales en vivo,° desde *Los Simpson* hasta el *Super Bowl*, todos ellos doblados° al español o con comentaristas hispanohablantes en el caso de los eventos deportivos en vivo. Las grandes redes internacionales de Univisión y Telemundo también tienen sus sedes en los Estados Unidos. Los noticieros° de Univisión son notables por su popularidad enorme, debido en parte a su presentación de puntos de vista e información que son relevantes a los más de 41 millones de latinos que viven en los Estados Unidos.

No sólo la televisión por cable, sino toda la industria de alquiler° y venta de películas norteamericanas, primero en video y hoy en DVD,[1] han tenido como consecuencia un dominio° de los mercados nacionales. Por ejemplo, si entra un cliente a una tienda de Blockbusters en la ciudad de Guadalajara en México, encontrará que un 90% de las películas son estadounidenses. Todas las películas importadas están subtituladas en español, pero en el caso de las películas infantiles, están dobladas al español. Como en los Estados Unidos, es muy frecuente que las familias alquilen una o más películas para ver por la noche durante los fines de semana.

En los hogares latinoamericanos, aunque haya más de un televisor y aparato de video o DVD en casa, no es tan común que los hijos tengan su propio televisor en su cuarto, así que ver la tele es todavía una actividad principalmente familiar. Generalmente todos miran el mismo programa, que eligen° entre sí. Un tema común de sobremesa es comentar lo que ocurrió o lo que está ocurriendo en las muchas telenovelas°[2] de México, Venezuela y Brasil que dan los canales hispanoamericanos. Otros programas que provocan mucha discusión, y que atraen a millones de televidentes,° son los partidos° de fútbol durante la temporada.

programming
broadcasters
middle / **siglo...** *20th century*

en... *live*
dubbed

news programs

rental

domination

they choose
soap operas

TV viewers
matches

---

[1] Esta palabra es una sigla *(acronym)* del inglés *(Digital Video Disk)*. Se usa «DVD» para el disco y también para el aparato electrónico que lo lee *(DVD player)*.

[2] Las telenovelas son parecidas a las *«miniseries»*, porque duran varios meses. En contraste, las *«soap operas»* norteamericanas continúan durante años y, en el caso de algunas, décadas.

España

La audiencia de «Caiga quien caiga», un programa popular que presenta y satiriza las noticias

A pesar de recientes tensiones y cambios en la familia tradicional, en España el interés y la preocupación por la familia se extiende a casi todas las esferas de la vida. Por lo tanto, el grupo básico del que se considera miembro el español es su familia, y ésta inspira una lealtad° más fuerte que cualquier otra. Como en Hispanoamérica, muchos acontecimientos° sociales son de tipo familiar, caracterizados por la presencia de niños y abuelos.

    Además de reunirse en muchas ocasiones y cuando sea posible, un estudio reciente indica que la familia española dedica cada día más de tres horas a ver televisión, casi tres horas a escuchar la radio y media hora a leer el periódico (no sólo uno en particular sino varios). En total, los españoles pasan siete horas diarias con los medios de comunicación. Son los europeos que más tiempo están en contacto con los medios, sobre todo la televisión.

    Hay varias cadenas° de televisión. La televisión estatal° (Radio Televisión Española o TVE), cuyo centro está en Madrid, dispone de° dos cadenas: La Primera (TVE-1) y La 2 (2-TVE). También cuenta con una división llamada RTV Temática con canales° especializados como Teledeporte y Canal Nostalgia. Otras cadenas son privadas, como Antena 3-TV, Tele 5, Digital Plus y el Canal Plus España. Existen además cadenas regionales, que se llaman televisiones autonómicas,[3] con uno a tres canales cada una; la de Madrid se llama TeleMadrid. Algunas de las televisiones autonómicas

loyalty
events

networks / state
dispone... *has available*

channels

---

[3]En España hay diecisiete autonomías *(autonomous regions)*. Cada autonomía elige su propio gobierno que tiene un presidente y un parlamento.

transmiten en idiomas que no son castellano, cuando prevalece° otro *prevails*
idioma en la región. Por ejemplo, TVC (Televisió de Catalunya) transmite en
catalán y EITB (Euskal Irrati Telebista) transmite en euskera (el idioma
vasco) en uno de sus canales; asimismo hay televisiones autonómicas que
transmiten en gallego y valenciano. En España se puede ver también
muchas cadenas internacionales por satélite.

Las fuentes° de la programación española son en gran medida° guber- *sources / en... to a large*
namentales,° sobre todo en los telediarios.° Éstos también se alimentan de° *extent / governmental /*
la prensa y la radio con las que colaboran. La televisión vive mucho de *newscasts / se... are fed by*
anuncios,° aunque las cadenas de ente público° reciben gran parte de su *commercials / de... public*
presupuesto del Estado. Los programas con más audiencia suelen ser los *(state-owned) networks*
concursos,° los programas de «telerealidad», los de deporte y los informa- *game shows, contests*
tivos. Las telecomedias donde se reflejan los problemas domésticos de
familias de la clase media española también son muy populares. Muchos
programas son importados, sobre todo de los Estados Unidos.

Cada vez más° gente prefiere ver cine en su casa que ir a un local *Cada... More and more*
público, en parte por falta de tiempo y en parte por motivos económicos.
Alquilar un video o DVD cuesta menos que pagar una butaca° en el cine de *seat*
cualquier ciudad.

Comprensión y comparación

Conteste las siguientes preguntas en la forma indicada por su profesor/a.

Hispanoamérica

1. Describe la composición de una familia que se considera típica en un hogar
   hispanoamericano: ¿quiénes podrían vivir bajo el mismo techo? _____
   _____

2. ¿Es común que la familia latinoamericana se mude de una ciudad a otra? ¿Qué
   efectos tiene esta característica (de mudarse o no) en la estructura familiar?
   _____

3. Compare el uso de la palabra «familia» en la cultura hispana con su uso en la
   cultura estadounidense. _____

4. ¿Desde cuándo empezó la transmisión de programación norteamericana en
   Latinoamérica, y en qué consiste desde mediados de los 80? _____

5. ¿Qué tipo de actividad es ver la televisión, y cómo se elige el programa que se
   va a ver? _____
   _____

6. ¿Cómo se compara su familia con la familia típica latinoamericana en su composición y en sus hábitos de mirar la televisión? _____

España

7. ¿Qué importancia tiene la familia en España, y por qué? _____

8. ¿Cuánto tiempo dedica la familia española a los medios de comunicación? Dé ejemplos de este contacto. _____

9. ¿Qué son las televisiones autonómicas? Empezando con el castellano (que popularmente se conoce como «el español»), señale cinco idiomas españoles en que transmiten las diferentes televisiones autonómicas. _____

10. ¿Cómo se comparan los programas populares en España con los que tienen gran popularidad en los Estados Unidos? _____

🌐 Conexión Internet

Investigue los siguientes temas en la red. Vaya primero a **http://college.hmco.com/ languages/spanish/students,** *y de ahí al sitio de* **Conversaciones creadoras** *para encontrar enlaces. Si busca sus propios enlaces, será necesario hacer clic en «español» y apuntar las direcciones que utilice.*

1. **Los programas de televisión.** Seleccione y analice las descripciones de dos programas de televisión que se ofrecen esta semana en algún país hispanohablante. ¿Qué tipos de programas son, y cómo se comparan estos dos programas con algunos programas norteamericanos?

2. **El cine.** Seleccione y analice la descripción de una película (de ser posible en español) o un artículo sobre la industria cinematográfica (de ser posible en Hispanoamérica o España). ¿De qué se trata, y por qué le interesa?

3. **Los periódicos en línea.** Mire algunos periódicos en línea, y comente sobre dos artículos que tratan asuntos *(matters)* importantes: uno internacional y uno nacional (del país en que se publica el periódico). ¿Cómo se compara el artículo internacional con algún tratamiento de estos eventos en la prensa norteamericana?

4. **Las emisoras de radio** *(Radio stations)***.** Escuche algunos programas de radio en el mundo hispano, y comente un programa de noticias y una selección musical, señalando cuáles son sus características más interesantes o notables.

Vocabulario básico

EL ENTRETENIMIENTO EN CASA

Sustantivos

el anuncio	*commercial, advertisement, announcement*
el aparato de video, el video,[4] la videocasetera	*videocassette recorder (VCR)*
el asunto	*matter, subject, issue*
la cadena	*television network; chain*
el canal	*channel*
la imagen	*picture* (on television), *image*
el noticiero, el telediario	*news program*
la película	*movie*
la programación	*programming*
la telenovela[5]	*television serial, soap opera*
el/la televidente	*TV viewer*
el televisor	*television set*
la transmisión, la difusión	*broadcast*

Verbos

grabar	*to record (on tape or disc)*
meterse en (algo), estar metido/a en (algo)	*to get involved in (something), to be involved in (something)*
poner/apagar el televisor/la televisión	*to turn on/to turn off the TV set/TV*
transmitir, emitir	*to broadcast*

Adjetivos

casero/a	*homemade, domestic, home-loving*
útil	*useful*

Expresiones

Allá Uds. (tú, Ud., él, ella, ellos).	*That's your (his, her, their) business. (That's not my concern.)*
delante de las (tus, sus, nuestras) narices	*right under my (your, his/her, your, our) nose*
estar harto/a de	*to be fed up with*
estar pendiente de	*to be hanging on, to be waiting for*
no tener más remedio	*to have no alternative*
¿Qué es de tu vida?	*What have you been up to? How are things?*

---

[4]En España la palabra «video» se escribe con acento: «vídeo».

[5]A veces en Hispanoamérica las telenovelas se llaman simplemente «novelas». En España se las llaman «culebrones», una palabra derivada de «culebra» *(snake)*, a causa de su estructura serpentina.

Práctica del Vocabulario básico

A. Oraciones. *Escoja la letra de la(s) palabra(s) que complete(n) mejor cada oración.*

1. La cadena nacional se dedica a _____ programas culturales.
   a. transmitir   b. grabar

2. La _____ en MTV Latino se concentra en videos musicales.
   a. película   b. programación

3. Frecuentemente hay varios _____ durante un programa de media hora.
   a. canales   b. anuncios

4. Para algunos, el _____ es difícil de programar.
   a. aparato de video   b. televisor

5. Cuando hay una guerra, aumenta la audiencia que mira _____ cada noche.
   a. las telenovelas   b. los telediarios

6. Univisión y Telemundo son _____ que emiten programas en español.
   a. cadenas   b. televisores

7. En los videos musicales, la música va acompañada por _____.
   a. la transmisión   b. la imagen

8. Para _____ un programa de televisión, hace falta una videocasetera o un DVD.
   a. grabar   b. meterse en

9. Los televidentes que siguen las telenovelas siempre _____ lo que va a ocurrir en el próximo episodio.
   a. no tienen más remedio que   b. están pendientes de

10. Los que quieren grabar programas _____ comprar un video o un DVD.
    a. están hartos de   b. no tienen más remedio que

B. Definiciones. *Empareje las columnas.*

_e_	1. el aparato de video	a.	una red de estaciones
_i_	2. el asunto	b.	la difusión
_a_	3. la cadena	c.	lo que se ve en el cine
_c_	4. la película	d.	Es asunto suyo.
_h_	5. la programación	e.	una máquina que graba programas
_j_	6. la telenovela	f.	¿Qué hay de nuevo?
_n_	7. emitir	g.	registrar sonidos e imágenes en cinta o disco
_l_	8. el televidente	h.	el horario de programas
_b_	9. la transmisión	i.	la materia de que se trata
_k_	10. el televisor	j.	un drama en episodios
_m_	11. el canal	k.	un aparato de televisión
_f_	12. ¿Qué es de tu vida?	l.	una persona que mira la televisión
_ñ_	13. meterse en algo	m.	una estación que transmite programas
_d_	14. Allá Uds.	n.	transmitir
_g_	15. grabar	ñ.	envolverse en una cosa

C. Antónimos. *Empareje las columnas con la letra de la(s) palabra(s) que significa(n) lo opuesto.*

_f_	1. útil	a.	muy lejos de ti
_i_	2. estar pendiente de	b.	hecho/a fuera de casa
_d_	3. ¿Qué es de tu vida?	c.	no hacer caso de
_e_	4. Allá Uds.	d.	Adiós.
___	5. estar harto/a de	e.	Éste es asunto mío.
___	6. meterse en algo	f.	inútil
___	7. no tener más remedio	g.	evitar algo
___	8. casero/a	h.	tener otras posibilidades
___	9. poner la televisión	i.	estar satisfecho/a con
_a_	10. delante de tus narices	j.	apagar la televisión

D. Oraciones con espacios. *Añada las palabras indicadas de la siguiente lista, haciendo los cambios necesarios.*

delante de sus narices	estar harto/a de	casero/a
la película	la telenovela	útil
el canal	la difusión	apagar el televisor
el noticiero	el/la televidente	la imagen
el televisor	el anuncio	el asunto

1. Muchos padres _____ los programas violentos en la televisión.

2. _____ refleja la música en los videos musicales.

3. Mirando la televisión es difícil escaparse de los _____ omnipresentes.

4. Juan ve _____ de las seis de la tarde en CNN.

5. Esta _____ nueva salió recientemente de Hollywood.

6. _____ típico ve cinco horas de televisión cada día.

7. María invita a Juan a una cena _____.

8. El teleadicto no apaga casi nunca _____.

9. La videocasetera es _____ para grabar programas.

10. Javier usa el control remoto para cambiar de _____.

11. Elena no encuentra su bolsa pero está _____.

12. Magdalena _____ antes de acostarse.

13. Aquella actriz es la heroína de _____ mexicana que concluye esta noche.

14. _____ del debate presidencial es el presupuesto del país.

15. _____ de programas no es gratis en todos los canales.

CONVERSACIÓN CREADORA
Cena casera con televisión

PERSONAJES

JULIA, 45 años, madre de Ricardo
ANDRÉS, 40 años, padre de Ricardo
RICARDO, 22 años
DIEGO, 25 años, amigo de Ricardo

ESCENARIO

Una casa en el barrio El Chicó en Santa Fe de Bogotá, Colombia.

Cocina y sala separadas por una barra con butacas.° En la sala están *stools*
Diego y Ricardo frente al televisor. En la cocina, Julia acaba de freír° *fry*
unas empanadas° y las trae a la sala en una bandeja.° *meat pastries / tray*

 JULIA: *(A Ricardo)* Ve a la nevera° por unas cervezas, hijo. *(A Diego)* *refrigerator*
   Me imagino que quieres cerveza, Diego; siempre te ha gustado.

Ricardo va a buscar las cervezas a la nevera.

 DIEGO: Lo que más me gusta es la buena memoria que tiene usted, doña
   Julia.

JULIA: Para lo que me importa, nada más. Tenía muchas ganas de volver a verte. ¡Con lo que jugaban en esta casa! ¿Y ahora qué tal te va?

DIEGO: Bien, estoy metido en asuntos de cine.

RICARDO: Silencio, por favor, que va a empezar la película. ¿Dónde está el destapador,° mamá?

bottle opener

JULIA: Lo tienes ahí, delante de tus narices. Pero déjame hablar con Diego un poco, que nunca lo veo. Estoy harta de la televisión. Todo el día tenemos que estar pendientes de esa «caja tonta°», no se puede hablar.

"boob tube"

RICARDO: Pero esta noche presentan una película que a ti te gusta, con Antonio Banderas.

DIEGO: Si tu madre no tiene ganas de verla ahora, se la puedo prestar en DVD. ¿No tienen DVD?

RICARDO: En esta casa no nombres el DVD. Mamá se resiste a comprarlo.

DIEGO: ¿Por qué? Es la mejor manera de ver una película en casa.

JULIA: No lo dudo. Pero es que tenemos la televisión por satélite, y si metemos otro aparato en casa, ya se acabó la conversación para siempre. Y la posibilidad de leer un libro, y todo. Estamos en una época en que nos invade la imagen. Es demasiado.

RICARDO: Bueno, no empecemos con la discusión de siempre. Por favor, mamá, siéntate, no te pongas a limpiar la cocina, que luego te ayudamos nosotros.

Llega de la calle Andrés.

ANDRÉS: Hombre, si aquí está Diego. ¡Qué alegría verte! ¿Qué es de tu vida?

JULIA: ¿Ya comiste?

ANDRÉS: No, pero tomé unos tragos con un compañero de la oficina. No tengo hambre. *(Mirando el reloj)* Son las diez menos cuarto. Llego a tiempo para ver el Noticiero; me interesa mucho el debate del Congreso.

RICARDO: Papá, por favor, eso lo dan en otro canal. Nosotros queremos ver la película de Antonio Banderas. La política es muy aburridora.

DIEGO: *(A Julia)* No van a tener ustedes más remedio que comprar otro televisor y un DVD.

JULIA: Yo no quiero discusiones. Allá ustedes. Pienso irme a mi cuarto a leer una novela que tengo empezada.

Comprensión

A. ¿Qué pasó? *Conteste cada pregunta con una oración.*

1. ¿Dónde tiene lugar esta conversación? _____

_____

2. ¿Qué piensa Julia de la televisión? _____

_____

3. ¿A qué hora llega Andrés? _____

_____

4. ¿Qué problema tienen Ricardo y Andrés esta noche? _____

_____

5. ¿Qué piensa hacer Julia en vez de ver la televisión? _____

_____

B. ¿Qué conclusiones saca Ud.? *Indique la letra que corresponde a la mejor respuesta.*

1. ¿Qué siente Julia hacia Diego y por qué?
   a. Lo quiere mucho, porque es su hijo.
   b. Lo quiere mucho, porque lo ha conocido por muchos años.
   c. Lo quiere mucho, porque es su marido.
   d. No lo quiere mucho, porque está metido en asuntos de cine.

2. ¿Por qué supone Julia que Diego querrá una cerveza?
   a. porque se acuerda de que a Diego le gusta la cerveza
   b. porque sabe que a Diego no le gusta la cerveza
   c. porque se acuerda de que a Diego no le gusta la cerveza
   d. porque las cervezas están en la nevera

3. ¿Por qué supone Ricardo que a Julia le va a gustar la televisión esta noche?
   a. porque no quiere más conversación
   b. porque todavía no ha llegado Andrés
   c. porque no tienen DVD
   d. porque presentan una película de Antonio Banderas

4. Cuando llega Andrés, ¿por qué no quiere cenar?
   a. porque quiere hablar con Diego
   b. porque no tiene hambre
   c. porque no le gustan las empanadas
   d. porque le interesa mucho el debate del Congreso

5. ¿Por qué no quiere ver Ricardo el Noticiero?
   a. porque tiene una novela empezada
   b. porque quiere ver la película de Antonio Banderas
   c. porque cree que la política es muy aburridora
   d. *b y c*

Conclusión

Después de dividirse en grupos, inventen una conclusión a la **Conversación creadora** *Cena casera con televisión, siguiendo las instrucciones de su profesor/a. Consulten el* **Vocabulario útil** *al final del capítulo para obtener ayuda con el vocabulario de la televisión.*

INSTRUCCIONES

_____

_____

PERSONAJES

Julia _____

Andrés _____

Ricardo _____

Diego _____

IDEAS PARA SU CONCLUSIÓN

_____

_____

_____

_____

_____

_____

_____

_____

_____

_____

_____

Enlace gramatical

Por y *para*

Los usos de *por*

1. Para indicar una duración temporal definida o aproximada. *(for, during, in)*

   Estuvimos en Bogotá **por** dos días.

   Cuando eran jóvenes, miraban la televisión todos los sábados **por** la mañana.

2. Para expresar la causa, la razón o el motivo de una acción. *(because of, on account of, on behalf of)*

   No pudimos ver la película **por** un corte de electricidad.

3. Para expresar movimiento a lo largo de o a través de un lugar. *(through, along, by)*

   Julia y Andrés dieron un paseo **por** El Chicó.

4. Para indicar el intercambio o la sustitución de una cosa por otra. *(in exchange for)*

   Pagamos cuatrocientos mil pesos colombianos[6] **por** este DVD.

5. Para indicar «a beneficio de» o «a favor de». *(on behalf of, for the benefit of, in favor of)*

   El niño no sabía grabar su programa favorito; afortunadamente, su hermano pudo grabarlo **por** él.

6. Para indicar un medio de comunicación o transporte. *(by)*

   El director les envió el guión *(script)* **por** fax.

7. Para expresar el agente de una acción en la voz pasiva. *(by)*

   Los niños invisibles fue dirigida **por** Lisandro Duque.[7]

8. Para expresar la idea de «en busca de». *(in search of, for)*

   Fue al quiosco **por** la revista.

9. Para indicar velocidad, frecuencia o unidad de medida. *(per)*

   Los organizadores del festival de cine cobraron veinte mil pesos **por** persona.

10. Con algunas expresiones.

por casualidad	*by chance*	**por** lo visto	*apparently*
por desgracia	*unfortunately*	**por** si acaso	*just in case*
por eso	*therefore*	**por** supuesto	*of course*
por lo menos	*at least*	**por** todas partes	*everywhere*

---

[6]Mil pesos colombianos equivalen aproximadamente a 40 centavos del dólar estadounidense. Para calcular el cambio con precisión, es necesario consultar un convertidor de divisas *(currencies)* en la red, un periódico reciente, o con un banco.

[7]Director de cine; nació en Colombia en 1943.

Los usos de *para*

1. Para expresar el uso o propósito de un objeto, o la intención de una acción. (*in order to, for*)

> Queríamos comprar un DVD **para** ver películas en casa.
> Esta caja es **para** su colección de videos.

2. Para indicar el destino de una persona o de un objeto.

> Diego salió **para** el cine a las ocho.
> Este DVD es **para** Ricardo; se lo compré hace una semana.

3. Para señalar un tiempo definido en el futuro o una fecha límite. (*by, for*)

> Tengo que devolverle el DVD a mi amigo **para** mañana.

4. Para expresar una comparación u opinión.

> **Para** alguien de su edad, Diego sabe muchísimo sobre la cinematografía.
> **Para** Julia, la conversación es más importante que la «caja tonta».

5. Con algunas expresiones.

para nada	*at all*
no ser **para** tanto	*to be not so bad*
para entonces	*by then, by that time*
para siempre	*forever*

Práctica

A. Una carta electrónica. *Complete esta carta que Teresa le escribió a su amiga sobre el Festival de Cine de Bogotá con **por** o **para**, según convenga.*

Hola Anita,

Siento no haberte escrito antes, pues he estado bien ocupada con el trabajo. En octubre fui a la capital (1) _____ asistir al Festival de Cine de Bogotá con mi prima Gabriela. Afortunadamente pudimos quedarnos (2) _____ unos días con una amiga suya que vive en El Chicó. El primer día del festival pasamos (3) _____ la taquilla muy temprano (4) _____ la mañana (5) _____ comprar entradas a todos los eventos que nos interesaban. También compramos un afiche del festival[8] (6) _____ su amiga porque queríamos agradecerle su amable hospitalidad durante la semana del festival. Ella también se llama Anita, y creo que te gustaría mucho.

Espero verte pronto. Besos y abrazos,

Teresa

---

[8]Cada año el afiche (*poster*) del Festival de Cine de Bogotá es diseñado por un reconocido artista nacional o internacional.

B. *Yo soy Betty, la fea.* *En Colombia y muchos otros países, esta telenovela alcanzó índices de sintonización (tuning in) sin precedente cuando salió al aire. Complete este párrafo sobre la legendaria telenovela con **por** o **para**, según convenga.*

Cada semana (1) _____ media hora 20 millones de colombianos siguieron las aventuras de la protagonista Beatriz (Betty) Pinzón Solano. Resignada a ser soltera (2) _____ siempre, ella se dedica a trabajar como secretaria en una empresa de alta costura (diseño de moda). Está secretamente enamorada de su jefe, Armando Mendoza; desafortunadamente, (3) _____ él Betty es solamente su aliada *(ally)* (4) _____ luchar contra los planes diabólicos de Daniel, hermano de la novia de Armando. Sin embargo, (5) _____ su inteligencia y honestidad Betty llega a ser presidenta de la empresa y se casa con Armando.

La exitosa telenovela *Yo soy Betty, la fea* fue producida (6) _____ el canal colombiano RCN y se exportó a todo el mundo hispano; en los Estados Unidos fue transmitida por la cadena Telemundo.

Escenas

*En parejas (o un grupo de tres), hablen en español para solucionar y luego describir cada conflicto. El **Vocabulario útil** al final del capítulo les ayudará con estas escenas.*

1. **A** Your television set is eight years old. Lately it hasn't been working very well, so you want to get it fixed. You take the set to a small shop near your home. You want to get the set back quickly, so that you can keep up with your favorite soap opera. You also want to spend as little as possible to fix it.

B You are the owner of a small TV sales and repair shop. You can repair this customer's TV, but the part it needs must be special-ordered and will cost more than the set is worth now. You think that fixing it would be a waste of money. Try to convince this customer that it would be wiser to buy a new TV set, preferably from you.

2.   **A**   You enjoy watching a show from beginning to end, and you have been watching a situation comedy for the past ten minutes. Your partner, however, keeps changing the channel with the remote control during commercials, to see what else is on TV. Try to convince him or her to wait until this show ends before switching channels.

     B   When there is nothing great on TV, you like to channel surf and watch several shows at once. The sitcom you are watching now is only mildly interesting, so you think that you and your partner should see what else is being offered. Try to convince him or her that it is important to see what other programs are on, so that you don't miss a better one.

3.   **A**   You are the director of programming for an international television network that reaches audiences in Mexico, Bolivia, Chile, Panama, Paraguay, Uruguay, and Costa Rica. You are selecting American shows to buy for the new season, and you can choose one more show. You think that you will choose a police drama, because it will appeal to young, affluent audiences. Also, the president of the network enjoys these shows very much.

     B   You are a producer of music videos, and you would like to expand into the growing Hispanic-American market. You must convince this network programming director that music videos will reach the audience he or she wants, and that young people will watch them regularly. Offer to introduce the programming director to some of the stars of your videos, to help convince him or her to buy the package.

4.   **A**   You are the parent of a six-year-old child who delights in watching videos and, although you think he or she watches too many, you allow it. However, your son/daughter has just asked your spouse to put on a video, and your spouse refused the request. Try to convince your spouse to allow the child to watch a video, so that you can complete some work that is due the next day.

     B   You also are trying to finish some work that you brought home. Your six-year-old, who is bored at the moment, just asked you to watch a video. You said no. You think that your child should read more books. Try to convince your spouse to read to your son/daughter until you finish what you're doing and can play with the child.

     C   You are a six-year-old who is very bored. Try to convince one of your parents to let you watch a video or to do some other activity with you now.

Más actividades creadoras

El **Vocabulario útil** *al final del capítulo le ayudará con estas actividades.*

A. Dibujos. *Invente una narración, tomando los siguientes dibujos como punto de partida. Su cuento debe explicar quiénes son estos personajes, qué les ha pasado antes, qué está ocurriendo ahora y qué les va a pasar en el futuro.*

B. Uso de mapas y documentos. *Lea este anuncio de la cadena Univisión sobre la telenovela* Ángel rebelde, *una historia situada en Miami, para contestar las siguientes preguntas.*

Ángel rebelde

Víctor Noriega retorna a su papel de galán y Gretell Valdez debuta como protagonista en la historia de una *Cenicienta* que nació princesa, pero se gana la vida conduciendo un autobús por la Ciudad del Sol.
Lunes a viernes a las 2 pm ET/1 pm CT por Univisión.

Sinopsis

Lucía Andueza debió nacer en cuna[1] de oro, pero las circunstancias la han hecho pobre. Antes de su nacimiento, su padre mató a un hombre y fue encarcelado. Su perversa suegra *doña Paz* se aprovechó para apoderarse de sus negocios.

Univisión Online
Grettel Valdez y Víctor Noriega
protagonizan *Ángel Rebelde.*

Publicidad

A sus veinte años, *Lucía* es el sostén[2] de su familia, compuesta por su madre y dos hermanos adoptivos a quienes mantiene con su trabajo de chofer de autobús. La belleza de *Lucía* atrae los ojos de muchos hombres desde *Juan Cuchillo*, el matón[3] del barrio, hasta el *Dr. Claudio Salazar*, un hombre atormentado por la muerte de su esposa.

Otro pretendiente[4] de *Lucía* es *Alejo Espejo*, un cincuentón[5] casado y dueño de un vivero.[6] Pero *Lucía* se enamorará de *Raúl*, el sobrino de *Alejo*, quien desde que murieran sus padres, trabaja para su tío.

Raúl no podrá corresponder el amor de *Lucía*, ya que al conseguir trabajo como chofer de la poderosa familia *Andueza*, su vida cambiará.

En *la Mansión Andueza*, *Raúl* entrará en contacto con la ambiciosa *Paz* y con *Cristal*, la más guapa de las nietas de *doña Paz*, quien cautiva al inocente *Raúl*. Deslumbrado[7] por esta belleza, *Raúl* no repara en su maldad. *Cristal* separará a *Raúl* de *Lucía* que, después de todo, es la legítima heredera[8] de la fortuna que disfrutan sus usurpadoras primas.

[1]*cradle* [2]*support* [3]*thug* [4]*suitor* [5]*man in his fifties* [6]*(plant) nursery* [7]*Dazzled* [8]*heiress*

1. ¿A quién se refiere el título *Ángel rebelde*, y cómo es esta persona?

2. ¿Cómo es la situación familiar de Lucía cuando empieza la historia?

3. ¿Cuáles son tres personas despreciables en esta telenovela, y por qué lo son?

4. ¿Por qué cree Ud. que se describe la telenovela como «la historia de una *Cenicienta (Cinderella)*»? Basándose en esta metáfora, ¿cuál sería la resolución de los conflictos en esta telenovela?

5. ¿Cómo se compara esta telenovela con algunas telenovelas norteamericanas?

C. A escuchar. *Escuche la entrevista en la que una persona contesta algunas preguntas sobre sus gustos con respecto a los programas de televisión. (Para ver las preguntas, refiérase al ejercicio D, número 1.) Luego, conteste las siguientes preguntas en la forma indicada por su profesor/a.*

1. ¿Cómo se llama la persona entrevistada, de dónde es originalmente, y dónde vive ahora?

2. Debido a su carrera como estudiante de relaciones internacionales y lenguas modernas, ¿a qué tipo de programas tiene que poner atención?

3. ¿Qué tipo de programa le gustaba ver de niña?

4. ¿De qué se trataba el programa colombiano *El mundo al vuelo*?

5. ¿Cómo se comparan las preferencias de esta colombiana con las suyas, en cuanto a los programas de televisión de ahora y los del pasado?

D. Respuestas individuales. *Piense en las siguientes preguntas para contestarlas en la forma indicada por su profesor/a.*

1. ¿Cuáles son sus programas favoritos de televisión que ponen ahora, y por qué le gustan? ¿Cuáles son sus programas favoritos del pasado, y por qué le gustaban o le siguen gustando?

2. En su opinión, ¿cómo se presenta la familia norteamericana en los programas de televisión más populares? ¿En qué se parece su familia a las familias de estos programas, y en qué se diferencia?

E. Contestaciones en parejas. *Formen parejas para completar las siguientes actividades.*

1. Una persona debe asumir el papel de alguien que recientemente ha figurado en las noticias, y su compañero/a le entrevistará. Entonces cambien de papeles para otra entrevista. Luego, ofrezcan resúmenes de sus entrevistas a la clase.

2. Aquí tienen «Los veinte shows de mayor éxito» de Cristina Saralegui, la llamada «Oprah Winfrey hispana» en la cadena Univisión. Ordenen la lista, empezando con el programa que Uds. piensan fue el más popular (1) y terminando con el menos popular del grupo (20).

_____ Maquillaje para mujeres de más de 50 años
_____ El mundo de los ciegos
_____ Como ganarse *(to win over)* a los suegros *(in-laws)*
_____ Somos novios
_____ Reunión familiar
_____ Yoguis *(Yogis)* y faquires *(Muslim mystics)*
_____ Los vampiros
_____ La pobre vida de los sacerdotes *(priests)*
_____ Periodistas en la guerra
_____ La vida de los paparazzi
_____ El contenido de los bolsos de las mujeres
_____ Los jóvenes y el sexo
_____ Los numerólogos
_____ Raúl Velasco (estrella de un programa de televisión por muchos años)
_____ El Puma (un cantante venezolano)
_____ Don Francisco (estrella de *Sábado Gigante*, un programa popular)
_____ El perdón
_____ Cuando las esposas ganan
_____ Cuando las amantes ganan
_____ Incesto

F. Proyectos para grupos. *Formen grupos de cuatro o cinco personas para completar estos proyectos.*

1. Planeen y presenten un noticiero semanal *(weekly)*. Si quieren, pueden usar dibujos, fotos sacadas de revistas o gráficos por computadora para ilustrar las noticias.

2. Planeen y presenten una escena de un programa de telerealidad *(reality show)* o de una telenovela.

G. Discusiones generales. *La clase entera participará en estas actividades.*

1. ¿Cuáles son algunas conclusiones que se pueden sacar de esta encuesta española de la revista *Cambio 16*?

Horas diarias empleadas en ver la televisión		
Horas diarias	*% Hombres*	*% Mujeres*
Menos de 1	20	14
1-2 horas	37	29
2-3 horas	23	27
3-4 horas	9	13
Más de 4	7	12
No ve nunca	4	5

2. Lleven a cabo una encuesta entre los miembros de la clase sobre cuánto miran la televisión cada día, usando la encuesta española como modelo. ¿Hay semejanzas entre las costumbres de Uds. y las de los televidentes españoles?

Vocabulario útil

Para más vocabulario del cine, consulte el **Vocabulario útil** *del capítulo 9, en la página 251.*

LA TELEVISIÓN

Sustantivos

el/la abonado/a	subscriber
el actor/la actriz	actor/actress
el alquiler de videos, la renta de videos *(Mex.)*	video rental
la antena parabólica	satellite dish
el argumento, la trama, la intriga	plot
la audiencia, el público, los espectadores	audience
el botón	knob (to control TV set)
el concurso	game show, contest
el conjunto	group; package deal
el control remoto, el telemando *(Sp.)*	remote control
el desenlace	ending, finale
el dibujo animado	cartoon
el docudrama	docudrama
el documental	documentary
el drama	drama; dramatic show
el drama policíaco	police (crime) show
el DVD	DVD; DVD player

la emisora de radio/televisión	*radio/TV station*
la entrevista	*interview*
el episodio	*episode*
el equipo de grabación	*TV crew, film crew*
el escenario	*stage; setting*
el espectáculo, el show *(H.A.)*	*variety show*
la estrella de cine/de televisión	*movie/TV star*
el estreno	*premiere, debut*
el fabricante	*manufacturer, maker*
la farándula	*show business*
el guión	*script, screenplay*
el/la locutor/a	*TV announcer*
la marca	*brand*
la noticia, las noticias	*news item, news*
el pago por vista	*pay per view*
la pantalla	*screen*
el papel, el rol *(H.A.)*	*role*
el personaje	*(fictional) character*
el/la presentador/a, el/la animador/a	*presenter, host (of a show)*
el/la productor/a, el/la realizador/a	*producer*
el programa de telerealidad	*reality show*
la programación territorial	*local programming*
la publicidad	*advertising; publicity*
la red	*network*
la redifusión	*repeat broadcast*
la teleguía	*TV listing* (slang)
el *telemárketing*	*telemarketing*
la televisión estatal	*national (state-owned) television*
la televisión por cable, la cablevisión *(H.A.)*	*cable television*
la televisión regional *(H.A.)*, la televisión autonómica *(Sp.)*	*local television* (of states or regions of countries in Hispanic America and of the autonomous regions in Spain)
el tema	*theme; topic, subject*
la transmisión directa/en vivo	*live broadcast*
la transmisión en diferido	*previously recorded broadcast*
el satélite	*satellite*
el video, el vídeo *(Sp.)*	*video, videotape; VCR*
el video musical	*music video*

Verbos

actuar, interpretar	*to act, to perform*
cambiar de canal(es)	*to switch the channel(s)*
doblar	*to dub*
encargar	*to order* (merchandise or services)
filmar, rodar (ue) *(Sp.)*	*to shoot a film*
funcionar	*to work, to function* (referring to a machine or an appliance)

hacer un papel, representar un papel	*to play a role*
reparar	*to repair*
sacar al mercado	*to release (into the marketplace)*
salir al aire	*to air*
sintonizar	*to tune in*
tener lugar	*to take place*
televisar	*to televise*

Adjetivos

emocionante	*exciting*
exitoso/a	*successful*
sorprendente	*surprising*
televisivo/a	*of or relating to television*

Expresiones

la caja tonta	*"boob tube"*
el/la teleadicto/a	*TV addict* (slang)

Vocabulario individual

_____   _____

_____   _____

_____   _____

_____   _____

_____   _____

_____   _____

CAPÍTULO 6
Los deportes profesionales y de aficionados°

OBJETIVOS: Aprender a...

- obtener, interpretar y presentar información relacionada con los deportes.
- conversar sobre los deportes.
- dar consejos y considerarlos desde varios puntos de vista.

°amateurs

NOTAS CULTURALES
Hispanoamérica

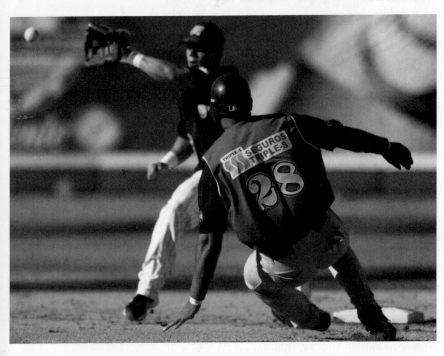

Peloteros de los equipos de Venezuela y Puerto Rico en la Serie del Caribe, en Santo Domingo, República Dominicana

El deporte número uno en los países latinoamericanos es sin duda alguna el fútbol.° El entusiasmo de los espectadores por su equipo favorito llega a veces al fanatismo. La pasión por este deporte, también conocido como balompié, comienza desde la infancia. Los niños pequeños en cualquier oportunidad que se les presente ya sea en un parque, un terreno vacío° o en las calles, se entretienen pateando° una pelota. En muchas partes hay equipos° de aficionados° que juegan para divertirse. Varios equipos de aficionados son patrocinados° por universidades, municipalidades, negocios y asociaciones, y compiten en campeonatos° regionales, nacionales e internacionales. La mayoría de las grandes ciudades tienen ligas° profesionales que compiten entre sí en torneos° nacionales. En cada país hay un equipo nacional integrado por° sus mejores jugadores, ya sean aficionados o profesionales. Existen también equipos nacionales de fútbol juvenil que representan sus países en competencias° internacionales como el Campeonato Mundial° Sub20.

    La ambición de cada futbolista° es ser seleccionado para jugar en campeonatos internacionales y de allí a la cumbre° de competencias: el Campeonato Mundial de Fútbol por la codiciada° Copa Mundial, que tiene lugar cada cuatro años en un país diferente. Durante el campeonato

soccer

terreno... empty field
kicking
teams / amateur athletes
sponsored
championships
leagues
tournaments
integrado... *made up of*

competitions
World

soccer player
peak
coveted

mundial, no hay otra cosa que sea más importante que los partidos° y todo   *matches*
el mundo se fija en ellos. La mayoría de la gente no se pierde ni uno, ya que
todos son transmitidos en vivo y en directo vía satélite. Los equipos de
Uruguay, Argentina y Brasil han ganado la Copa Mundial varias veces. Otra
competencia importante es la Copa América que disputan los equipos
nacionales de Latinoamérica cada dos años en un país distinto. Desde 1991
existe también la Copa Mundial de Fútbol Femenina que se lleva a cabo
cada cuatro años en un país diferente.

En la región del Caribe, así como en los estados norteños de México, el
deporte predominante es el béisbol. Muchos jóvenes practican este deporte
porque se dan cuenta de que el béisbol puede ofrecerles oportunidades
extraordinarias. Bien saben que jugadores de México, Panamá, Cuba,
Venezuela, la República Dominicana y Puerto Rico han alcanzado gran fama
tanto en sus países de origen como en los Estados Unidos. Se calcula que
ahora más del 30 por ciento de los peloteros° de las grandes ligas del béis-   *ballplayers*
bol profesional son latinos.

El evento más importante para el béisbol caribeño es la Serie del
Caribe, que a veces se llama la Serie Mundial Latinoamericana. Los mejores
equipos de México, Puerto Rico, Venezuela y la República Dominicana
—que forman la Confederación de Béisbol del Caribe— juegan durante la
temporada invernal° un torneo que se originó hace más de cincuenta años.   *winter*
El país que más ha triunfado en este clásico caribeño es la República Dominicana. Los seis equipos de la liga dominicana son los Tigres del Licey,
las Estrellas Orientales, los Leones del Escogido, las Águilas Cibaeñas, los
Azucareros del Este y los Gigantes del Cibao. El equipo que gana la serie
final dominicana avanza a la Serie del Caribe.

Otros deportes que inspiran gran entusiasmo en Hispanoamérica son el
ciclismo, el baloncesto o básquetbol, el tenis y el boxeo. Cada región tiene   **aficionados...** *fans of*
sus aficionados a° distintos deportes. En la sierra se practican la equi-   *horseback riding / hiking /*
tación,° el excursionismo o senderismo,° el andinismo o montañismo,° y   *mountain climbing*
por supuesto el esquí durante los meses de invierno. En los grandes rápidos   *boating / canoeing*
se practica el canotaje° o el piragüismo.° En la costa son populares la pesca   **pesca...** *sports fishing /*
deportiva,° el esquí acuático, la natación,° y el golf.   *swimming*

A nivel escolar primario y secundario en Latinoamérica los cursos de
educación física forman parte del currículo educativo. En las escuelas
los deportes más populares son el fútbol, el voleibol, el básquetbol y el
atletismo° para los cuales se organizan torneos interescolares y regionales.   *track and field*
Sin embargo, los deportes no reciben la misma atención que los deportes en
las escuelas estadounidenses. Es muy común que los niños que tengan los
suficientes recursos económicos estén involucrados° desde temprana edad   *involved*
en más de algún deporte fuera del ámbito° académico. Así que durante las   *environment*
tardes, dos o tres veces por semana, asisten a clases de natación, tenis,
judo, karate, taekwondo o gimnasia olímpica, entre otros deportes.

España

Una competencia de pelota (jai-alai) en un pueblo vasco en la frontera España-Francia

Al igual que en los países hispanoamericanos, en España el fútbol es el deporte dominante. El entrenamiento para los futbolistas profesionales es muy duro y requiere gran dedicación. Bien es verdad que también son muy altas las cantidades cobradas por los pocos que llegan a la cumbre de la fama. Éstos se convierten en figuras nacionales e incluso a veces internacionales.

El fútbol constituye uno de los temas de conversación más habituales entre la gran mayoría de los españoles. Los días en que se televisa un partido importante, los aficionados que no han podido conseguir entrada suelen reunirse en casas particulares o en los bares para seguir por televisión las incidencias del partido, lo cual da lugar a comentarios diversos que a veces provocan acaloradas° disputas.

Los equipos se catalogan en primera, segunda y tercera división, con arreglo a° su categoría. Pero los equipos locales de tercera división no despiertan entre sus partidarios° menos apasionamiento que los de primera. Algunos equipos están enfrentados con° otros y provocan rivalidades ya conocidas, especialmente enconadas° en Madrid y Barcelona. En Madrid los dos equipos rivales son el Real Madrid y el Atlético de Madrid. En Barcelona también existe enfrentamiento entre el Barcelona y el Español. Al mismo tiempo, el Real Madrid y el Barcelona han sido enemigos siempre, y la mayoría de los españoles son partidarios de uno u otro equipo.

Otros deportes que se practican mucho son el ciclismo, el baloncesto y el balonmano.° El cenit° del ciclismo español es la Vuelta Ciclista a España.

heated

con... *with regard to*
supporters
enfrentados... *pitted against*
deep-seated, festering

handball / zenith

Con el Tour de France y el Giro d'Italia, la Vuelta a España es uno de los tres grandes acontecimientos° anuales del ciclismo internacional.

    events

    En las provincias vascas se juega la pelota vasca, conocida popularmente como el jai alai. Este juego también es popular en los países donde hay inmigrantes vascos como Cuba, México y los Estados Unidos (en la Florida, Connecticut, Rhode Island y Nevada). El jai alai se considera el deporte más rápido del mundo, y por eso es muy peligroso. Se juega con una pelota un poco más pequeña que la de béisbol y la velocidad de ésta supera los 200 kilómetros por hora. La pelota se tira° contra una pared llamada el frontón de una cancha° rectangular. La coge otro jugador a la vuelta para tirarla de nuevo contra el frontón. Para tirar y coger la pelota se usa una especie de canasta° que está atada al brazo del jugador.

    se... is thrown
    court

    basket

    El tenis y la natación son los deportes por excelencia para la mujer española, aunque son más asequibles° para personas con desahogo económico,° ya que practicarlos puede ser caro. No obstante, la Federación Española de Deportes ayuda cada vez más frecuentemente con becas° a las mujeres que muestran aptitudes para estos deportes.

    affordable
    con... *comfortably off*
    scholarships

Comprensión y comparación

Conteste las siguientes preguntas en la forma indicada por su profesor/a.

Hispanoamérica

1. ¿Qué es el Campeonato Mundial de Fútbol y qué recibe el equipo ganador?

2. ¿Qué oportunidad existe para que las mujeres compitan en el campo de fútbol? ¿Hay un equipo de fútbol femenil en su universidad, colegio o escuela?

3. ¿Cuál es el deporte predominante en la región del Caribe y en los estados norteños de México, y por qué?

4. ¿Qué es la Serie del Caribe, y cuáles son los países que participan?

5. ¿Cuáles son algunos deportes populares en la sierra y en la costa?

6. ¿Cuáles son los deportes más populares en las escuelas latinoamericanas? ¿Cómo se comparan estos deportes con los que se practican en su universidad, colegio o escuela?

España

7. ¿Cómo son las rivalidades que existen entre los equipos de fútbol español que se enfrentan? Dé ejemplos. _____

_____

8. Además del fútbol, ¿qué deportes son populares en España? _____

_____

9. ¿Dónde y cómo se juega el jai alai (la pelota vasca)? _____

_____

10. ¿Cuáles son dos deportes a que se dedican las mujeres españolas y por qué la Federación Española de Deportes les ayuda a practicarlos? _____

_____

Conexión Internet

Investigue los siguientes temas en la red. Vaya primero a **http://college.hmco.com/ languages/spanish/students,** *y de ahí al sitio de* **Conversaciones creadoras** *para encontrar enlaces. Si busca sus propios enlaces, será necesario hacer clic en «español» y apuntar las direcciones que utilice.*

1. **Las noticias deportivas.** Investigue algunos sitios deportivos o la sección de deportes en un periódico en español, para obtener una idea de las historias que están desarrollándose en este momento. Señale dos asuntos o eventos que aparecen en los titulares *(headlines)*, indicando de qué se tratan y qué importancia tienen. ¿Cuál de estos asuntos le interesa más, y por qué?

2. **Los deportes de aficionados.** Investigue dos deportes que Ud. practica o que le gustaría practicar para enterarse de las oportunidades que se ofrecen para practicarlos en el mundo hispano. Algunas posibilidades son el esquí, el golf, el tenis o los deportes de riesgo *(extreme sports)*. ¿Cuáles son los dos deportes que le parecen más interesantes? ¿Adónde le gustaría practicarlos, y por qué? ¿Cómo se comparan las oportunidades para practicar tales deportes en un país hispanohablante con algunas oportunidades en su país?

3. **Una estrella hispana del fútbol o del béisbol.** Señale una estrella hispana del fútbol o del béisbol, y escriba un breve resumen de quién es y qué ha logrado. Algunas posibilidades corrientes son los futbolistas Raúl González Blanco, Pablo Aimar o Álvaro Recoba; y los peloteros Alex Rodríguez, Sammy Sosa o Pedro Martínez.

4. **Una competencia femenil.** Investigue una competencia femenil que está ocurriendo o que pronto va a ocurrir. ¿Cuál es el deporte en que compiten? ¿Quiénes se enfrentan, y qué quieren ganar? ¿Cómo se compara esta competencia con las competencias masculinas en el mismo deporte?

Vocabulario básico

LOS DEPORTES

Sustantivos

el/la aficionado/a	*fan; enthusiast; amateur athlete*
la competencia	*competition*
el dominio	*power, control (domination)*
las dotes	*talent, gift*
el/la entrenador/a	*coach, trainer*
el equipo	*team*
la ganancia	*win*
el/la jugador/a	*player*
el/la partidario/a	*supporter, follower*
el partido	*(sports) match, game*
la pérdida	*loss*
los tantos	*score, points*

Verbos

asistir a (algo)	*to attend (something)*
derrotar	*to defeat, to beat*
marcar un gol/un tanto	*to score a goal/a point*
intentar	*to try, to attempt*

Adjetivos

deportivo/a	*sports-related*
destacado/a	*outstanding, prominent*
enterado/a (de)	*informed (about)*

Adverbios

en serio	*seriously*

Expresiones

dar alas (a alguien)	*to encourage (someone)*
en cambio	*on the other hand*
fuera de serie	*extraordinary, outstanding*
no te (le, les, nos) vendría mal	*that wouldn't be a bad idea for you (him, her, them, us)*
ser aficionado/a a	*to be a fan of; to be enthusiastic about*

Práctica del Vocabulario básico

A. Oraciones. *Escoja la letra de la(s) palabra(s) que complete(n) mejor cada oración.*

1. Para un atleta profesional, _____ es una persona importante para el desarrollo de las dotes.

   a. el/la entrenador/a   b. el/la aficionado/a

2. _____ de la competencia es resultado de la buena preparación del equipo.
   a. La ganancia   b. La pérdida

3. Muchos de _____ tenis tienen sus propias estrellas favoritas.
   a. los tantos de   b. los aficionados al

4. Un _____ de béisbol sueña con jugar en la Serie Mundial.
   a. jugador   b. dominio

5. Algunas _____ se limitan a jugadores profesionales.
   a. competencias   b. ganancias

6. A los equipos les importa mucho cuando los aficionados _____ sus competencias.
   a. asisten a   b. derrotan

7. Se dice que _____ son más importantes que el entrenamiento para crear una atleta extraordinaria.
   a. las dotes   b. los tantos

8. Para un entrenador, es difícil no _____ a un jugador excepcional.
   a. dar alas   b. marcar

9. El boxeo requiere mucho esfuerzo físico; _____, el golf requiere menos.
   a. no le vendría mal   b. en cambio

10. _____ indican quién ha ganado una competencia.
    a. Los tantos   b. Los aficionados

B. Definiciones. *Empareje las columnas.*

___ñ___ 1. destacado
___m___ 2. el entrenador
___d___ 3. la competencia
___f___ 4. los tantos
___g___ 5. ser aficionado a
___i___ 6. la ganancia
___n___ 7. marcar un gol
___a___ 8. deportivo
___c___ 9. el dominio
___k___ 10. el partido
___l___ 11. el aficionado
___b___ 12. el equipo
___e___ 13. la jugadora
___j___ 14. la pérdida
___h___ 15. enterado

a. relacionado con los deportes
b. un grupo de jugadores
c. el poder que tiene uno sobre una cosa
d. la competición entre dos equipos
e. una persona que participa en algún deporte
f. los números que representan los goles
g. ser gran entusiasta de
h. informado
i. el triunfo
j. la falta de triunfo
k. la competición deportiva
l. el fanático del deporte
m. una persona que enseña a los jugadores
n. ganar un tanto para su equipo
ñ. sobresaliente

C. Sinónimos o antónimos. *Para cada par de palabras, indique si el significado es igual (=) o lo opuesto (≠).*

1. ser aficionado a un deporte   ≠   desconocer un deporte
2. marcar un tanto   =   conseguir un tanto para su equipo
3. el equipo   =   el conjunto de los jugadores
4. deportivo   =   atlético
5. enterado de   ≠   ignorante de
6. en serio   =   seriamente
7. dar alas   =   decir cosas que le animan a otro
8. derrotar   ≠   perder
9. no te vendría mal   ≠   sería malo para ti
10. fuera de serie   ≠   normal
11. intentar   =   tratar de hacer algo
12. asistir a   =   presenciar
13. el/la partidario/a   =   el/la aficionado/a
14. el partido   =   el juego competitivo
15. la pérdida   ≠   la ganancia

D. Eliminaciones. *Elimine la(s) palabra(s) que no se relaciona(n) con las demás.*

> **EJEMPLO:** mirar la televisión: a. poner la televisión
>   b. ver un programa
>   c. ~~leer~~

1. destacado: a. importante
       b. notable
       c. difícil

2. en serio: a. de verdad
       b. humorísticamente
       c. sin humor

3. las dotes: a. la preferencia
       b. el talento
       c. las aptitudes

4. el dominio: a. el poder
       b. la competencia
       c. el control

5. la partidaria: a. la seguidora
       b. la aficionada
       c. la que se opone
         a los deportes

6. no le vendría mal: a. sería inconveniente
       b. sería bueno
       c. sería conveniente

7. fuera de serie: a. excepcional
       b. extraordinario
       c. común

8. derrotar: a. perder
       b. vencer
       c. conquistar

9. intentar: a. derrotar
       b. planear
       c. tratar de

10. en cambio: a. por otro lado
       b. por otra parte
       c. por sí mismo

CONVERSACIÓN CREADORA

Una carrera° amenazada°

career / in jeopardy, threatened

PERSONAJES

ALFONSO, 20 años
EMILIA, 20 años, novia de Alfonso
JULIÁN, 45 años, padre de Alfonso
PEDRO, entrenador, 30 años

ESCENARIO

Vestuario° de un campo de deportes en Barcelona. Al fondo, las cabinas de las duchas.° Alfonso está en la ducha y Pedro le habla desde fuera.

Locker room, Dressing room
cabinas... *shower stalls*

PEDRO: Lo de hoy ha sido ya la apoteosis.° Te los has comido a todos.° ¡Qué dominio! Sobre todo el último gol, el que metiste de penalty. La gente estaba entusiasmada. Yo creo que hasta tu novia, que ya es decir.°

apotheosis, elevation to divine status / **Te...** *You beat everyone.*

ya... *that's really saying something*

Sale Alfonso, recién duchado, con una toalla; empieza a vestirse.

ALFONSO: Estoy muy contento, sí, he tenido suerte.

PEDRO: ¡Déjate de suertes, es que eres un fenómeno! Ahora sí que ya, después de lo de hoy, tienes que plantearte° en serio pasar a un equipo profesional. Tienes demasiada talla° para seguir jugando partidos de aficionados. ¿Te das cuenta de que los tres goles los has marcado tú? Controlabas absolutamente la situación, no se te iba una.°

to consider
stature

no... *not one got past you*

Entran Emilia y Julián y abrazan a Alfonso, que ha acabado de vestirse.

PEDRO: ¿Se han dado cuenta de cómo ha estado el chico?

JULIÁN: Tengo que reconocer que estoy orgulloso° de él, sí. Pero tampoco le dé usted alas, no se le vaya a subir el éxito a la cabeza.

proud

PEDRO: No le vendría mal. Es demasiado modesto. Lo de hoy no lo mejora ni Raúl.[1] Le van a empezar a salir contratos serios, ya lo verá usted.

EMILIA: No le digas eso, Pedro. Yo no quiero casarme con un futbolista profesional. Ya no vuelves a ver a tu marido, te lo roban, se convierte en un esclavo del balón. Eso, desde luego, no.° Que elija entre el fútbol y yo.

desde... *absolutely not*

ALFONSO: No empecemos, Emilia. No es momento para discutir eso ahora.

JULIÁN: Déjala, hombre, que se desahogue.° Estaba muy nerviosa durante el partido. Además tiene bastante razón. Tú, de momento, lo que tienes que hacer es acabar la carrera de medicina. Luego ya se verá.

se... *get it off her chest*

PEDRO: Perdone, don Julián, la carrera de medicina la hace cualquiera, y en cambio las dotes de su hijo como delantero centro° son fuera de serie, compréndalo. Y a ti te lo digo también, Emilia. Alfonso lleva el fútbol en la sangre.

delantero... *center forward*

EMILIA: Yo no quiero saber nada, allá vosotros. Te espero en el restaurante, Alfonso.

Sale con gesto enfadado.°

gesto... *angry gesture*

ALFONSO: ¡Emilia, espera!

---

[1]Raúl González Blanco, estrella del fútbol español.

Comprensión

A. ¿Qué pasó? *Conteste cada pregunta con una oración.*

1. ¿Qué está haciendo Alfonso cuando empieza el diálogo? _____

   _____

2. ¿Cómo ha jugado Alfonso en el partido de hoy? _____

   _____

3. ¿Qué le sugiere Pedro a Alfonso en cuanto a su carrera? _____

   _____

4. ¿Cómo reacciona Emilia a la sugerencia de Pedro? _____

   _____

5. ¿Qué quiere don Julián que haga su hijo? _____

   _____

B. ¿Qué conclusiones saca Ud.? *Indique la letra que corresponde a la mejor respuesta.*

1. Según Pedro, la reacción de Emilia al juego de hoy fue una de
   a. disgusto.
   b. horror.
   c. indiferencia.
   d. entusiasmo.

2. ¿Por qué responde Alfonso que «he tenido suerte» cuando Pedro habla de su dominio extraordinario?
   a. porque no oye bien a Pedro
   b. porque es modesto
   c. porque le gusta que le dé alas
   d. porque no le interesa ser futbolista profesional

3. En la opinión de Emilia, la esposa de un futbolista tiene una vida
   a. solitaria y aburrida.
   b. llena de amistades.
   c. independiente y divertida.
   d. muy rica.

4. Pedro piensa que Alfonso debe ser futbolista profesional en vez de médico porque
   a. no debe quedarse con Emilia.
   b. no tiene aptitud para la carrera de medicina.
   c. tiene dotes excepcionales para el fútbol.
   d. no debe seguir los consejos de su padre.

5. Al padre de Alfonso, evidentemente le importa mucho
   a. el gran talento de su hijo como futbolista.
   b. lo que siente el entrenador de su hijo.
   c. el dinero que gana un futbolista profesional.
   d. que su hijo sea médico.

Conclusión

Después de dividirse en grupos, inventen una conclusión a la **Conversación creadora**
Una carrera amenazada, siguiendo las instrucciones de su profesor/a. Consulten el
Vocabulario útil *al final del capítulo para obtener ayuda con el vocabulario de los*
deportes y el deportismo.

INSTRUCCIONES

_____

_____

PERSONAJES

Alfonso _____

Emilia _____

Julián _____

Pedro _____

_____

IDEAS PARA SU CONCLUSIÓN

_____

_____

_____

_____

_____

_____

_____

_____

Enlace gramatical

Los mandatos (el imperativo)

Los mandatos formales (Ud./Uds.)

1. Para formar un mandato formal afirmativo, se quita la **-o** final de la primera persona singular **(yo)** de indicativo y se añaden las siguientes terminaciones. Para formar los mandatos negativos, se pone **no** antes del verbo. Observe que los mandatos formales corresponden a la tercera persona singular y plural del presente de subjuntivo.[2]

	-AR derrotar	-ER correr	-IR asistir
Ud.	(no) derrot**e**	(no) corr**a**	(no) asist**a**
Uds.	(no) derrot**en**	(no) corr**an**	(no) asist**an**

Recuerde que los verbos que tienen un cambio en la raíz del presente de indicativo o que son irregulares en la primera persona singular de indicativo mantienen el mismo cambio en los mandatos formales.

Aliente(n) a los jugadores.
Haga(n) ejercicio.

2. Los mandatos formales de los verbos que terminan en **-car, -gar** y **-zar** tienen un cambio de ortografía.

-car	c → qu	**marcar:** mar**que** / mar**quen**
-gar	g → gu	**navegar:** nave**gue** / nave**guen**
-zar	z → c	**cruzar:** cru**ce** / cru**cen**

Lance la pelota.   **Marquen** los tantos.

3. Hay cinco verbos con mandatos formales irregulares.

dar	estar	ir	saber	ser
dé	esté	vaya	sepa	sea
den	estén	vayan	sepan	sean

---

[2]Para la formación del presente de subjuntivo, consulte el **Enlace gramatical** del **capítulo 7,** páginas 185–186.

4. Los pronombres de complemento directo e indirecto y los pronombres reflexivos se colocan después de los mandatos afirmativos; forman una sola palabra. Los pronombres de complemento directo e indirecto y los pronombres reflexivos se colocan delante de los mandatos negativos.

   Devuélvamelos.[3]   No **me los** devuelva.

Los mandatos familiares (tú/vosotros)

1. La forma afirmativa del mandato familiar singular (**tú**) tiene la misma forma que la tercera persona singular del presente de indicativo. La forma negativa corresponde a la segunda persona singular del presente de subjuntivo (**tú**).

-AR derrotar	-ER correr	-IR asistir
derrot**a**	corr**e**	asist**e**
no derrot**es**	no corr**as**	no asist**as**

   Camina cinco kilómetros cada día.
   No **camines** tan despacio.

2. Algunos verbos tienen mandatos familiares afirmativos irregulares, pero las formas negativas son regulares.

decir	hacer	ir	poner	salir	ser	tener	venir
di	**haz**	**ve**	**pon**	**sal**	**sé**	**ten**	**ven**
no digas	no hagas	no vayas	no pongas	no salgas	no seas	no tengas	no vengas

3. La forma afirmativa del mandato familiar plural (**vosotros**) cambia la **-r** final del infinitivo por **-d**. La forma negativa corresponde a la segunda persona plural del presente de subjuntivo.

-AR derrotar	-ER correr	-IR asistir
derrot**ad**	corr**ed**	asist**id**
no derrot**éis**	no corr**áis**	no asist**áis**

   Seguid el balón.
   No **hagáis** ejercicio antes de acostaros.

4. Con los verbos reflexivos, se suprime la **-d** de la forma afirmativa del mandato familiar plural (**vosotros**): sentaos, levantaos. La única excepción es el verbo **irse: idos.**

---

[3]Observe que se pone un acento ortográfico para mantener el acento tónico del mandato original.

Los mandatos colectivos *(Let's)*

1. Los mandatos colectivos (**nosotros**) afirmativos y negativos corresponden a la primera persona plural del presente de subjuntivo. Equivalen a la frase *Let's +
verb* en inglés. La única excepción es el mandato afirmativo de **ir: vamos.**

-AR derrotar	-ER correr	-IR asistir
(no) derrot**emos**	(no) corr**amos**	(no) asist**amos**

No **empecemos**, Emilia.

2. Se suprime la **-s** final del mandato colectivo antes de agregar el pronombre de complemento indirecto **se** o el pronombre reflexivo **nos:**

Digámoselo., Sentémonos.

3. Se puede usar la expresión **vamos a** + *infinitivo* para formar el mandato colectivo afirmativo.

Vamos a empezar.

Los mandatos indirectos

Los mandatos indirectos se forman con **que** + *una forma del mandato formal* (**Ud./Uds.**) seguida del sujeto.

Que elija entre el fútbol y yo.	*Have (Let) him choose between soccer and me.*
Que marque los tantos Juan.	*Have (Let) Juan keep score.*

Práctica

A. En el vestuario de los tricolores. *Antes del partido el entrenador del equipo uruguayo Nacional, conocido también como el tricolor (la bandera del país), anima a los jugadores a que ganen el partido. Complete sus comentarios con el mandato formal plural (**Uds.**) de los verbos entre paréntesis.*

1. (Jugar) _____ agresivamente.
2. (Ser) _____ más enérgicos.
3. (Pasar) _____ la pelota más.
4. (Defender) _____ mejor el arco *(goal)*.
5. (Disparar) *(To shoot at the goal)* _____ la pelota más.
6. No (perder) _____ el partido.

B. El mundo deportivo. *Un amigo de Julián está encargado de la página Web de la sección de deportes de un periódico barcelonés. Complete lo que le dice a su asistente con el mandato formal singular (**Ud.**) de los verbos entre paréntesis.*

1. (Analizar) _____ las estadísticas de la última etapa de la Vuelta a España.

2. (Hacer) _____ un resumen de las semifinales de la Copa del Rey.

3. (Consultar) _____ la base de datos del Comité Olímpico Español.

4. (Buscar) _____ información sobre la Maratón de Barcelona.

5. (Entrevistar) _____ al entrenador de El Barça (el Fútbol Club Barcelona).

6. (Poner) _____ las fotos del Torneo de Tenis Internacional de Navarra en aquel sobre antes de enviarlo al redactor *(editor)*.

C. Aficionados al fútbol. *En su casa en Barcelona, Alfonso y sus primos se han reunido para mirar las finales de la Copa del Rey. Complete sus comentarios con el mandato informal (**tú/vosotros**), según convenga. (Si no han estudiado el mandato familiar plural **vosotros**, pueden sustituir **ustedes**.)*

1. Miguelito, (sentarse) _____ aquí para que puedas ver mejor.

2. Chicos, (callarse) _____. ¡El partido va a empezar!

3. Alfonso, por favor, (subir) _____ el volumen un poco más.

4. Chicos, no (hacer) _____ tanto ruido. Los vecinos siempre se quejan.

Complete estos comentarios con un mandato colectivo *(Let's)*.

5. (Servir) _____ los bocadillos antes del descanso.

6. No, (comer) _____ ahora.

Escenas

*En parejas (o un grupo de tres), hablen en español para solucionar y luego describir cada conflicto. El **Vocabulario útil** al final del capítulo les ayudará con estas escenas.*

1. **A** It is Saturday morning. You are a student on a study-abroad program who has just been invited to an amateur soccer match by a new friend. You are hesitant to go, since you know very little about the sport. Try to persuade your friend to play tennis with you instead, at the tennis club to which your host family belongs.

   B You know that your new friend likes sports, so you invite him or her to a soccer match in which some of your friends are playing. Try to convince him or her that it will be exciting and that you will teach him or her about the sport. Besides tennis, it is the only sport you play well.

2. **A** You have just won a national rowing competition, and you want to train full-time to try to qualify for the Olympics. You must convince your parent that this is a chance of a lifetime and that it is worth it to take a year off from college.

B You are a parent with high hopes for your child to enter a profession. Try to persuade him or her to forget the Olympics. Explain that being a sports champion is only a temporary thing, that he or she may never finish college after taking time off, and that he or she will not be able to earn a living through rowing. Mention that you will not be able to contribute your financial support for more than four years.

3. **A** Your cousin has given you two tickets to a baseball game tonight. The seats are inexpensive, but you are eager to attend the game to support your favorite team. Try to persuade your best friend to come with you to the game, telling him or her how exciting it will be. Mention that your cousin will drive you there.

B You and your friend have a project due in just two days, and you were planning to work on it while listening to the game on the radio. Try to convince your friend that you can't afford to lose the whole evening driving to the stadium, watching the game, and driving home. If you can, persuade him or her to come to your house and listen to the game on the radio while you work.

4. **A** Your son or daughter's coach has taken you aside to tell you that he or she has sufficient talent to win a basketball scholarship **(una beca).** Try to convince your child to continue playing basketball, even though the training is time-consuming. Point out that scholarship money could enable him or her to attend a better university and that after college he or she does not have to be a professional player.

B Your parent, who was an amateur basketball star, is encouraging you to play the game competitively in high school. Your coach tells you that you are very talented. However, although you enjoy the game, you do not want to put in the time required to train competitively. You would prefer to use your time for something else, such as studying, which will help you get good grades and attend a good university. Try to persuade your parent to accept the idea that you want to quit the basketball team.

C You are a basketball coach who wants to have the best players. You would also like to see this player make the best use of his or her talent. Try to keep him or her on the team.

Más actividades creadoras

El **Vocabulario útil** *al final del capítulo le ayudará con estas actividades.*

A. Dibujos. *Invente una narración, tomando los siguientes dibujos como punto de partida. Su cuento debe explicar quiénes son estos personajes, qué ha ocurrido, qué está ocurriendo ahora y qué va a pasar en el futuro.*

B. Uso de mapas y documentos. *Lea este artículo del periódico colombiano*
El Espectador *para contestar las siguientes preguntas.*

Histórica clasificación de Fabiola Zuluaga a la cuarta ronda del Abierto de Australia

La tenista colombiana Fabiola Zuluaga, del equipo Colsánitas, venció a la estadounidense Jill Craybas y avanzó, por primera vez en la historia del tenis colombiano, a la cuarta ronda del Abierto de Australia.

La colombiana venció a la estadounidense en tres sets con parciales 7-6, 4-6 y 6-2. Es la segunda vez que la derrota. Las dos jugadoras habían medido fuerzas[1] en la primera ronda del Indian Wells el año pasado.

La campaña[2] de Craybas fue destacada. Anteriormente, había vencido a una de las revelaciones del tenis mundial femenino, la juvenil Jelena Jankovic, quien había derrotado a la número ocho del mundo, la rusa Elena Dementieva.

Ésta es la primera vez que Fabiola avanza tanto en el Abierto de Australia, luego de estar en cinco oportunidades en la tercera ronda y perder en sus respectivos juegos.

La victoria le permitirá mantenerse en la casilla 36[3] del mundo y acercarse al puesto[4] 35.

---

[1]**medido...** *measured their strength against one another*   [2]*campaign*   [3]**casilla...** *36th place*   [4]*position*

---

1. ¿Quién es Fabiola Zuluaga, y qué hizo por primera vez en la historia colombiana?

2. ¿A quién venció Fabiola Zuluaga, y cuántas veces lo había hecho antes?

3. Antes de su derrota, ¿cómo había jugado Jill Craybas?

4. ¿Cuántas veces había jugado esta colombiana antes en el Abierto de Australia, sin llegar a la cuarta ronda?

5. ¿Cómo se compara este artículo con noticias semejantes en su periódico?

C. A escuchar. *Escuche la entrevista en la que una persona contesta algunas preguntas sobre los deportes. (Para ver las preguntas, refiérase al ejercicio D, número 1.) Luego, conteste las siguientes preguntas en la forma indicada por su profesor/a.*

1. ¿Cómo se llama la persona entrevistada, y de dónde es?

2. Para él, ¿qué importancia tienen los deportes?

3. ¿Desde cuándo y con quiénes jugaba al béisbol?

4. ¿Qué le gusta hacer ahora que no tiene tanto tiempo para jugar?

5. ¿Los deportes tienen la misma importancia para Ud. como para este dominicano?

D. Respuestas individuales. *Piense en las siguientes preguntas para contestarlas en la forma indicada por su profesor/a.*

1. Para Ud., ¿qué importancia tienen los deportes? ¿Forman parte de su vida de alguna manera, o no? Por ejemplo, ¿practica algún deporte o hace ejercicio?

2. ¿Qué piensa Ud. de la vida de un/a atleta profesional? Si tuviera las dotes requeridas (o si es cierto que las tiene), ¿consideraría Ud. un contrato profesional para algún deporte? ¿Por qué sí o por qué no?

E. Contestaciones en parejas. *Formen parejas para completar las siguientes actividades.*

1. Discutan dos competencias que están ocurriendo en este momento en el mundo deportivo, ya sean profesionales o de aficionados. ¿A quiénes apoya *(support)* cada uno de Uds. en cada instancia? En su opinión, ¿quién será el/la ganador/a de cada competencia?

2. Debatan el siguiente asunto, con una persona a favor de la idea y la otra en contra: Los deportes contribuyen mucho/poco a esta universidad, este colegio o esta escuela. Preparen una lista de cinco razones en pro y cinco en contra. Luego, comparen su lista con las de otras parejas.

F. Proyectos para grupos. *Formen grupos de cuatro o cinco personas para completar estos proyectos.*

1. Elaboren una guía ilustrada para explicar el fútbol americano a extranjeros de habla hispana y preséntenla a la clase como informe oral. Si quieren, pueden usar fotos, dibujos o gráficos por computadora en su presentación.

2. Asuman los papeles de anunciadores de deportes en la televisión. Usando fotos, dibujos o gráficos por computadora para ilustrar su comentario, presenten a la clase las noticias deportivas de la semana.

G. Discusiones generales. *La clase entera participará en estas actividades.*

1. Lleven a cabo una encuesta de los deportes favoritos de los miembros de la clase y clasifíquenlos en dos categorías: participantes en el deporte y aficionados al deporte. Luego, determinen cuáles son las estrellas del mundo deportivo más admiradas y cuáles son los equipos favoritos de la clase. Cada estudiante debe explicar sus preferencias.

2. ¿Cuántos/as atletas famosos/as latinos/as de la época moderna pueden nombrar? Hagan una lista de los/las atletas y sus deportes. ¿Hay algún deporte que predomina en su lista?

Vocabulario útil

LOS DEPORTES

Sustantivos

el andinismo, el montañismo	*mountain climbing*
el aerobismo, los aerobics *(Mex.)*	*aerobics*
el baloncesto, el básquetbol *(H.A.)*	*basketball*
el boxeo	*boxing*
el canotaje	*boating; canoeing*
la carrera	*race*
el ciclismo	*bicycling*
los deportes de riesgo	*extreme sports*
la equitación	*horseback riding*
el esquí	*skiing*
el esquí acuático	*water skiing*
el excursionismo, el senderismo	*hiking*
la gimnasia	*gymnastics*
la gimnasia de mantenimiento *(H.A.)*, el gim mantenimiento *(Sp.)*	*fitness workout*
el golf	*golf*
el hockey	*hockey*
el hockey sobre hielo	*ice hockey*
el jogging	*jogging, running*
el levantamiento de pesas	*weightlifting*
la lucha libre	*wrestling*
la natación	*swimming*
la navegación a vela	*sailing*

el patinaje	*skating*
el patinaje sobre hielo	*ice skating*
el patinaje sobre ruedas	*roller skating*
la pesca deportiva	*sports fishing*
el piragüismo	*canoeing*
el remo	*rowing*
el rugby	*rugby*
el squash	*squash*
el surf, el surfing	*surfing*
el tenis	*tennis*
el windsurf	*windsurfing*

Verbos

esquiar	*to ski*
hacer ejercicio	*to exercise, to work out*
levantar pesas	*to lift weights*
montar a caballo	*to ride a horse*
patinar en línea	*to rollerblade*
patinar en/sobre hielo	*to ice skate*
patinar sobre ruedas	*to roller skate*
pescar	*to fish*

EL DEPORTISMO

Sustantivos

el/la árbitro/a	*referee; umpire*
la asistencia	*attendance*
el atletismo	*athletics; track and field*
el campeonato	*championship*
el campo de golf	*golf course*
la cancha	*court* (sports)
el club campestre	*country club*
el club de tenis	*tennis club*
el club náutico	*yacht club*
la competición	*contest, competition*
el cuarto de final	*quarterfinal*
la derrota	*defeat*
el/la director/a técnico, el/la técnico/a *(H.A.)*	*team manager; coach*
el empate	*tie*
el/la espectador/a	*spectator*
el estadio	*stadium*
la final	*final match*
el gimnasio	*gym*
la gira	*tour*

el gol, el arco *(H.A.)*	*goal*
el juego	*game*
los Juegos Olímpicos, las Olimpiadas	*Olympic Games*
la jugada	*play; move*
la liga	*league*
la línea de banda	*sideline*
el/la maratón	*marathon*
el marcador, el tanteador	*scoreboard*
el monopatín, la patineta *(Mex., P.R.)*	*skateboard*
el/la nadador/a	*swimmer*
la patada	*kick*
la pelea de boxeo	*boxing match*
la pelota *(H.A.)*, el balón *(Sp.)*	*ball*
la persona encargada del marcador/tanteador	*scorekeeper*
la pista	*track; court (Sp.)*
la pista de esquí	*ski slope*
la pista de patinaje	*skating rink*
el primer/segundo tiempo	*first/second half*
la raqueta	*racquet*
la red	*net*
el/la rival	*rival*
la ronda	*round*
la tabla de surf/surfing	*surfboard*
la tabla a vela/de windsurf	*windsurfer*
el torneo	*tournament*

Verbos

alentar (ie)	*to encourage*
animar	*to cheer on*
clasificarse	*to qualify*
cometer una infracción	*to break a rule*
despachar	*to dispatch, to do in*
doblegar	*to crush*
empatar	*to tie*
fichar	*to sign up*
lastimarse	*to injure oneself, to hurt oneself*
marcar los tantos	*to keep score*
patrocinar	*to sponsor*
vencer	*to defeat, to vanquish*

Expresiones

comérselos a todos

ganarse la vida

to beat (completely surpass) everyone

to earn a living

Vocabulario individual

_____   _____

_____   _____

_____   _____

_____   _____

_____   _____

LAS ONCE POSICIONES DEL FÚTBOL[4]

el/la defensa central (4)

el/la defensa derecha (2)

el/la defensa izquierda (3)

el/la delantero/a centro (9)

el/la extremo/a derecha (7)

el/la extremo/a izquierda (11)

el/la interior derecha (8)

el/la interior izquierda (10)

el/la medio/a derecha (5)

el/la medio/a izquierda (6)

el/la portero/a, el/la arquero/a (H.A.) (1)

center defender/fullback

right defender/fullback

left defender/fullback

center forward

far-right forward

far-left forward

right inside forward

left inside forward

right midfielder/halfback

left midfielder/halfback

goalie (goalkeeper)

Vocabulario individual

_____   _____

_____   _____

_____   _____

[4]La formación varía de acuerdo con las estrategias del entrenador.

EL BÉISBOL

Sustantivos

la (primera, segunda, tercera) base	*(first, second, third) base*
el batazo, el jit	*hit*
el/la bateador/a	*batter*
la carrera	*run*
el cuadrangular, el jonrón	*homerun*
el/la guardabosque, el/la jardinero/a	*outfielder*
el/la lanzador/a	*pitcher*
la liga mayor	*major league*
la liga menor	*minor league*
el/la paracortos, el/la parador/a en corto *(Mex.)*	*shortstop*
el partido de estrellas	*All-Star game*
el/la pelotero/a	*ballplayer*
el promedio de bateo	*batting average*
el/la receptor/a	*catcher*
el/la relevista	*relief pitcher*
el Salón de la Fama	*Hall of Fame*
la Serie Mundial	*World Series*

Verbos

batear	*to bat*
ingresar	*to enter, to be inducted*
lanzar	*to pitch*

Expresiones

¡Bola!	*Ball!*
casa llena	*bases loaded*
volarse (ue) la cerca	*to go out of the park* (over the fence)
conceder pasaporte	*to (allow a) walk*

Vocabulario individual

_____   _____

_____   _____

_____   _____

_____   _____

CAPÍTULO 7
La educación y las profesiones

OBJETIVOS: Aprender a...

◆ obtener, interpretar y presentar información relacionada con la educación y las profesiones.

◆ resolver un asunto burocrático.

◆ participar en la vida universitaria, siendo extranjero.

NOTAS CULTURALES
Hispanoamérica

Estudiantes saliendo de la facultad de Derecho de la Universidad de Lima, Perú

Al igual que en los Estados Unidos, el sistema educativo básico en Hispanoamérica es de doce años. Aunque hay variaciones de un país a otro, en general, los primeros seis años son de educación primaria y los otros seis son de secundaria y/o bachillerato. En todos los países, existen escuelas públicas y privadas; a éstas últimas también se les llama colegios. La mayoría de los colegios proporcionan transporte y en casi todos es obligatorio usar uniforme. Muchos ofrecen programas de pre-kindergarten o maternal, y de kindergarten o jardín de niños. El año escolar en la mayoría de los países hispanos es de diez meses a diez meses y medio, así que el período más largo de vacaciones es de mes y medio a dos meses. Los meses en que ocurren las vacaciones dependen del país; por ejemplo, en El Salvador las vacaciones largas son en noviembre y diciembre, mientras en Argentina son durante el verano, en enero y febrero.

A todos niveles, incluso el de la educación preescolar, son comunes los cursos de idiomas, sobre todo del inglés. Existen también en varios países las prestigiadas cadenas de colegios bilingües como lo son el Colegio Americano y el Colegio Alemán.° En México, Costa Rica, Venezuela, Argentina y Chile, el inglés es materia° obligatoria por lo menos a nivel secundaria, tanto en escuelas públicas como en colegios. Cuando las escuelas no imparten clases de inglés es muy común que los alumnos con los suficientes recursos económicos tomen estos cursos en institutos privados por las

German course

tardes. Entre las familias más adineradas, muchos padres envían a sus hijos graduados de secundaria o de bachillerato a los Estados Unidos, Canadá o Inglaterra por seis meses o un año para que mejoren su dominio del inglés.

En las universidades latinoamericanas la preparación de la especialización comienza desde el primer año. Por regla general los programas a nivel de licenciatura° son de cuatro años. El sistema educativo tanto universitario como secundario impone un programa rígido; en los planes de estudio casi todas las materias son obligatorias. Aunque se ofrecen cursos optativos,° el programa es fijo para todos los alumnos de una misma generación, y el número mínimo y máximo de materias que pueden tomar es el mismo para todos. Es necesario aprobar° todas las materias para pasar al próximo año. Generalmente la calificación° del estudiante se basa en dos tipos de exámenes, uno o varios parciales y otro final. Además, es común que las universidades exijan entre un 80% y un 85% de asistencia a clases como mínimo para aprobar. En algunas universidades si un estudiante reprueba° en una materia, por ejemplo en junio o sea al final del año escolar, puede volver a tomar el examen en agosto. Durante los meses de verano el estudiante se prepara estudiando por su cuenta o en una academia o un internado° especializado en la preparación para determinados exámenes.

La inscripción de gran escala que caracteriza a las universidades latinoamericanas se debe a que la mayoría son estatales. Esto significa que el gobierno las administra y las subvenciona° y que por lo tanto, la matrícula° es gratuita o barata para asegurar más oportunidades de acceso. Dos de las universidades más grandes son la Universidad Nacional Autónoma de México (UNAM) en el Distrito Federal, que cuenta con más de 280.000 estudiantes, y la Universidad de Buenos Aires, Argentina, que tiene más de 225.000 alumnos. Hoy día hay además muchas universidades privadas y sólo quienes pueden costearlas° o quienes consiguen beca° pueden asistir. También se han abierto pequeños institutos privados o universidades técnicas que ofrecen programas de uno o dos años donde los estudiantes pueden estudiar campos muy específicos como informática,° hotelería° y turismo. En todos estos casos, los estudiantes que vienen de lejos se alojan con parientes, o alquilan° un apartamento o una habitación en una pensión,° porque prácticamente no existen residencias estudiantiles.

Desde la década de los 60 se han instituido programas de estudios para extranjeros en algunas universidades latinoamericanas. Programas como los que existen en Costa Rica, Ecuador y México son populares entre los universitarios norteamericanos, que van por un verano, un semestre o incluso varios años. También existen programas de estudios para extranjeros a nivel posgraduado. Uno de los más conocidos es el de la Facultad° de Medicina de la Universidad Autónoma de Guadalajara (UAG) en el estado de Jalisco, en México.

undergraduate degree

electives

to pass
grade

fails

boarding school

subsidize / tuition

pay for them / a scholarship

computer science / hotel management
they rent / boarding house

School (within a university)

España

Estudiantes en el campus de la Universidad de Salamanca

La mayoría de las universidades españolas están superpobladas° desde que existen mayores oportunidades para el acceso a los estudios universitarios. Como consecuencia del gran número de estudiantes, la burocracia administrativa no siempre da abasto° para atender a los nuevos problemas que continuamente se plantean. Las clases son muy numerosas; no son raras las que albergan° más de cien alumnos. Esta masificación° es el problema del que surgen la mayoría de las quejas.

    Desde que se formó la Unión Europea, hay muchos padres pudientes° que mandan a sus hijos a universidades extranjeras, inglesas principalmente. Fruto de la Unión Europea es también la beca de movilidad de estudiantes conocida como Erasmus. Este programa, subvencionado en parte por el Gobierno Europeo y en parte por el de cada país, permite a los estudiantes completar su instrucción pasando de seis meses a un año en una universidad extranjera. Gracias a esta beca los estudiantes pueden conocer las diferentes culturas y mejorar su dominio de los distintos idiomas europeos.

    Por otra parte se han generalizado los cursos de verano dedicados a extranjeros, y es cada vez mayor la asistencia de estudiantes norteamericanos a estos cursos. Una diferencia que enfrentan° los estudiantes norteamericanos es que las universidades españolas no cuentan con adecuados establecimientos para alojarlos. Existen residencias estudiantiles llamadas colegios mayores° cercanos a algunos campus universitarios, pero resultan insuficientes para acomodar a todos los alumnos. Por consiguiente los estudiantes, tanto españoles que vienen de otras ciudades

overpopulated

no... can't always cope

accommodate / overcrowding

wealthy

face

colegios... dormitories

como los extranjeros, se alojan en pensiones, en pisos° o en casas particu-   *apartments*
lares° donde alquilan una habitación.   *private*

En España la especialización comúnmente se decide antes de entrar en
la universidad, aunque se puede cambiar luego de carrera.° Debido a los   *major*
planes de estudio fijos, un cambio generalmente resulta en la pérdida de
muchos de los cursos y créditos anteriores y el alumno se ve obligado
a empezar en una facultad diferente como estudiante de primer año. El
Ministerio de Educación, Cultura y Deporte actualmente reconoce 134 carreras universitarias. Las carreras suelen durar de tres a seis años dependiendo del campo que sea y del alumno; la carrera de medicina, por ejemplo,
requiere seis años. Algunas carreras con una duración de cinco años son las
de ingeniero superior y arquitecto. En cambio, algunos títulos° universita-   *degrees*
rios se pueden conseguir después de tres años, como el de enfermero° o   *nurse*
ingeniero técnico. Las preguntas que se hacen normalmente los estudiantes
españoles unos a otros son: «¿Qué estudias?» o «¿En qué facultad estás?»

Comprensión y comparación

Conteste las siguientes preguntas en la forma indicada por su profesor/a.

Hispanoamérica

1. ¿Cómo se compara el sistema educativo básico en Hispanoamérica con el
   sistema norteamericano en cuanto a los años de educación y los tipos de
   escuelas? _____

   _____

2. ¿Qué hacen las escuelas y las familias para asegurar que los estudiantes
   latinoamericanos aprendan un segundo idioma, sobre todo el inglés? ¿Cómo
   se compara esta actitud con la actitud general hacia la enseñanza de idiomas
   en su país? _____

   _____

3. ¿Cuándo comienza la especialización de los estudiantes universitarios
   hispanoamericanos y cómo son sus programas de estudio? _____

4. ¿Qué sucede cuando un estudiante reprueba en una materia al final del año?

   _____

   _____

5. ¿Por qué existe la inscripción de gran escala en las universidades
   latinoamericanas? _____

6. Además de las grandes universidades estatales, ¿qué otras posibilidades
   existen para la educación superior? _____

   _____

España

7. ¿Cuáles son dos problemas que resultan de la superpoblación en las universidades españolas? _____

8. ¿Qué es el programa Erasmus, quiénes pueden participar en él y cuáles son sus beneficios? _____

9. ¿Qué son los colegios mayores y por qué no se alojan allí todos los universitarios que vienen de lejos? _____

10. ¿Cuándo tienen que decidirse por una especialización los estudiantes universitarios en España e Hispanoamérica, y cuándo es necesario escoger una especialización en los Estados Unidos? _____

Conexión Internet

Investigue los siguientes temas en la red. Vaya primero a **http://college.hmco.com/ languages/spanish/students,** *y de ahí al sitio de* **Conversaciones creadoras** *para encontrar enlaces. Si busca sus propios enlaces, será necesario hacer clic en «español» y apuntar las direcciones que utilice.*

1. **Las universidades.** Investigue los sitios Web de algunas universidades en distintas partes del mundo hispanohablante. Señale dos universidades que le interesan, y busque información acerca de las facultades, los estudiantes, el campus, la matrícula, el horario académico y algunos otros aspectos que en su opinión son importantes. ¿Cómo se comparan los sitios de estas dos universidades con el sitio Web de su universidad, colegio o escuela? ¿Cómo se comparan estas universidades hispanas con algunas universidades que Ud. conoce?

2. **Los programas de español para extranjeros.** Investigue varios programas de español para extranjeros y señale un programa en que le interesaría participar. ¿Dónde se encuentra este programa, y por qué cree Ud. que le gustaría estudiar allí? ¿Qué cursos ofrece este programa, y cuánto es la matrícula? En su opinión, ¿cuáles son los beneficios más destacados de este programa?

3. **La educación en las noticias.** Lea algunos periódicos en línea para buscar artículos sobre cuestiones relacionadas con la educación. Seleccione un artículo que le parezca interesante, y resuma su contenido. ¿Cómo se compara este asunto con las noticias sobre la educación donde Ud. vive?

4. **La vida estudiantil en la UNAM.** Planee sus actividades esta semana como si fuera un/a estudiante de intercambio en la Universidad Nacional Autónoma de México. Señale una noticia que le gustaría comentar con sus amigos, un coloquio o seminario que le gustaría presenciar, y alguna exposición cultural que le parece interesante. ¿Cómo se comparan las actividades en la UNAM con las de su universidad, colegio o escuela?

Vocabulario básico

LA UNIVERSIDAD

Sustantivos

la beca	*scholarship* (financial award)
la carrera	*career; university major*
la conferencia	*lecture*
el curso	*program, course of study*
el/la estudiante de primero (segundo, tercero, cuarto, quinto, sexto)	*first-year student (sophomore, junior, senior, 5th-, 6th-year undergraduate)*
la facultad	*school within a university*
el intercambio	*exchange*
la materia *(H.A.)*, la asignatura	*course, subject* (school)
la matrícula	*tuition*
el metro	*subway*
la mochila	*backpack*
la pensión	*boarding house*
el profesorado	*faculty*
la oficina de servicios escolares *(Mex.)*, la secretaría	*office of student services, secretary's office* (for student services or other business)

Verbos

aprobar (ue)	*to pass, to get a passing grade*
apurarse	*to worry; to rush (H.A.)*
arreglarse	*to arrange, to fix, to sort out*
enterarse de	*to find out about*
reprobar (ue) *(H.A.)*, suspender *(Sp.)*	*to fail, to get a failing grade*

Adjetivos

antipático/a	*unpleasant, disagreeable*
deprimido/a	*depressed*

Expresiones

Anda (tú). (Ande [Ud.].)	*Come on., Go on.*
estar libre	*to be free, to be unoccupied*
menos mal	*it's a good thing . . . , it's just as well*
tener aspecto	*to look, to appear*

Práctica del Vocabulario básico

A. Párrafo con espacios. *Llene cada espacio en blanco con la forma correcta de la palabra más apropiada de la siguiente lista.*

estudiante de tercero	**apurarse**
la Facultad	**reprobar**
aprobar	**el intercambio**
Anda	**la materia**
arreglarse	**enterarse de**

Elena Rodríguez es una (1) _____ en
(2) _____ de Artes y Letras en la Universidad de los Andes
en Bogotá. Ella va a participar en el programa de (3) _____
de estudiantes que existe entre su universidad y la Universidad de Miami.
Elena está nerviosa porque acaba de (4) _____ que tiene
que tomar cuatro (5) _____ en inglés cuando vaya a
Miami.

—No sé si podré (6) _____ —confiesa Elena a su
mejor amiga Marisol.

—(7) _____, ¡qué va! Claro que podrás —contesta la
amiga—. Tú no eres capaz de (8) _____ en nada. Además,
sabes muy bien el inglés.

—Bueno, sé algo —responde Elena—. Aunque se me ha olvidado mucho.

—Pero si no tienes porqué (9) _____. Cuando te vayas
a Miami, todo va a (10) _____ —le asegura Marisol—. Y no
te olvides que allá más del 50 por ciento de los habitantes también hablan
español.

B. Definiciones.   *Empareje las columnas.*

_____ 1. la beca
_____ 2. la matrícula
_____ 3. el intercambio
_____ 4. la mochila
_____ 5. tener aspecto
_____ 6. la pensión
_____ 7. deprimido/a
_____ 8. la secretaría
_____ 9. el profesorado
_____ 10. el estudiante de segundo
_____ 11. la conferencia
_____ 12. la facultad
_____ 13. estar libre
_____ 14. el curso
_____ 15. antipático/a

a. que sufre depresión
b. no estar ocupado
c. parecer
d. un tipo de clase universitaria en que el profesor da un discurso
e. el programa de estudios
f. un cuerpo de profesores
g. una división universitaria
h. «sophomore», en inglés
i. ayuda económica para pagar los estudios
j. el dinero que se paga por la educación
k. un saco usado por estudiantes para llevar sus libros
l. reciprocidad escolástica entre instituciones
m. que causa aversión
n. un alojamiento a precio módico
ñ. la oficina del secretario o de la secretaria

C. Sinónimos o antónimos.   *Para cada par de palabras, indique si el significado es igual (=) o lo opuesto (≠).*

1. el metro   _____   el tren subterráneo
2. la secretaría   _____   la oficina de servicios escolares
3. el profesorado   _____   los estudiantes
4. la conferencia   _____   la lectura
5. antipático   _____   simpático
6. deprimido   _____   alegre
7. la carrera   _____   la profesión
8. enterarse de   _____   descubrir
9. arreglarse   _____   ordenarse
10. menos mal   _____   afortunadamente

D. Crucigrama. *Utilice las siguientes definiciones para completar el crucigrama.*

Palabras horizontales

3. dinero para la matrícula que se concede al estudiante
4. la profesión de uno/a
7. lo que cobra la universidad
8. programa de estudios
9. es algo bueno; _____ mal
10. salir bien en un examen
14. parecer

Palabras verticales

1. estar desocupado
2. No te preocupes. No _____.
5. Ven, hazlo.
6. salir mal en un examen
10. «course», en inglés
11. aquí se alquilan habitaciones
12. tranvía subterráneo
13. un saco que se lleva a la espalda

CONVERSACIÓN CREADORA
Intercambio universitario

PERSONAJES

SUSANA, estudiante mexicana
PILAR, estudiante mexicana
TOM, estudiante norteamericano

ESCENARIO

Un café de la Facultad de Filosofía y Letras de la Universidad Nacional Autónoma de México (UNAM). Es mediodía, en época de exámenes, y el café está muy lleno.

En una mesa Susana y Pilar repasan unos apuntes,° mientras   notes
toman dos cafés y unas rebanadas° de pastel.°   slices / pastry

Entra Tom, con una mochila a la espalda. Tiene aspecto cansado y mira alrededor sin saber adónde dirigirse.° Finalmente se acerca a ellas.   to go

TOM:	Perdón, ¿no les molesta que deje aquí la mochila un momento?
SUSANA:	No, esa silla está libre.

Tom se quita la mochila y se limpia el sudor.° Se queda de pie, mirando un   perspiration
folleto.

PILAR:	Siéntate, si quieres.
TOM:	Gracias. ¿Me pueden informar de los cursos de verano para extranjeros?

PILAR: Esos cursos no empiezan hasta el mes que viene.

TOM: Ya lo sé, lo que estoy buscando es la oficina de servicios escolares.

SUSANA: Me parece que está en el piso de arriba, ¿no, Pilar?

PILAR: No estoy segura, pero voy a preguntar. ¿Quieres que te traiga un café?

TOM: Oh, sí, estupendo.

Se va Pilar hacia el mostrador.

SUSANA: Hablas bastante bien el español. ¿De dónde eres?

TOM: De Delaware. Me enteré de esos cursos por este folleto.

SUSANA: Déjame verlo. *(Lo mira.)* ¿Tienes beca o te vas a inscribir por tu propia cuenta?

TOM: Por mi cuenta. No sé si tendré tiempo.

SUSANA: Yo creo que sí. Falta un mes.

Llega Pilar con un café y una rebanada de pastel.

PILAR: La oficina está arriba, al final del pasillo.° Cierran a la una.   *hallway*
Tómate el café tranquilamente. También te traje una rebanada de pastel, ¿te gusta?

TOM: Me encanta. Menos mal que las he encontrado. Estaba muy deprimido. Y además me perdí en el metro al venir.

PILAR: Bueno, no te apures, ya verás que todo se arregla.

SUSANA: Aquí dice que tienes que presentar un certificado de tus estudios anteriores.

TOM: Creo que lo dejé en la pensión. Es que está todo muy mal explicado.

PILAR: Anda, tómate el café en paz. Lo malo es que me han dicho que la secretaria es bastante antipática. Pero, nada, tú hazte el interesante.

TOM: ¿Hacerme el interesante?

SUSANA: Sí, que le sonrías muy amable.

TOM: Voy a apuntar eso, nunca lo había oído.

SUSANA: Bueno, es que con Pilar puedes aprender más español que en todos los cursos de verano juntos. Es poeta, ¿sabes?

PILAR: Aficionada a la poesía, pero en fin°...   **en...** *anyway*

TOM: Yo me llamo Tom Tyler. Me gustaría volver a verlas. Pero tengo que ir arriba.

PILAR: Sí, no vayan a cerrar la ventanilla. Vamos, yo te acompaño. A ver qué humor tiene la secretaria.

TOM: No quisiera molestarte.

PILAR: No, hombre, si lo hago encantada.

SUSANA: ¿Ves cómo no funcionan tan mal las cosas en México? Bueno, la burocracia sí...

TOM: Pero la gente no. Ni los pasteles tampoco...

Se ríen. Se levantan Tom y Pilar.

PILAR: Deja ahí la mochila.

SUSANA: No tarden mucho, ¿eh?, que tengo que irme dentro de un rato.

Comprensión

A. ¿Qué pasó? *Llene cada espacio en blanco con la información necesaria.*

1. Antes de la llegada de Tom, Susana y Pilar están haciendo dos cosas:
   _____ y _____.

2. Tom necesita información sobre _____.

3. Pilar le trae a Tom _____.

4. _____ acompaña a Tom a la oficina de servicios escolares.

5. Tom deja _____ con Susana.

B. ¿Qué conclusiones saca Ud.? *Indique la letra que corresponde a la mejor respuesta.*

1. ¿Por qué tiene Tom aspecto cansado al llegar?
   a. porque la mochila pesa mucho y no sabe adónde debe irse en este momento
   b. porque es antipático
   c. porque los cursos de verano para extranjeros no empiezan hasta el mes que viene
   d. porque acaba de conocer a Susana y Pilar

2. ¿Cómo se siente Tom cuando entra en el café?
   a. Se siente muy importante.
   b. Se siente un poco perdido.
   c. Está cómodo y relajado.
   d. Está contento.

3. ¿Cómo reaccionan Susana y Pilar cuando se dan cuenta de la situación de Tom?
   a. Quieren ayudarlo inmediatamente.
   b. No les interesa su problema.
   c. No saben si lo quieren ayudar o no.
   d. Piensan que su problema no se puede resolver.

4. ¿Qué piensa Tom de Susana y Pilar?
   a. Piensa que son muy antipáticas.
   b. Piensa que están muy deprimidas.
   c. Piensa que son muy simpáticas.
   d. Piensa que no les gustan los extranjeros.

5. ¿Cómo se siente Tom al final de la conversación?
   a. Se siente igual de deprimido porque no ha resuelto su problema burocrático.
   b. Se siente algo mejor pero no sabe qué es lo que debe hacer ahora.
   c. Se siente deprimido porque no cree que podrá inscribirse en los cursos para extranjeros.
   d. Se siente mejor y tiene más confianza de que podrá resolver el asunto burocrático.

Conclusión

Después de dividirse en grupos, inventen una conclusión a la **Conversación creadora** Intercambio universitario, *siguiendo las instrucciones de su profesor/a. Consulten el* **Vocabulario útil** *al final del capítulo para obtener ayuda con el vocabulario de la universidad y algunos campos de estudio.*

INSTRUCCIONES

_____

_____

PERSONAJES

Susana _____

Pilar _____

Tom _____

Secretaria _____

_____

_____

IDEAS PARA SU CONCLUSIÓN

_____

_____

_____

_____

_____

_____

_____

_____

Enlace gramatical

La formación del presente de subjuntivo y el uso del subjuntivo en cláusulas sustantivas (I)

La formación del presente de subjuntivo

1. Para formar el presente de subjuntivo de los verbos regulares, se quita la **-o** final de la primera persona singular (**yo**) del presente de indicativo y se añaden las siguientes terminaciones. Observe que los verbos que terminan en **-er** e **-ir** tienen las mismas terminaciones.

-AR apuntar	-ER leer	-IR sufrir
apunt**e**	le**a**	sufr**a**
apunt**es**	le**as**	sufr**as**
apunt**e**	le**a**	sufr**a**
apunt**emos**	le**amos**	sufr**amos**
apunt**éis**	le**áis**	sufr**áis**
apunt**en**	le**an**	sufr**an**

Recuerde que los verbos que son irregulares en la primera persona singular de indicativo mantienen el mismo cambio en todas las personas en el presente de subjuntivo.

conocer: cono**zco** → cono**zca** salir: sal**go** → sal**ga**

hacer: ha**go** → ha**ga** tener: ten**go** → ten**ga**

2. Los verbos que terminan en **-car, -gar, -zar, -ger, -gir** y **-guar** tienen un cambio ortográfico en todas las personas del presente de subjuntivo.

-car c → qu calificar	-gar g → gu tragar	-zar z → c especializar	-ger, -gir g → j elegir (i)	-guar gu → gü averiguar
califi**que**	tra**gue**	especiali**ce**	eli**ja**	averi**güe**
califi**ques**	tra**gues**	especiali**ces**	eli**jas**	averi**gües**
califi**que**	tra**gue**	especiali**ce**	eli**ja**	averi**güe**
califi**quemos**	tra**guemos**	especiali**cemos**	eli**jamos**	averi**güemos**
califi**quéis**	tra**guéis**	especiali**céis**	eli**jáis**	averi**güéis**
califi**quen**	tra**guen**	especiali**cen**	eli**jan**	averi**güen**

3. Los verbos que terminan en **-ar** y **-er** y que cambian la raíz en el presente de indicativo tienen los mismos cambios en el presente de subjuntivo.

entender (ie)	aprobar (ue)
entienda	apruebe
entiendas	apruebes
entienda	apruebe
entendamos	aprobemos
entendáis	aprobéis
entiendan	aprueben

4. Los verbos que terminan en **-ir** y que cambian la raíz en el presente de indicativo tienen los mismos cambios en el presente de subjuntivo y un cambio adicional en la primera y la segunda persona del plural (**nosotros** y **vosotros**).

transferir (ie)	dormir (ue)	seguir (i)
transfiera	duerma	siga
transfieras	duermas	sigas
transfiera	duerma	siga
transfiramos	durmamos	sigamos
transfiráis	durmáis	sigáis
transfieran	duerman	sigan

5. Hay seis verbos irregulares en el presente de subjuntivo.

dar	estar	haber	ir	saber	ser
dé	esté	haya	vaya	sepa	sea
des	estés	hayas	vayas	sepas	seas
dé	esté	haya	vaya	sepa	sea
demos	estemos	hayamos	vayamos	sepamos	seamos
deis	estéis	hayáis	vayáis	sepáis	seáis
den	estén	hayan	vayan	sepan	sean

El uso del subjuntivo en cláusulas sustantivas (I)

En español se usa el subjuntivo para expresar deseos, esperanzas, emociones, dudas, opiniones, mandatos e incertidumbre *(uncertainty)*. El subjuntivo ocurre en cláusulas sustantivas cuando el sujeto de esta cláusula es distinto del sujeto de la cláusula principal. Observe el uso de la conjunción **que** para enlazar *(to link)* las dos cláusulas.

Mi hermana **quiere que** su hijo **siga** una carrera de informática.

cláusula principal (independiente)   cláusula sustantiva (subordinada)

Si no hay un cambio de sujeto, se usa el infinitivo.

Mi hermana **quiere seguir** una carrera de informática.

A continuación hay una lista parcial de verbos y expresiones que exigen el uso del subjuntivo en una cláusula sustantiva.

1. Con expresiones de deseo o esperanza: **desear, es deseable, esperar, ojalá, querer, rogar (ue).**

   ¿Quieres que te **traiga** un café?
   Mis padres **esperan** que **haga** la petición de ingreso lo más pronto posible.

2. Con expresiones de consejo, preferencia o recomendación: **aconsejar, es aconsejable, preferir (ie), es preferible, proponer, recomendar (ie), es recomendable, sugerir (ie).**

   Es aconsejable que **te alojes** en una casa particular durante el año escolar.

3. Con expresiones de permiso o prohibición: **dejar** (to let, to allow), **oponerse, permitir, prohibir.**

   Me **permiten** que **siga** un curso de verano para extranjeros.

   Observe que después de ciertos verbos que usan el pronombre de complemento indirecto, como **aconsejar, mandar, permitir** y **prohibir,** se puede usar el infinitivo.

   Me permiten **seguir** un curso de verano para extranjeros.

4. Con expresiones de mandato: **decir, exigir** (to demand), **insistir en, mandar, ordenar, pedir (i), es necesario, es urgente.**

   Es necesario que ella **se inscriba** esta semana.
   Pilar me **dice** que **presente** un certificado de mis estudios anteriores.

   Cuando sólo se da información, se usa el indicativo con **decir, insistir** y **pedir.**

   Susana **dice** que las cosas no **funcionan** tan mal.

Práctica

A. La admisión (El ingreso) a la universidad. *Complete este folleto para estudiantes extranjeros usando el presente de subjuntivo de los verbos entre paréntesis.*

Recomendamos que Ud. (1. leer) ___lea___ las siguientes instrucciones y que (2. visitar) ___visite___ el sitio Web de la universidad. Para asegurar la admisión es necesario que Ud...

   (3. entregar) ___entregue___ electrónicamente la petición de ingreso.

   (4. escribir) ___escriba___ el ensayo de admisión.
   (5. presentar) ___presente___ identificación con fotografía.

(6. enviar) _____envíe_____ un certificado de sus estudios anteriores.

(7. pagar) _____pague_____ la cuota de inscripción y el costo de las materias.

(8. cubrirse) _____se cubra_____ con un seguro de gastos médicos. Finalmente, sugerimos que todos los estudiantes extranjeros (9. familiarizarse) _____se familiaricen_____ con los requisitos del curso antes de matricularse y que (10. consultar) _____consulten_____ con los consejeros del departamento por correo electrónico o por fax para obtener más información sobre los trámites de *(steps to obtain)* admisión.

B. La Oficina de Intercambios Académicos. *Antes de su entrevista con la directora del programa de intercambios académicos, un amigo le da varios consejos a un estudiante norteamericano. Complete sus comentarios con el presente de indicativo, el presente de subjuntivo o un infinitivo, según convenga.*

1. Recomiendo que (conseguir) _____consigas_____ un certificado de tus estudios anteriores.

2. Es aconsejable que (comunicarse) _____te comuniques_____ de antemano con la secretaria de la oficina para confirmar la fecha de tu cita.

3. La directora quiere que (traer) _____traigas_____ contigo unas referencias académicas, ¿no?

4. Es necesario (llegar) _____llegar_____ puntualmente.

5. Si la directora te pide una referencia personal, pues por supuesto te permito que le (dar) _____de_____ mi número de teléfono.

6. Mi primo me dice que la directora del programa de intercambios académicos (ser) _____es_____ un poco exigente. ¡Ojalá que te (ir) _____vayas_____ bien en tu entrevista!

C. La reunión de orientación. *La directora del programa de intercambios académicos les da la bienvenida a los estudiantes extranjeros. Complete sus sugerencias con el presente de indicativo, el presente de subjuntivo o un infinitivo, según convenga.*

1. Sugerimos que Uds. (conseguir) _____consigan_____ su «login» y contraseña *(password)* cuanto antes.

2. Es necesario que Uds. (ir) _____vayan_____ al laboratorio de lenguas con frecuencia. Esperamos que Uds. (aprovechar) _____aprovechen_____ todos los avances tecnológicos a su disposición.

3. Es deseable (participar) _____participar_____ en unas cuantas actividades extracurriculares. Recomendamos que Uds. (acudir) _____acudan_____ a la oficina de servicios escolares para más información.

4. A veces los estudiantes extranjeros nos dicen que les (hacer)
   _____hacen_____ falta más clases optativas. Pues, aconsejamos que
   Uds. también (enterarse) ___se enteran___ de nuestros cursos en
   línea.

5. Si a Uds. les interesa mejorar su rendimiento *(achievement)* académico, es
   aconsejable que Uds. (ponerse) ___se pongan___ en contacto con la
   Asesoría Académica *(Academic Advisors' Office)*.

Escenas

En parejas (o un grupo de tres), hablen en español para solucionar y luego describir cada conflicto. El **Vocabulario útil** *al final del capítulo les ayudará con estas escenas.*

1. **A** You want to go to a summer study-abroad program based in Mexico City
   and take all your courses in Spanish, since you think that this will be
   very beneficial. However, your friend and travel partner thinks that the
   courses will be too difficult, and you must convince him or her that this
   will be a rewarding choice.

   B Your Spanish ability is equal to your friend's, but you do not feel ready to
   take a full load of college courses in Spanish. You think that it would be
   better to go to Mérida, a smaller city, and to take courses taught in
   English. Try to convince your friend that you will learn enough outside
   the classroom to have a very beneficial experience, and that this will be
   the most enjoyable option.

2. **A** You are a foreign exchange student studying at the University of Costa
   Rica for a semester. You need to register for your courses, but your
   tuition money has not yet arrived from home. You must convince the
   secretary in the Registrar's office that the money is coming and that you
   should be allowed to register before the funds arrive.

   B You are the senior secretary in the Registrar's office. You have been told
   not to let any students register without paying, although once in a while
   an exception has been made. Try to convince this student to return when
   he or she has the required tuition.

3. **A** You have spent a semester in Quito, Ecuador, on an exchange program, and you are preparing to go back to your own university. You have worked hard and learned a lot, and your course grades have ranged from **"Sobresaliente"** (Excellent) to **"Aprobado"** (Passing). The **"Aprobado"** could be viewed as either a "C" or a "D." However, if it is not translated as a "C" on official documents, you will not get credit at your home university. Try to convince the secretary in charge of transferring grades that the **"Aprobado"** should be translated as a "C."

B You have just been hired as a secretary in the office of student services, and you are worried that you will make a mistake. You instinctively like this student, and would like to practice your English with him or her. However, you have no idea what he or she is talking about in terms of grade equivalencies. Try to convince the student that his or her university will understand the grading system used in Ecuador.

4. **A** You are a second-year law student, and you are having doubts about your choice of career. You dream of being a writer. Even though it would mean losing two years of study, you want to get a degree in journalism. Try to convince your mother or father that this will be a good move.

B You are the parent of an only child. You want him or her to continue the family tradition and become an attorney **(hacerse abogado/a).** You think that it is time to tell the child of a large trust **(una cuenta de registro)** that he or she will receive upon graduation from law school. Try to persuade your son or daughter not to change careers.

C You are the other parent, and you see both sides of this issue. You understand your son or daughter's feelings because you also had to give up the career you really wanted in order to fulfill other obligations. At the same time, you recognize the importance of the legal profession as well as its financial rewards. Listen carefully to the arguments presented, then decide with whom you agree and help that person convince the other one.

Más actividades creadoras

El **Vocabulario útil** *al final del capítulo le ayudará con estas actividades.*

A. Dibujos. *Invente una narración, tomando los siguientes dibujos como punto de partida. Su cuento debe explicar quiénes son estos personajes, qué les ha pasado antes, qué está ocurriendo ahora y qué van a hacer en el futuro.*

B. Uso de mapas y documentos. *Refiérase a esta sección del plano del Metro de Madrid para contestar las siguientes preguntas. Para ver las distintas líneas con más claridad, puede trazar (to trace) cada una en un color diferente. Si quiere ver el plano entero, visite* **http://www.metromadrid.es**

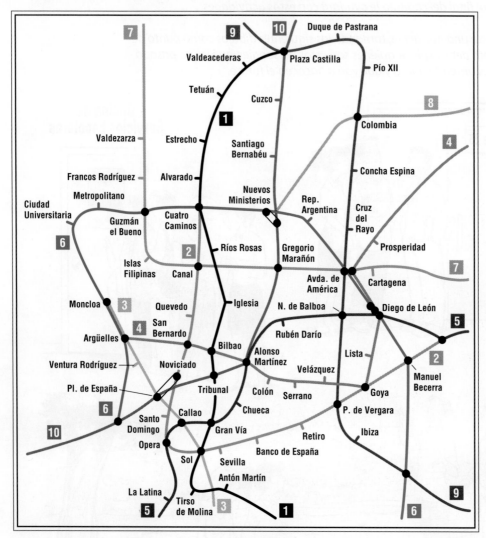

1. ¿Cuántas líneas hay en esta sección del plano del Metro de Madrid?

2. ¿Cuál es la próxima parada del Metro más cercana a la Ciudad Universitaria?

3. ¿Cuántas paradas hay entre Valdeacederas y la Ciudad Universitaria?

4. ¿Dónde hay que cambiar de una línea a otra para ir de Ríos Rosas a la Ciudad Universitaria?

5. ¿En qué ciudades hay metros en su país? ¿Cómo se compara este plano con algún plano de metro en su país?

C. A escuchar. *Escuche la entrevista en la que una persona contesta algunas preguntas sobre su universidad. (Para ver las preguntas, refiérase al ejercicio D, número 1.) Luego, conteste las siguientes preguntas en la forma indicada por su profesor/a.*

1. ¿Cómo se llama la persona entrevistada, de dónde es, y qué estudia?

2. ¿Qué importancia tiene la libertad de cátedra *(academic freedom)* para este estudiante?

3. ¿Qué antepasado *(ancestor)* suyo estudió en la misma universidad?

4. ¿Cuáles son dos ventajas de la Universidad Nacional Autónoma de México, y cuáles son dos desventajas?

5. En su opinión, ¿cuáles son las diferencias más notables entre la Universidad Nacional Autónoma de México y su universidad u otra universidad que Ud. conoce?

D. Respuestas individuales. *Piense en las siguientes preguntas para contestarlas en la forma indicada por su profesor/a.*

1. ¿Por qué escogió Ud. esta universidad (o este colegio o esta escuela)? ¿Cuáles son las características que más le gustan? ¿Cuáles son las características que menos le gustan?

2. Describa su especialización, detallando sus motivos para escogerla. ¿Qué es lo que más le gusta de este campo de estudio y qué es lo que menos le gusta? Si todavía no se ha decidido por una especialización, comente las posibilidades que está considerando.

E. Contestaciones en parejas. *Formen parejas para completar las siguientes actividades.*

1. Formulen cuatro listas para contestar las siguientes preguntas: ¿Cuáles son las características de un/a buen/a profesor/a, y cuáles son las características de un/a profesor/a malo/a? ¿Cuáles son las características de un/a buen/a estudiante, y cuáles son las de un/a estudiante malo/a? Cada lista debe incluir por lo menos cinco características.

2. Para Uds., ¿cuáles son los beneficios más importantes que quieren sacar de un semestre de estudio en un país hispano? Ordenen la siguiente lista de beneficios de 1 a 10, siendo el primer factor el más importante. Luego, comparen su ordenación con las de otras parejas.

_____ conocer a gente nueva
_____ probar comida nueva
_____ visitar sitios de gran interés histórico y cultural
_____ comprender mejor otra cultura
_____ perfeccionar el español hablado
_____ conseguir más independencia personal
_____ entender mejor su propia cultura
_____ poder leer mejor en español
_____ poder viajar por otro país
_____ conocer otro sistema educativo

F. Proyectos para grupos. *Formen grupos de cuatro o cinco personas para completar estos proyectos.*

1. Inventen un curso de verano para extranjeros ofrecido por su universidad, colegio o escuela, y compongan un anuncio de 200 palabras (una página, más o menos) para atraer a estudiantes hispanos. Su anuncio debe señalar las ventajas de su universidad, colegio o escuela y también las de su región.

2. Diseñen un folleto de orientación académica de dos páginas para estudiantes hispanos que acaban de venir a su universidad, colegio o escuela para estudiar por un año, y preséntenlo luego a la clase. Su folleto debe explicar por lo menos tres de los siguientes puntos: ¿Cómo son las clases? ¿Cómo son los profesores y los asistentes? ¿Cómo son los cursos académicos en las distintas facultades? ¿Qué es un «major» y qué es un «minor»? ¿Qué posibilidades hay para la vivienda *(housing)*, y dónde vive la mayoría de los estudiantes? ¿Cuáles son algunas actividades extracurriculares que son populares en este campus?

G. Discusiones generales. *La clase entera participará en estas actividades.*

1. Lean el diario escolar *(student newspaper)* de su universidad, colegio o escuela y escojan dos cuestiones que se presentan allí para discutirlas luego en clase. ¿Cuáles son algunas posibles soluciones a estos problemas? Debatan los argumentos a favor de y en contra de varias soluciones para llegar a un acuerdo sobre cuál es la mejor en cada caso.

2. ¿Dónde y en qué tipos de vivienda pueden alojarse los estudiantes de su universidad, colegio o escuela? Analicen las ventajas y las desventajas de cada una de las posibilidades.

Vocabulario útil

LA UNIVERSIDAD

Sustantivos

los apuntes	*notes* (for a course or lecture)
el ausentismo	*absenteeism*
el bachillerato	*secondary (high school) education and the degree obtained*
la calificación, la nota	*grade*
la carrera experimental	*scientific course of study*
la carrera humanística	*liberal arts course of study*
la casa particular	*private home*
la cátedra	*chair, professorship*
el/la catedrático/a	*senior professor*
la clase optativa	*elective course*

los deberes	*homework, assignments*
el/la decano/a	*dean*
el doctorado	*doctoral (Ph.D.) degree*
la enseñanza	*teaching*
la especialización	*major, field of study*
la hemeroteca	*newspaper and periodicals library*
el informe	*report*
la intromisión	*interference*
la lectura	*reading*
la libertad de cátedra	*academic freedom*
la licenciatura	*degree obtained after an undergraduate course of study*
la maestría	*master's (M.A.) degree*
el papeleo	*paperwork, red tape*
la petición de ingreso, la solicitud	*application for admission*
la plaza reservada	*a place in the incoming class*
el/la rector/a	*university president, rector*
el/la regente de matrícula	*registrar*
el requisito	*requirement, required course*
la residencia estudiantil, el colegio mayor *(Sp.)*	*dormitory*
la sala de conferencias, el aula	*lecture hall*
la tarea	*task, homework*
el título (universitario)	*academic degree*
el trabajo	*paper or other type of written work*
los trámites	*procedures or steps needed to obtain something*
el/la universitario/a	*college student or graduate*

Verbos

apuntar	*to write down*
calificar	*to grade*
decidirse por (algo)	*to decide on (something), to choose (something)*
graduarse, licenciarse	*to graduate (from college)*
matricularse, inscribirse	*to matriculate, to register, to enroll*
sacar apuntes	*to take notes*
sacar buenas/malas notas	*to get good/bad grades*
seguir (i) un curso	*to follow a program or course of study*
transferir (ie)	*to transfer*

Expresiones

rendir (i) un examen, presentarse a un examen, hacer un examen, tomar un examen *(Mex.)*, sufrir un examen *(Sp.)*	*to take an exam*
seguir (i) una carrera de..., hacer un carrera de...	*to pursue a degree in* (a field of study)
zambutir *(Mex.)*, tragar *(Arg., Urug.)*, empollar *(Sp.)*	*to cram for an exam*

Vocabulario individual

_____   _____
_____   _____
_____   _____
_____   _____
_____   _____
_____   _____

LAS FACULTADES

arquitectura	*architecture*
ciencias naturales	*natural sciences*
ciencias políticas y económicas	*political science and economics*
derecho	*law*
filosofía y letras	*liberal arts, humanities*
historia y arte	*history and art*
ingeniería	*engineering*
medicina	*medical school*

LAS CALIFICACIONES

sobresaliente	*excellent*
notable	*good*
aprobado	*passing*
reprobado	*failing*
suspendido *(H.A.)*, suspenso *(Sp.)*	*failing badly; suspended*

LOS CAMPOS DE ESTUDIO

la administración de empresas	*business administration*
la antropología	*anthropology*
la biología	*biology*
la ciencia económica	*economics*
las ciencias políticas	*political science*
la comunicación colectiva	*communications*
derecho	*law*
la educación primaria/secundaria	*elementary/secondary education*
la enfermería	*nursing*
la filología	*historical study of language and literature*
la filología inglesa	*English* (language and literature)
la filosofía	*philosophy*
la geografía	*geography*
la geología	*geology*
la historia	*history*

la hotelería *(H.A.)*, la hostelería *(Sp.)*	*hotel management*
los idiomas	*foreign languages*
la informática	*computer science*
la ingeniería	*engineering*
la lingüística	*linguistics*
las matemáticas	*mathematics*
el periodismo	*journalism*
la psicología	*psychology*
la química	*chemistry*
la sociología	*sociology*

Vocabulario individual

_____   _____

_____   _____

_____   _____

_____   _____

_____   _____

_____   _____

CAPÍTULO 8
La salud y
la enfermedad

OBJETIVOS: Aprender a...

◆ obtener, interpretar y presentar información relacionada con la salud.

◆ describir un problema médico.

◆ conseguir atención médica en un país hispano.

NOTAS CULTURALES
Hispanoamérica

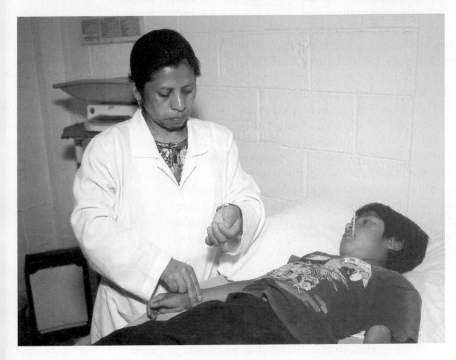

*Enfermera con su paciente
en Patzun, Guatemala*

La atención médica en los países latinoamericanos presenta cuatro aspectos fundamentales: la práctica médica convencional, la medicina rural, la medicina indígena,° y los distintos tipos de medicina alternativa. Los primeros tres aspectos se determinan por su localización geográfica y población; es decir, depende de si se trata de una ciudad grande, un pueblo pequeño o una región remota. Como en todo el mundo, la medicina convencional —que cuenta con la última tecnología y las instalaciones más modernas— tiene mayor representación en las áreas urbanas. En las áreas rurales, aunque haya personal igualmente bien capacitado° como en las ciudades, frecuentemente hay una escasez° de médicos, hospitales y clínicas. Es por eso que hay mayor énfasis en la medicina tradicional; un ejemplo es el uso de las parteras,° que ayudan a las mujeres a dar a luz° en sus propias casas. También en las áreas rurales es donde hay mayor representación de la medicina indígena, debido en parte a la cantidad reducida de recursos convencionales y en parte a la tradición. En cambio, la medicina alternativa se practica en todo tipo de población, desde las grandes metrópolis hasta los pueblos más pequeños.

Los países de Hispanoamérica tienen sistemas nacionales de salud que cubren los costos de la atención médica de la mayoría de los empleados y

native

bien... *well qualified*
shortage

midwives / **dar...** *to give
birth*

sus familias. En estos países el Seguro Social, división del Ministerio o la Secretaría de Salud, tiene la responsabilidad de administrar y coordinar los servicios médicos nacionales. Éstos incluyen atención médica gratuita en hospitales y clínicas estatales inclusive cirugías° y, en algunos casos, medicamentos.° Los ingresos° que sostienen° estos sistemas son los impuestos° que tanto las empresas como sus empleados contribuyentes pagan al gobierno. Para las personas que no trabajan fuera de su casa, el Seguro Social hace posible la utilización de sus servicios mediante el pago de una cuota de inscripción y mensualidades° módicas. La Secretaría de Salud también dirige la Asistencia Pública, que cubre gastos° de servicios médicos para gente de bajos recursos. Por otro lado, en las ciudades y en algunos pueblos, existen también los sistemas de salud privados. Sólo las familias de ingresos medios o altos tienen acceso a este sistema de salud. Muchas empresas proveen seguro° médico comercial a sus empleados, y con este seguro adicional —el Seguro Social es obligatorio por ley— pueden ir a clínicas u hospitales particulares° para recibir atención médica, si así lo prefieren.

    Aunque el Seguro Social trata de servir a todo el país, muchas veces sus recursos no son suficientes. Por eso en algunos países los médicos y enfermeros tienen que pasar un año trabajando en áreas rurales llevando a cabo lo que se conoce como Servicio Social. Este servicio forma parte de su entrenamiento y es obligatorio para todos los recién graduados de las facultades de medicina de las diferentes universidades.

    Otro aspecto distintivo de la medicina hispanoamericana es la práctica de la medicina indígena, que se originó en los tiempos precolombinos. A las personas que practican esta forma de medicina se les llama curanderos° y tienen conocimientos sobre las propiedades de ciertas hierbas° y plantas. Junto con oraciones° y palabras especiales, usan estas hierbas y plantas, y también ciertos minerales, para tratar a los enfermos. Los conocimientos y remedios tradicionales de los curanderos se transmiten de generación en generación, pero hoy día los curanderos también tienen sus propias organizaciones y conferencias. Además, mantienen jardines colectivos en los que cultivan las diferentes plantas que usan en sus tratamientos.

    Tanto en países europeos y asiáticos como en los latinoamericanos, las diferentes formas de medicina alternativa han cobrado nueva importancia durante las últimas décadas a pesar de que han existido por siglos. Algunas de éstas son la homeopatía (que usa pequeñas cantidades de medicamentos que provocan un mal, para así curarlo), la acupuntura, las terapias manuales y la reflexología (que usa masaje de las manos y los pies para tratar otras partes del cuerpo). En Santiago de Chile, un equipo de médicos ha creado el primer instituto médico chileno, Bersant Clinique, orientado a la medicina alternativa.

    En fin, hay remedios de todo tipo para todos. Los tratamientos modernos y curas tradicionales latinoamericanos coexisten y satisfacen las necesidades de una gran variedad de personas. En cuanto a la medicina preventiva, en casi todos los países latinoamericanos hay sociedades que se dedican a la promoción de la salud y la prevención de enfermedades crónicas, con énfasis en la educación en estilos de vida saludable.

Marginal glosses:
surgeries
medicines / income / support / taxes
monthly payments
expenses
insurance
private
folk healers
herbs
prayers

España

Farmacia en una calle madrileña

En España, la Seguridad Social cubre las necesidades médicas de más del 95 por ciento de la población bajo los auspicios del Instituto Nacional de Salud (INSALUD). Los beneficios incluyen atención médica y medicamentos a precio reducido. El tratamiento gratuito se consigue sólo en ciertos hospitales estatales donde la lista de espera es muy larga. En los otros hospitales, INSALUD cubre alrededor del 75 por ciento de los gastos incurridos y el individuo o su seguro médico paga el resto. Las fuentes° de los ingresos de la Seguridad Social son los propios trabajadores, las empresas y el gobierno.

    Existen además otras sociedades médicas° particulares —como Sanitas— que cuentan con un gran número de socios.° Cada una de ellas tiene asignado un número determinado de hospitales para atender a sus afiliados.° Estas sociedades tienen ventajas destacadas. Por ejemplo, se puede elegir el especialista que el paciente prefiera, y si tiene que hospitalizarse, el paciente dispone de una habitación para él solo y un acompañante. Para evitar las enfermedades y promover la salud, las Sociedades de Medicina Preventiva y de Salud Pública e Higiene trabajan para educar e informar al público.

    Las farmacias españolas, que se identifican con una cruz verde, cumplen con° ciertas responsabilidades tanto en mercancía° como en horario laboral.° En todos los pueblos y ciudades hay por lo menos una farmacia de guardia° que ha de tener abierto el establecimiento durante

sources

sociedades... *medical plans comparable to HMOs / members / group members*

cumplen... *fulfill / merchandise / work*

de... *on duty*

veinticuatro horas. Las direcciones° de las farmacias de guardia se publican en los periódicos locales y se muestran en el escaparate° de cada farmacia. Las farmacias de guardia de todas las autonomías° también se pueden encontrar en la red.

Al igual que en Latinoamérica, en España los farmacéuticos° hacen un papel activo en el diagnóstico° y tratamiento de algunas enfermedades. Los farmacéuticos pueden aconsejar a la gente, despachar° algunos medicamentos sin receta,° tomar la presión sanguínea° y hacer diferentes pruebas diagnósticas.

addresses

store window

autonomous regions

pharmacists

diagnosis

to dispense

prescription / **presión...**
blood pressure

Comprensión y comparación

Conteste las siguientes preguntas en la forma indicada por su profesor/a.

Hispanoamérica

1. ¿Cuáles son los cuatro aspectos fundamentales de la atención médica en Latinoamérica, y cuáles son los que se determinan por su localización geográfica y población? _____

2. ¿Qué es el Seguro Social y qué servicios provee? _____

3. ¿Qué es el seguro médico comercial, y adónde pueden ir los empleados que lo tienen? _____

4. ¿Qué es el Servicio Social y para qué existe? _____

5. ¿Quiénes son los curanderos, qué practican, y qué emplean para tratar a los enfermos? _____

6. ¿Cuáles son algunas formas de medicina alternativa? _____

España

7. En términos generales, ¿cómo se compara la Seguridad Social en España con el Seguro Social en Hispanoamérica? _____

8. ¿Cuáles son las fuentes de ingresos de la Seguridad Social? _____

9. ¿Qué ventajas tienen las sociedades médicas particulares? _____

10. ¿Cómo se comparan los papeles de los farmacéuticos en España y Latinoamérica con los de farmacéuticos en su país? _____

Conexión Internet

Investigue los siguientes temas en la red. Vaya primero a **http://college.hmco.com/
languages/spanish/students,** *y de ahí al sitio de* **Conversaciones creadoras** *para
encontrar enlaces. Si busca sus propios enlaces, será necesario hacer clic en «español»
y apuntar las direcciones que utilice.*

1. **La Organización Mundial de Salud.** Investigue algunas campañas y
   algunos eventos organizados por la OMS. Señale dos asuntos o campañas que
   le parezcan muy valiosas, y explique de qué se tratan, dónde tienen lugar y
   qué importancia tienen para la salud mundial.

2. **Los Centros para el Control y la Prevención de Enfermedades.**
   Investigue algunas enfermedes o epidemias, como la lucha contra la obesidad
   o la gripe aviar (gripe del pollo), que aparecen en los titulares del sitio CDC.
   Señale una enfermedad o epidemia actual que le parezca muy grave, y
   explique qué medidas debe tomar una persona para combatirla.

3. **Una enfermedad.** Investigue una enfermedad y sus tratamientos. Algunas
   posibilidades son la diabetes, el cáncer, el SIDA, la depresión o los trastornos
   de la alimentación *(eating disorders)*. ¿Cómo actúa esta enfermedad, cuáles
   son sus síntomas, y qué medidas existen para la prevención y/o el
   tratamiento?

4. **La prevención.** El tabaco, el alcohol, las drogas ilegales y la obesidad son
   dañinos para la salud, pero existen programas para prevenir o combatir cada
   uno. Busque información acerca de la prevención y el tratamiento de uno
   de estos males, señalando cómo funciona el programa y cuáles son sus
   beneficios.

Vocabulario básico

EL HOSPITAL

Sustantivos

el consultorio	*doctor's office, examining room*
la curita	*adhesive bandage*
la pastilla	*tablet*
la píldora	*pill* (coated)
la radiografía	*X-ray*
la receta	*prescription*
la sala de emergencia *(H.A.)*,	*emergency room*
la sección de urgencias *(Sp.)*	

el seguro médico	*medical insurance*
la sociedad médica	*private managed-care medical plan comparable to a health maintenance organization (HMO)*

Verbos

desmayarse	*to faint*
empeorarse	*to worsen, to become worse*
ingresar	*to be admitted, to enter*
marearse	*to feel dizzy, to feel light-headed, to be nauseated*
mejorarse	*to improve, to get better*
sangrar	*to bleed*
torcer (ue)	*to twist, to sprain*

Adjetivos

cobarde	*cowardly*
nacional	*national, public* (government-sponsored)
particular	*private*
testarudo/a	*stubborn, obstinate*
valiente	*brave, courageous*

Expresiones

dar de alta	*to discharge from a hospital*
estar a punto de (+ infinitivo)	*to be on the verge of, to be about to (do something)*
volver (ue) a (+ infinitivo)	*to do (something) again*
¡Ya lo creo!	*Of course!, That's for sure!*

Práctica del Vocabulario básico

A. Párrafo con espacios. *Llene cada espacio en blanco con la forma correcta de la palabra más apropiada de la siguiente lista.*

mejorarse	**la curita**	**testarudo/a**
cobarde	**desmayarse**	**estar a punto de**
la sala de emergencia	**sangrar**	**volver a**
¡Ya lo creo!		

—¡Ay de mí! —grita Sara, dejando caer el cuchillo. Ella mira con horror el dedo índice de la mano izquierda, que empieza a

(1) _____ de una manera incontrolable—. ¡Me he cortado el dedo!

Su compañera Isabel, quien (2) _____ salir, entra rápidamente en la cocina.

—¿Qué te pasa? —pregunta Isabel—. ¿Necesitas una

(3) _____?

—Sí, por favor —contesta Sara—. Me siento un poco mareada, creo que debo sentarme. Pero tú no te preocupes, ya estaré bien, pronto voy a (4) _____.

—Ven conmigo, Sara —insiste Isabel—. Vamos a la (5) _____ del hospital San Cristóbal, que no está lejos.

—No es necesario —contesta Sara, su voz casi inaudible—. Ya sabes que soy un poco (6) _____ en cuanto a los hospitales. Es que me dan tanto miedo...

—No seas (7) _____, Isabel, tienes que ver a un médico; vamos. ¿No ves que esa curita no es del todo suficiente para la herida que tienes? Y parece que vas a (8) _____. Anda, aquel cuchillo debe estar muy afilado (sharp-edged).

—(9) _____ —asiente Isabel, con una pequeña sonrisa—. No voy a (10) _____ usarlo. Vamos al hospital.

B. Definiciones. *Empareje las columnas.*

_____ 1. la píldora
_____ 2. la radiografía
_____ 3. la receta
_____ 4. sangrar
_____ 5. particular
_____ 6. cobarde
_____ 7. la pastilla
_____ 8. el seguro médico
_____ 9. nacional
_____ 10. valiente
_____ 11. torcer
_____ 12. el consultorio
_____ 13. ingresar
_____ 14. la curita
_____ 15. marearse

a. donde el/la médico/a recibe pacientes
b. un pequeño vendaje que cubre una herida
c. sin miedo
d. sentir una turbación de la cabeza y del estómago
e. ser admitido/a al hospital
f. una prescripción de un medicamento hecho por un/a médico/a
g. una fotografía obtenida por medio de los rayos X
h. una porción pequeña de medicina que se toma oralmente y que no tiene un exterior duro
i. privado
j. dejar salir sangre
k. una pastilla protegida por un exterior duro
l. un plan que paga los gastos médicos
m. que pertenece al público general del país
n. miedoso/a
ñ. mover violentamente las extremidades del cuerpo en sentido contrario

C. Analogías. *Subraye la respuesta más apropiada para duplicar la relación que existe entre las palabras modelo.*

> **EJEMPLO:** el/la profesor/a: la universidad
> el/la doctor/a: a. la píldora
> b. el seguro médico
> c. el hospital

1. comer: el tenedor
   curar: a. herir
   b. la receta
   c. dar de alta

2. la casa: la puerta
   el hospital: a. la sala de emergencia
   b. la receta
   c. la radiografía

3. oír: escuchar
   estar listo/a a: a. ingresar
   b. volver a
   c. estar a punto de

4. abierto: cerrado
   la clínica de salud pública: a. la radiografía
   b. la sociedad médica
   c. la pastilla

5. la mentira: la verdad
   ¡No es cierto!: a. ¡Ya lo creo!
   b. ¡Me mareo!
   c. ¡Testarudo!

6. saludar a: ingresar
   despedirse de: a. mejorarse
   b. volver a hacer
   c. dar de alta

7. tener buena salud: estar enfermo
   sentirse bien: a. marearse
   b. ser cobarde
   c. dar de alta

8. aprender: repasar
   hacer: a. estar a punto de hacer
          b. volver a hacer
          c. torcer

9. tener sed: tomar agua
   tener dolor de cabeza: a. tomar una pastilla
                          b. poner una curita
                          c. dar de alta

10. bueno: malo
    mejorarse: a. empeorarse
               b. recetar
               c. ingresar

D. Sinónimos o antónimos. *Para cada par de palabras, indique si el significado es igual (=) o lo opuesto (≠).*

1. particular   _____   privado
2. torcer   _____   no mover
3. dar de alta   _____   salir del hospital
4. ingresar   _____   salir del hospital
5. la píldora   _____   el líquido
6. la radiografía   _____   la fotografía interna
7. el seguro médico _____   lo que paga los gastos médicos
8. nacional   _____   privado
9. la sociedad médica _____   la Seguridad Social nacional
10. valiente   _____   heróico
11. mejorarse   _____   sentirse peor
12. desmayarse   _____   perder el sentido
13. el consultorio   _____   el cuarto donde se examina el/la paciente
14. testarudo   _____   flexible
15. empeorarse   _____   mejorarse

CONVERSACIÓN CREADORA

Un accidente de moto[1]

Recepción

PERSONAJES

DOCTORA MONTERO, 38 años
ENFERMERA (SILVIA), 28 años
RAFAEL RUBIO, 40 años
RECEPCIONISTA, 18 años

ESCENARIO

Despacho° de la doctora Montero, Jefa de Traumatología° en el hospital Casimiro Ulloa, en Lima, Perú. Es por la noche. La doctora está hablando por teléfono.

Office / **Jefa...** *Chief of Trauma*

   DOCTORA: De acuerdo. No sé si llegaré a comer pero espérenme para tomar café... Creo que ya no surgirá° ningún problema, aunque nunca se sabe. *(Tocan a la puerta.)* Entre. *(Entra*

will arise

---
[1]abreviatura de **(la) motocicleta**

la Enfermera.) Iré lo más pronto que pueda. Hasta luego. *(Cuelga el teléfono.)* ¿Qué pasa, Silvia? *(Se quita el saco blanco° y lo cuelga en la percha.°)*

saco... *lab coat / hanger*

ENFERMERA: Abajo hay un hombre que pregunta por usted. Ha ingresado por la sala de emergencia. Tiene un brazo roto.

DOCTORA: Pero si yo no tengo nada que ver con la sala de emergencia. Además estoy a punto de irme.

ENFERMERA: Ha insistido mucho. Me dio esta tarjeta para que se la pase. Dice que no se va hasta que usted lo vea. Es muy testarudo.

DOCTORA: *(Mirando la tarjeta)* ¡Rafael! ¡Ya lo creo que es testarudo! *(Se vuelve a poner el saco blanco.)* Vamos abajo, es un viejo amigo mío.

Toman el ascensor y llegan a la planta baja.° Junto al mostrador de Recepción, Rafael está sentado en una silla agarrándose° el brazo izquierdo con gesto° de dolor.

planta... *ground floor*
clutching
gesture

RECEPCIONISTA: Si usted tiene carnet de Seguridad Social,° ya le digo que no le corresponde este hospital.

carnet... *Social Security I.D. card*

RAFAEL: Espere a que venga la doctora Montero. *(Viendo aparecer a la Doctora)* ¡María! *(Ella se acerca y le pone una mano en el hombro.)* Una vez me dijiste que cuando me estuviera muriendo tú me ayudarías.

DOCTORA: ¿Qué te pasó, hombre? No es para tanto.

RAFAEL: Un accidente de moto. Creo que tengo la mano desprendida.° ¡No me toques, por favor, que veo las estrellas!

dislocated

DOCTORA: No tengo más remedio. Vamos, no seas cobarde. La mano la tienes bien, lo que pasa es que te ha afectado al nervio radial.° Posiblemente tienes roto el antebrazo.°

nervio... *radial nerve / forearm /* **¡No...** *I won't have an operation! /* **Me...** *I get scared just thinking about it! /* **Genio...** *Some people never change. (proverb) / booth*

RAFAEL: ¡No tendré que operarme!° ¡Me espanta sólo pensarlo!°

DOCTORA: Sigues igual de impaciente. Genio y figura hasta la sepultura.° Lo primero que hay que hacer es una radiografía, y enseguida te diré si tenemos que operarte o no. *(A la Enfermera)* ¿Está libre la cabina° 2?

ENFERMERA: Creo que sí.

DOCTORA: Pues vamos, es mejor no perder tiempo. ¿Te mareas?

RAFAEL: Un poco... Oye, María, ¿y si tengo que operarme, me operarás tú?

DOCTORA: Ya veremos. No adelantes los acontecimientos.°

No... *Don't rush things.*

Comprensión

A. ¿Qué pasó? *Escoja la letra que corresponde a la mejor respuesta.*

1. ¿Qué está haciendo la Dra. Montero cuando llega la enfermera?
   a. Está hablando por teléfono.
   b. Está examinando a un paciente suyo.
   c. Está esperando a Rafael Rubio.
   d. Está hablando con otro médico en su despacho.

2. ¿Qué noticias trae la enfermera a la Dra. Montero?
   a. Ha muerto un paciente.
   b. Ella necesita una receta.
   c. Su paciente tiene el brazo roto.
   d. Un hombre está preguntando por ella.

3. ¿Cómo sabe la recepcionista que Rafael Rubio no debe recibir tratamiento en este hospital?
   a. porque no lo conoce
   b. porque tiene carnet de Seguridad Social
   c. porque parece muy pobre
   d. porque no conoce a ningún médico en este hospital

4. ¿Qué adjetivo caracteriza mejor a Rafael en el momento en que exclama: «¡No me toques, por favor, que veo las estrellas!»?
   a. cobarde
   b. simpático
   c. valiente
   d. pensativo

5. ¿Qué hace la Dra. Montero para resolver el problema que existe?
   a. Da de alta a Rafael.
   b. Se prepara a tomar una radiografía.
   c. Busca a otro médico para operarle a Rafael.
   d. Llama a la Seguridad Social.

B. ¿Qué conclusiones saca Ud.? *Conteste cada pregunta con una oración.*

1. ¿Por qué hace la enfermera lo que le pide Rafael? _____

   _____

2. Después de su accidente, ¿por qué va Rafael a un hospital que no le corresponde? _____

   _____

3. ¿Qué tipo de relación existe entre la Dra. Montero y Rafael? _____

   _____

4. ¿Cómo reacciona la Dra. Montero ante las protestas de Rafael? _____
_____

5. ¿Por qué decide la Dra. Montero no seguir las reglas de la Seguridad Social en esta ocasión?
_____
_____

Conclusión

Después de dividirse en grupos, inventen una conclusión a la **Conversación creadora**
Un accidente de moto, siguiendo las instrucciones de su profesor/a. Consulten el
Vocabulario útil *al final del capítulo para obtener ayuda con el vocabulario de la*
medicina, los especialistas, los síntomas y enfermedades, y el cuerpo humano.

INSTRUCCIONES
_____
_____
_____

PERSONAJES

Doctora Montero _____

Enfermera (Silvia) _____

Rafael Rubio _____

Recepcionista _____
_____

IDEAS PARA SU CONCLUSIÓN
_____
_____
_____
_____
_____
_____
_____
_____

Enlace gramatical

El uso del subjuntivo en cláusulas sustantivas (II) y adjetivales

El uso del subjuntivo en cláusulas sustantivas (II)

Lo siguiente es una continuación de la explicación del uso del subjuntivo en una cláusula sustantiva (I) en la página 186.

Los siguientes verbos y expresiones exigen el uso del subjuntivo en una cláusula sustantiva cuando el sujeto de esta cláusula es distinto del sujeto de la cláusula principal; la conjunción **que** enlaza *(links)* las dos cláusulas.

1. Con expresiones de emoción u opinión:

alegrarse de	molestar	es bueno	es posible
enfadarse	sentir (ie)	es extraño	es probable
enojarse	sorprender	es importante	es ridículo
gustar	temer	es increíble	es sorprendente
lamentar	tener miedo de	es malo	es una lástima
		es mejor	

Me alegro de que **estén** bien de salud.
Es posible que los cirujanos le **hagan** un trasplante hoy.
Es una lástima que **te sientas** mal.

2. Con expresiones de duda o negación. Observe que el indicativo se usa con lo contrario de estas expresiones porque indican creencia o conocimiento.

Subjuntivo	Indicativo
dudar	no dudar
es dudoso	no es dudoso
negar (ie)	no negar (ie)
no es cierto	es cierto
no es verdad	es verdad
no estar seguro/a	estar seguro/a
no creer	creer
no pensar (ie)	pensar (ie)

No creen que Rafael **sea** alérgico a los antibióticos.
Creen que el paciente **necesita** una silla de ruedas *(wheelchair)*.
Dudo que me **puedan** decir el pronóstico.
No dudo que ella **ha adelgazado**.

Note que en el interrogativo (con preguntas) se puede usar el subjuntivo o el indicativo con **creer** y **pensar**. El subjuntivo indica duda o incredulidad *(disbelief)*. El indicativo se usa para pedir información.

> ¿**Piensas** que Ramón **padezca** de la diabetes?
> ¿**Piensas** que Ramón **padece** de la diabetes?

El uso del subjuntivo en cláusulas adjetivales

Una cláusula adjetival describe un sustantivo o pronombre anterior, o sea, el antecedente. Cuando el antecedente se refiere a alguien o algo indefinido, inexistente o desconocido, se usa el subjuntivo en la cláusula adjetival. Si se sabe que el antecedente sí existe o es definido, se usa el indicativo.

> Esperamos contratar[2] un cardiólogo que **tenga** mucha experiencia.
> *(antecedente indefinido)*
> Acabamos de contratar a un cardiólogo que **tiene** mucha experiencia.
> *(antecedente existente)*
> Quiero encontrar una farmacia que **esté** abierta las veinticuatro horas al
> día. *(antecedente desconocido)*
> Conozco una farmacia que **está** abierta las veinticuatro horas al día.
> *(antecedente existente)*
> No conozco a nadie que **sufra** de alergias. *(antecedente inexistente)*
> No hay ningún farmacéutico que le **pueda** atender en este momento.
> *(antecedente inexistente)*

Práctica

A. Tarjetas electrónicas entre amigos. *Complete cada mensaje con el presente de indicativo o el presente de subjuntivo, según convenga.*

1. Javier,
   Es una lástima que te (haber) _____ fracturado la pierna.
   ¡Me molesta mucho que no (poder) _____ ir al campeonato
   con nosotros. ¡Ánimo!

2. Verónica,
   Me alegro de que (sentirse) _____ mejor. Estoy segura de
   que la doctora Montero te (dar) _____ muy buena atención
   médica.

---

[2]Se omite la **a** personal aquí porque la existencia de esta persona no es cierta o es desconocida.

3. Felipe,
   Siento mucho que no (estar) _____ bien de salud. Es
   evidente que (deber) _____ llevar una vida más tranquila de
   aquí en adelante.

4. Marta,
   Acabo de hablar con tu mamá. Ella teme que tú (tener)
   _____ la varicela *(chicken pox)*. ¿Es posible que
   (ser) _____ una enfermedad contagiosa? ¡Espero que no!

B. El hospital Casimiro Ulloa.   *La junta directiva del hospital se ha reunido para
discutir cuestiones de personal. Complete sus comentarios con el presente de
indicativo o el presente de subjuntivo, según convenga.*

1. Conozco a un internista que (tener) _____ una clientela
   numerosa.

2. Debemos contratar alguien que (especializarse) _____ en
   cirugía reconstructiva.

3. Necesitamos un psiquiatra que (haber) _____ atendido a
   los drogadictos.

4. La semana pasada entrevistamos a dos cardiólogos que (hacer)
   _____ trasplantes.

5. Desafortunadamente, no hay ningún pediatra que (saber)
   _____ hablar quechua.[3]

6. Buscamos un terapeuta físico que (poder) _____ hacer
   mejoras en el departamento, ¿no?

C. ¡Socorro!   *En la sala de emergencia los médicos atienden a las víctimas de
un accidente automovilístico. Complete sus comentarios con el presente de
indicativo o el presente de subjuntivo, según convenga.*

1. Necesito al asistente que (saber) _____ sacar radiografías.

2. Afortunadamente, no hay nadie que (haber) _____ perdido
   el conocimiento.

3. Aquí hay alguien que (estar) _____ a punto de desmayarse.

4. ¿Hay algún cirujano que (poder) _____ atender al paciente
   más gravemente herido?

5. Buscamos donantes de sangre que (tener) _____ el tipo
   sanguíneo «O».

6. ¿Hay algún herido que (sufrir) _____ de mareo?

---

[3]Quechua, el idioma de los incas, es una lengua que todavía cuenta con más de 13 millones de
hablantes en la región andina.

Escenas

En parejas (o un grupo de tres), hablen en español *para solucionar y luego describir cada conflicto. El* **Vocabulario útil** *al final del capítulo les ayudará con estas escenas.*

1. **A** You have decided to be a doctor, and the time has come to break the news to your father/mother, who also is a doctor. You know that he/she has become disillusioned with the profession lately, so you must convince him/her that it is a worthwhile career for you. Tell him/her that you want to make a contribution to the world and you feel that being a doctor is the best way.

    B You are a physician who has been in practice for twenty-five years, and you have seen the profession deteriorate over that time. You know that your son/daughter is considering a career in medicine, and you are worried that he/she will face many unpleasant realities, such as the risk of contracting AIDS, difficulties with medical insurance, and sacrifices in his/her family life. Try to convince him/her to consider a different profession.

2. **A** You are vacationing with a friend in Santa Marta, a Colombian coastal city, as part of a package tour. As the two of you are entering the tour bus, your companion trips on a slippery step **(un escalón resbaladizo)**, hits his/her head, and loses consciousness. Your tour guide runs up and offers to take your friend to a national health clinic, but you want to go to a private medical clinic because you believe that your friend will get faster treatment and better care there. Try to convince the tour guide to take your friend to the best private clinic.

    B You are a tour guide in Santa Marta, Colombia. You neglected to notice that the steps of the bus were wet and slippery, and now a tourist has injured him/herself. You want the person to get care at the lowest cost so that the tour company will incur less expense; a private clinic will cost three times as much as a state-run hospital. You, yourself, use a nearby public hospital and have always received good care. Try to convince the injured person's companion to take his/her friend to this hospital.

3. **A** You are the parent of a five-year-old child who has to go into the hospital for a heart operation. Your son/daughter has an irrational fear of hospitals and is very upset. Try to explain to him/her in positive terms how a hospital and its staff function. Let him/her know that you will be there at his/her side as much as possible throughout his or her stay.

B You are a child who is afraid of hospitals. You do not want to stay in one overnight. You worry that the doctors and nurses will hurt you, and no one will be there to defend you. Try to persuade your parent that the hospital is a terrible place where you will be harmed, especially at night, and that he/she shouldn't force you to stay there. Also try to convince your parent that the operation is unnecessary.

4. **A** You have just finished a summer course at the Universidad Nacional Autónoma de México (UNAM) in Mexico City. Yesterday you twisted your ankle while shopping at La Lagunilla and a friend of yours has insisted that you see his/her physician. Try to convince the doctor that you really are okay, although the ankle hurts. You want to see a lot more of Mexico before returning home next month.

B You are a physician who is very conservative about treatment. An X-ray shows that this patient's left ankle has a hairline (very small) fracture. You think that this student should rest his/her ankle for at least three weeks. Try to convince the student to stay in Mexico City and rest until the ankle heals.

C You are the student's friend. You would like to go traveling with him or her, but do not want to jeopardize his/her health. Try to work out a compromise with the doctor that would allow your friend to rest for a briefer period of time and then take some short trips with your assistance.

Más actividades creadoras

El **Vocabulario útil** al final del capítulo le ayudará con estas actividades.

A. Dibujos. Invente una narración, tomando los siguientes dibujos como punto de partida. Su cuento debe explicar quiénes son estos personajes, qué les ha pasado antes, qué está ocurriendo ahora y qué van a hacer en el futuro.

B. Uso de mapas y documentos. *Refiérase a este anuncio del periódico estadounidense* Al Día, *para contestar las siguientes preguntas.*

1. ¿A qué comunidad se dirige este anuncio, y por qué?

2. ¿Qué representa el relámpago *(flash of lightning)* del anuncio? ¿Cómo se compara la diabetes con el relámpago?

3. Según el anuncio, ¿qué hay que hacer para controlar la diabetes?

4. Si un diabético aprende a controlar su enfermedad, ¿qué puede evitar?

5. ¿Qué piensa Ud. del lema *(slogan)* «Tome su diabetes en serio para que no se vuelva cosa seria.»? ¿Cómo se compara éste con el lema en inglés que también aparece? ¿Puede Ud. sugerir otro lema en español para comunicar el mensaje del anuncio?

C. A escuchar. *Escuche la entrevista en la que una persona comenta una experiencia en un hospital. (Para ver la pregunta, refiérase al ejercicio D, número 1.) Luego, conteste las siguientes preguntas en la forma indicada por su profesor/a.*

1. ¿Cómo se llama la persona entrevistada, y de dónde es?

2. ¿A quién le ocurrió esta historia, y dónde tuvo lugar?

3. ¿Qué problema surgió cuando la madre de este peruano llegó para su cita con el doctor, y qué hizo ella para poder recibir atención médica?

4. Después de dar a luz *(After giving birth)*, ¿qué le sucedió a su madre, y cómo terminó el episodio?

5. ¿Cómo se compara este hospital en Perú con algún hospital en su país?

D. Respuestas individuales. *Piense en las siguientes preguntas para contestarlas en la forma indicada por su profesor/a.*

1. ¿Se ha quedado Ud. alguna vez en el hospital? Describa su experiencia. Si prefiere, cuente un episodio que le ocurrió a alguien que Ud. conoce.

2. ¿Ha pensado Ud. alguna vez en hacer la carrera de medicina? ¿Por qué sí o por qué no?

E. Contestaciones en parejas. *Formen parejas para completar las siguientes actividades.*

1. Aquí tienen diez factores que promueven *(promote)* la buena salud. Ordenen estos factores, con el número uno siendo el factor más significativo. Luego, comparen su lista con las de otras parejas.

_____   no fumar
_____   mantener el peso ideal
_____   hacer ejercicio regularmente
_____   limitar el consumo de sal
_____   tener padres y abuelos que conservan la salud
_____   escoger una dieta balanceada
_____   evitar las drogas
_____   beber moderadamente o no beber alcohol
_____   evitar el consumo de grasas
_____   evitar el estrés

2. Asuman los papeles de un/a doctor/a y un/a paciente que sufre de alguna enfermedad. El/la doctor/a conseguirá el historial clínico y hará el diagnóstico. Luego, cambien de papeles.

F. Proyectos para grupos.   *Formen grupos de cuatro o cinco personas para completar estos proyectos.*

1. Escojan una enfermedad y hagan una lista de sus síntomas. Entonces, elijan sus papeles: un miembro del grupo será el/la profesor/a de medicina, otro será el/la paciente y los demás serán otros médicos. El/la profesor/a les presentará su paciente a los estudiantes de medicina (la clase), explicando sus síntomas y preguntándoles a los estudiantes cuál será el diagnóstico. Los demás médicos pueden contribuir más información y contestar preguntas.

2. Discutan algunos recientes avances científicos o estudios médicos, por ejemplo la capacidad de clonar *(to clone)* seres humanos, o el estudio que indica que el tomar la vitamina E puede mejorar la memoria. En su opinión, ¿qué importancia tienen o podrían tener estos avances o estudios? ¿Han cambiado sus presuposiciones de alguna manera? ¿Han motivado o podrían motivar cambios en sus hábitos personales? Luego, comparen los asuntos discutidos por su grupo con los de otros grupos.

G. Discusiones generales.   *La clase entera participará en estas actividades.*

1. ¿Por qué piensa mucha gente que la medicina hoy día representa un problema grave para la economía de los Estados Unidos? Formulen dos listas: una de razones y otra de posibles soluciones.

2. Siéntense en círculo para crear una narración consecutiva (de estudiante a estudiante, añadiendo espontáneamente cada estudiante un nuevo acontecimiento) que tenga como tema central la experiencia de un/a paciente desde que ingresa en el hospital hasta que le den de alta.

Vocabulario útil

LA MEDICINA

Sustantivos

el/la afiliado/a	*group member* (for medical benefits)
el bisturí	*scalpel*
la cabina	*booth*
la camilla	*stretcher, gurney*
la cápsula	*capsule*
el chequeo	*checkup*
la cirugía	*surgery*
el despacho	*office*

el diagnóstico	*diagnosis*
la dosis	*dose*
el/la drogadicto/a	*drug addict*
el estetoscopio	*stethoscope*
el examen	*physical examination*
la farmacia, la droguería *(H.A.)*	*pharmacy, drugstore*
la farmacia de turno *(H.A.)*, la farmacia de guardia *(Sp.)*	*twenty-four hour pharmacy*
el formulario, la forma *(Mex.)*	*form*
el historial clínico	*medical history* (orally transmitted)
la hoja clínica, la historia clínica	*patient chart, medical record* (written records)
el lente de contacto	*contact lens*
los lentes, los anteojos, las gafas	*eyeglasses*
el medicamento, la medicación, la medicina	*medication, medicine* (for treatment)
la medicina interna	*internal medicine*
la muleta	*crutch*
el parto	*childbirth*
el pronóstico	*prognosis*
el quirófano, la sala de operaciones	*operating room*
el reintegro, el reembolso	*reimbursement*
la sala de espera	*waiting room*
la sala de recuperación	*recovery room*
la silla de ruedas	*wheelchair*
el sistema nacional de salubridad *(H.A.)*, el sistema nacional de sanidad *(Sp.)*	*national (government-sponsored) health system*
la terapia física	*physical therapy*
el trasplante	*transplant*
el tratamiento	*(medical) treatment*
el trato	*treatment* (behavior towards someone)
la Unidad de Cuidados Intensivos, UCI *(H.A.)*, la Unidad de Vigilancia Intensiva, UVI *(Sp.)*	*Intensive Care Unit, ICU*
la venda, el vendaje	*bandage*
el yeso, la escayola *(Sp.)*	*cast*

Verbos

adelgazar, perder peso	*to lose weight*
atender (ie)	*to see* (a patient), *to attend to*
brindar (algo)	*to offer (something)*
convalecer	*to convalesce, to recuperate*
dañar, herir (ie), lastimar	*to hurt, to injure*
diagnosticar	*to diagnose*
doler (ue)	*to hurt, to ache*
engordar, aumentar de peso	*to gain weight*
enyesar, ensayolar *(Sp.)*	*to place in a cast*

fallecer	*to pass away, to die*
fracturarse, romperse, quebrarse (ie) *(H.A.)*	*to fracture, to break*
golpearse	*to hit (oneself)*
inyectar	*to inject*
lastimarse	*to injure oneself, to hurt oneself*
operar (a alguien) de	*to operate on (someone)*
operarse de	*to have an operation on/for*
padecer (de), sufrir (de)	*to suffer (from)*
perder (ie) el conocimiento, perder la conciencia	*to lose consciousness*
ponerle (a uno) una inyección	*to give (someone) a shot*
prescribir, recetar	*to prescribe*
respirar hondo	*to take a deep breath*
sacar la lengua	*to stick out one's tongue*
tener náuseas	*to be nauseated*

Expresiones

dar a luz	*to give birth*
estar bien de salud	*to be in good health*
guardar cama	*to stay in bed*
hacerse la cirugía plástica/la cirugía estética	*to have plastic surgery*
seguir (i) un régimen/una dieta	*to be on a diet*

Vocabulario individual

_____   _____

_____   _____

_____   _____

_____   _____

_____   _____

LOS ESPECIALISTAS

el/la cardiólogo/a	*cardiologist*
el/la cirujano/a	*surgeon*
el/la cirujano/a estético/a, el/la cirujano/a plástico/a	*plastic surgeon*
el/la dermatólogo/a	*dermatologist*
el/la farmacéutico/a	*pharmacist*
el/la ginecólogo/a	*gynecologist*
el/la internista, el/la especialista en medicina interna	*internist*
el/la neurólogo/a	*neurologist*
el/la oculista	*occulist*

el/la odontólogo/a	*odontologist, dental surgeon, dentist*
el/la oftalmólogo/a	*ophthalmologist*
el/la óptico/a	*optician*
el/la optometrista	*optometrist*
el/la ortodoncista	*orthodontist*
el/la ortopedista	*orthopedist*
el/la pediatra	*pediatrician*
el/la psiquiatra	*psychiatrist*
el/la radiólogo/a	*radiologist*

LOS SÍNTOMAS Y ENFERMEDADES

Sustantivos

la alergia	*allergy*
la amigdalitis	*tonsillitis*
la apendicitis	*appendicitis*
la artritis	*arthritis*
el ataque al corazón, el infarto	*heart attack*
el cáncer	*cancer*
la caries	(dental) *cavity*
la comezón, la picazón	*itch, itching*
el derrame cerebral, el ataque cerebral	*stroke*
la diabetes	*diabetes*
la diarrea	*diarrhea*
el dolor de cabeza	*headache*
el dolor de oído	*earache*
el entumecimiento	*numbness*
los escalofríos	*chills*
la fiebre	*fever*
la fractura	*fracture, break*
la gripe	*flu*
la hemorragia	*hemorrhage*
la herida	*wound, injury*
la hinchazón	*swelling*
el moretón	*bruise*
las paperas	*mumps*
la pulmonía	*pneumonia*
el reumatismo	*rheumatism*
el sarpullido, la erupción	*rash*
el sarampión	*measles*
el SIDA (Síndrome de Inmunodeficiencia Adquirida)	*AIDS*
la torcedura	*sprain*
la tos	*cough*
el trastorno de la alimentación	*eating disorder*

el tumor	*tumor*
la varicela	*chicken pox*
la viruela	*smallpox*

Verbos

estar embarazada, estar encinta	*to be pregnant*
hincharse	*to swell*
inflamarse	*to become inflamed*
picar	*to itch*
ser alérgico/a (a algo)	*to be allergic (to something)*
toser	*to cough*
vacunar	*to vaccinate*
vomitar, arrojar	*to vomit, to throw up*

Adjetivos

débil	*weak*
fuerte	*strong*
grave	*serious*
ileso/a	*unhurt, unharmed*
pálido/a	*pale*
ronco/a	*hoarse*
sano/a	*healthy*

Adverbios

a menudo	*frequently, often*
desde hace	*for (a period of time)*

Vocabulario individual

_____   _____

_____   _____

_____   _____

_____   _____

_____   _____

_____   _____

EL CUERPO HUMANO

La anatomía superficial

1. la ceja
2. la pestaña
3. la mejilla
4. la oreja
5. la boca
6. el labio
7. el cuello
8. el pecho
9. el seno
10. la cintura
11. la cadera
12. la mano
13. el dedo
14. la uña
15. la rodilla
16. el tobillo
17. el pie
18. la frente
19. la nariz
20. la barbilla,
    el mentón
21. el hombro
22. la espalda
23. el brazo
24. el codo
25. el antebrazo
26. la nalga
27. la muñeca
28. el muslo
29. la pierna
30. la pantorrilla
31. el dedo del pie
32. el talón

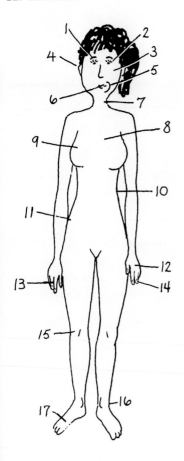
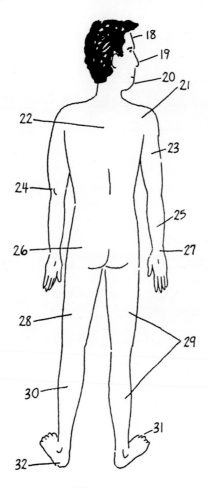

La anatomía interna

las amígdalas	*tonsils*
el cerebro	*brain*
la columna (vertebral)	*spine*
el corazón	*heart*
la costilla	*rib*
el cráneo	*skull*
el estómago	*stomach*
el hígado	*liver*
el hueso	*bone*
el intestino	*intestine*
el pulmón	*lung*
el riñón	*kidney*

Vocabulario individual

_____   _____

_____   _____

_____   _____

_____   _____

CAPÍTULO 9

El entretenimiento y las amistades

Objetivos: Aprender a...

◆ obtener, interpretar y presentar información relacionada con el entretenimiento.

◆ discutir varias posibilidades para el entretenimiento.

◆ participar con amigos en la vida social.

NOTAS CULTURALES
Hispanoamérica

Bailando el merengue en Las Terenas, República Dominicana

En Hispanoamérica hay diversiones para todas las edades y todos los gustos. Un aspecto de la vida social que es común a todos los hispanoamericanos es que normalmente se incluye a la familia en algunas actividades durante el fin de semana. Ya sea un paseo, una parrillada,° una tarde en el club deportivo o una fiesta de cumpleaños, niños, jóvenes, adultos y ancianos se divierten juntos. En las ciudades y los pueblos es típico ir de día de campo al parque. Otros paseos urbanos tradicionales son el zoológico, los parques de diversiones,° los museos y los mercados artesanales. También es muy corriente en las ciudades que la gente vaya al cine o a los centros comerciales para distraerse.

 A los jóvenes generalmente les gusta ir al cine, o a algún bar o video-bar con sus amigos, los viernes o sábados por la noche. Otro lugar que todavía está muy de moda es la discoteca, y la gente acude° allí desde la medianoche hasta las tempranas horas de la madrugada.°

 Cuando se hace una fiesta en casa, éstas casi siempre empiezan ya tarde en la noche. Al hacer la invitación, los anfitriones° nunca dicen a qué hora se termina la fiesta. En casi toda fiesta latina, por simple que sea, hay música (en vivo o grabado) y bailes. Muchas veces los mismos anfitriones o invitados tocan° la guitarra o el piano, y todos los acompañan cantando.

barbecue

parques... *amusement parks*

go
morning

hosts

play

Las fiestas de cumpleaños infantiles son todo un acontecimiento y las familias acomodadas gastan mucho dinero en ellas. Alquilan salones que decoran con un tema infantil especial y contratan payasos° o magos° para entretener a los niños. Se organizan juegos y concursos y, en algunos países, no pueden faltar las famosas piñatas llenas de dulces y juguetes. Generalmente acuden niños y adultos cuando son parientes cercanos, como tíos, abuelos y primos; y únicamente otros niños cuando son amigos de la escuela.

clowns / magicians

Existe una larga tradición teatral hispanoamericana, desde las comedias clásicas del siglo XVII de la mexicana Sor Juana Inés de la Cruz hasta los dramas del siglo XX de autores como Rodolfo Usigli, Florencio Sánchez y René Marqués.[1] En las ciudades hay gran demanda para los abonos de temporadas° de teatro y conciertos. Un teatro de ópera de fama mundial° es el Teatro Colón en Buenos Aires, que se califica como uno de los mejores del mundo por su acústica. También son populares los festivales del baile, de la canción y de la música.

abonos... *season tickets /* **de...** *world famous*

Las fiestas tienen una importancia destacada en el mundo hispano y suelen ser de tres tipos: folklóricas, nacionales o religiosas. De la más cosmopolita hasta la más aislada, cada ciudad o pueblo festeja° el día de su santo. En las regiones andinas estas fiestas son notables y atraen a una multitud de gente de lugares lejanos. Todos disfrutan de° comida especial y de comparsas° compuestas de hombres, mujeres y niños trajeados° de vestimentas° exóticas.

celebrates

disfrutan... *enjoy* *groups of people in the street / dressed / clothing*
corridas... *bullfights*

La afición a las corridas de toros° es otra diversión tradicional que se encuentra en algunos países. En Perú, Colombia, Venezuela y sobre todo México, estas «fiestas taurinas°» atraen a muchos espectadores, aunque han perdido popularidad en las últimas décadas. Suele haber una temporada taurina en cada país; en México, por ejemplo, tiene lugar entre enero y marzo. Para los aficionados, las corridas son ceremonias en que se enfrenta el ser humano, desplegando° su coraje y maestría artística, contra la bestia. Ellos expresan su aprobación hacia el torero con ovaciones y gritos de «¡torero, torero!» o «¡qué faena!», y con no menos entusiasmo expresan su desaprobación con furiosos silbidos.° Para sus detractores, la corrida de toros no es un arte sino un acto brutal, y la polémica° continúa.

bullfighting

displaying

whistles
polemic, controversy

---

[1]El mexicano Rodolfo Usigli, el uruguayo Florencio Sánchez y el puertorriqueño René Marqués son sólo algunos representantes de la riqueza teatral hispanoamericana del siglo XX.

España

Bailarina (Dancer) *de flamenco en Sevilla*

En España la gente se entretiene de muchas maneras. Los jóvenes salen generalmente en grupos a partir de las diez u once de la noche a tomar tapas en diversos bares. En las ciudades grandes suele haber una o más calles donde se encuentran gran número de bares. Estos establecimientos no son muy grandes, así que después de comprar una caña,° la gente sale a la calle para charlar. Más tarde, los jóvenes pasan a las discotecas, que son también populares, y allí se divierten hasta la madrugada.

     Hay gran tradición de teatro en España. Los mejores locales están en Madrid y Barcelona, pero muchas compañías teatrales hacen giras° por otras provincias. Se pueden ver tanto obras clásicas por Lope y Calderón[2] como dramas modernos por Lorca y Buero Vallejo.[3] Además representan obras de autores vivos y adaptaciones de obras de autores extranjeros. Algunas piezas teatrales se presentan en el verano al aire libre. También en verano tienen lugar la mayoría de los festivales de música, danza y teatro. En cuanto al teatro musical tiene mucha aceptación,° especialmente cuando incorpora toques de flamenco.[4]

small glass of beer

tours

tiene... *it is very popular*

---

[2]Félix Lope de Vega y Carpio y Pedro Calderón de la Barca son los dramaturgos *(playwrights)* españoles más notables del siglo XVII.

[3]Federico García Lorca y Antonio Buero Vallejo son dos dramaturgos importantes del siglo XX.

[4]Con raíces en las tradiciones gitanas *(gypsy)*, este tipo de baile y su música se originaron en Andalucía en el siglo XV. El baile flamenco tiene un estilo rítmico y enérgico.

Se aprecia mucho la música tradicional española, pero últimamente en los clubes nocturnos se escucha sobre todo música rock, pop y salsa. Para los que son aficionados a la ópera, el renovado° Teatro Real en Madrid es un elegante sitio con muy buena acústica. Otra diversión popular es el cine, que ha incrementado° mucho en los últimos años. Los parques de atracciones son también populares con alguna gente. Para obtener información sobre toda clase de diversiones, es útil consultar *La guía del ocio,*° una pequeña revista semanal en Madrid y Barcelona, que también cuenta con una versión en la red para éstas y otras ciudades.

renovated

increased

leisure

Las corridas de toros todavía son una gran atracción para mucha gente. Actualmente España se divide en dos corrientes muy polémicas: los taurinos° y los antitaurinos.° Pero estos últimos, a pesar de sus razones en defensa de los animales e invocando lo bárbaro de la fiesta, no logran desterrar° una afición tan arraigada.° También siguen siendo populares los «sanfermines», que se celebran en la ciudad de Pamplona durante una semana alrededor del 7 de julio, día de San Fermín. Durante la fiesta de San Fermín, cada mañana se sueltan los toros de su corral y éstos corren por las calles detrás de los participantes hasta llegar a la plaza de toros.°

pro-bullfighting / antibullfighting

to stamp out / deeply rooted

plaza... *bullring*

La fiesta de San Fermín es sólo una de las muchas celebraciones en el calendario español. Al igual que en Hispanoamérica, cada ciudad y pueblo festeja el día de su santo patrón. Por ejemplo, se celebran las Fallas durante una semana en Valencia. Estas festividades culminan con más de 300 hogueras° el 19 de marzo, día de San José, cuando se queman efigies° de figuras criticables.° Otras celebraciones tradicionales que atraen a muchos españoles y extranjeros son las procesiones de Semana Santa y la Feria de abril en Sevilla.

bonfires / effigies, images deserving of criticism

Comprensión y comparación

Conteste las siguientes preguntas en la forma indicada por su profesor/a.

Hispanoamérica

1. ¿Qué aspecto de la vida social es común a todos los hispanoamericanos?

2. ¿Cuáles son algunos paseos urbanos tradicionales para las familias durante el fin de semana? ¿Da paseos su familia durante el fin de semana? Explique su respuesta.

3. ¿Cómo se divierten los jóvenes los fines de semana? ¿Se divierte Ud. de la misma manera los viernes o sábados por la noche, o hace otras cosas?

4. ¿Cómo son las fiestas que se hacen en casa? ¿Cómo se comparan estas fiestas con las de su familia o de sus amigos?

5. ¿Qué importancia tienen las fiestas en el mundo hispano, y cuáles son los tres tipos de fiesta que se celebran? _____

_____

6. ¿En qué países son populares las corridas de toros, y qué polémica existe con respecto a esta diversión? _____

_____

España

7. ¿Cómo se divierten los jóvenes en España cuando salen por la noche? _____

_____

8. ¿Qué tipos de obras de teatro *(plays)* se pueden ver en España hoy? _____

_____

9. ¿Qué tipos de música se escuchan ahora en los clubes nocturnos? _____

_____

10. ¿Dónde, cuándo y cómo se celebra la fiesta de San Fermín? _____

🖱 Conexión Internet

Investigue los siguientes temas en la red. Vaya primero a **http://college.hmco.com/languages/spanish/students,** *y de ahí al sitio de* **Conversaciones creadoras** *para encontrar enlaces. Si busca sus propios enlaces, será necesario hacer clic en «español» y apuntar las direcciones que utilice.*

1. **Las estrellas *(stars)* hispanas.** Investigue los sitios Web de algunas estrellas hispanas del mundo del entretenimiento. Luego, seleccione a una estrella que le parezca notable, y explique por qué escogió a esta persona. ¿Qué tipo de artista es, y cuáles son algunas de sus obras más conocidas? ¿Cómo es la vida personal de esta estrella? Si pudiera conocerla, ¿qué preguntas le gustaría hacer, y por qué?

2. **La música hispana.** Investigue la música hispana en la red. Luego, señale a un/a cantante o a un grupo que le parezca sumamente interesante, y explique por qué es destacado. ¿Cómo es su música? ¿A qué género pertence? ¿Cuáles son algunos ejemplos de esta música? ¿Cómo se compara este cantante o grupo con algunos cantantes o grupos en el país donde Ud. vive?

3. **El cine.** Investigue los estrenos *(premieres)* de películas en algunos países hispanos este mes, y señale dos películas que le parezcan muy interesantes. Luego, explique por qué las escogió. ¿De qué tratan estas películas, quiénes las dirigieron, quiénes son sus estrellas, y dónde se pueden ver?

4. **Las diversiones.** Investigue algunas de las muchas atracciones en el mundo hispano, como los parques de diversiones, los teatros, los museos y las discotecas. Si Ud. estuviera en Hispanoamérica, ¿adónde iría para divertirse? Señale por lo menos dos actividades para este fin de semana, y explique por qué las escogió.

Vocabulario básico

EL ENTRETENIMIENTO

Sustantivos

el actor/la actriz	actor/actress
el asiento, la butaca *(Sp.)*	seat *(in a theatre or concert hall)*
el bailarín/la bailarina	dancer
el/la cantante	singer
el conjunto musical, el grupo, la banda *(H.A.)*	musical group, small band
la entrada	admission, (admission) ticket; entrance
el escenario	stage; setting
el espectáculo, la función, el show *(H.A.)*	(staged) production, performance, entertainment, variety show
la estrella (de cine/de televisión)	(movie/TV) star
la obra de teatro	play
la pantalla	screen
el papel, el rol *(H.A.)*	role
el pasatiempo	pastime, amusement
la taquilla	box office, ticket window; ticket sales

Verbos

aburrirse	to become bored, to be bored
actuar; interpretar/hacer/representar (un papel)	to act; to perform (a role)
decepcionar	to disappoint
disfrutar de, gozar de (algo)	to enjoy (something)
experimentar	to experience; to feel
estrenar	to show for the first time, to premiere
tocar	to play (an instrument)

Expresiones

al cabo de un rato	after a while
no servir (i) de nada/para nada	to be useless
¿Qué te (le, les) parece?	What do you think?
se está haciendo tarde	it's getting late

Práctica del Vocabulario básico

A. Dibujos. *Escoja la palabra o frase que corresponde a cada dibujo y escriba la letra.*

a. la pantalla
b. el cantante
c. la butaca
d. el escenario
e. la estrella de cine

f. aburrirse
g. la entrada
h. la bailarina
i. el conjunto musical
j. tocar

1. _____

2. _____

3. _____

4. _____

5. _____

6. _____

7. _____

8. _____

9. _____

10. _____

B. Definiciones. *Empareje las columnas.*

_____ 1. decepcionar
_____ 2. el bailarín
_____ 3. al cabo de un rato
_____ 4. el pasatiempo
_____ 5. experimentar
_____ 6. la banda
_____ 7. no servir para nada
_____ 8. la taquilla
_____ 9. se está haciendo tarde
_____ 10. estrenar
_____ 11. el asiento
_____ 12. ¿Qué te parece?
_____ 13. el escenario
_____ 14. la función
_____ 15. actuar

a. la silla en un teatro
b. ¿Te gusta la idea?
c. la parte del teatro en que se representa una obra dramática o un espectáculo
d. inaugurar por primera vez
e. el hombre que ejerce el arte de bailar
f. el espectáculo teatral
g. desilusionar
h. representar un papel en una obra dramática
i. el entretenimiento o el recreo
j. después de un breve período de tiempo
k. el lugar donde se venden entradas
l. sentir
m. un grupo de músicos
n. ser inútil
ñ. la hora se está adelantando

C. Sustituciones. *Reemplace cada palabra o frase entre paréntesis con una palabra de la siguiente lista, haciendo los cambios necesarios.*

disfrutar de	el pasatiempo	se está haciendo tarde
el papel	la pantalla	interpretar un papel
al cabo de un rato	decepcionar	la actriz
la obra de teatro	¿Qué te parece?	tocar
no servir de nada	la entrada	la taquilla

1. Salma Hayek es una excelente (mujer que interpreta papeles en el teatro o cine) _____ que hace papeles en inglés y en español.

2. La estrella de cine dijo que en su opinión las clases de actuación *(acting)* en la mayoría de los casos (no ser útiles) _____.

3. El actor y la actriz llegan temprano a la fiesta, pero (después de un tiempo corto) _____ se van.

4. Antonio Banderas, además de ser famoso, sabe (hacer su trabajo de actor) _____ muy bien.

5. El director y los actores (gozar de) _____ la fiesta que concluye el festival de cine.

6. Para los productores de una obra de teatro, que han invertido *(invested)* mucho dinero, lo que más les importa es (la venta de billetes) _____.

7. Mirando el periódico, la actriz ve que en el Cine Rivera dan una película del director argentino Héctor Babenco. Ella quiere verla, y le pregunta a su amigo (¿Qué piensas?) «_____».

8. Para algunos, ir al cine es su (algo que se hace en el tiempo libre) _____ favorito.

9. Los cinco amigos fueron juntos al concierto y cada uno pagó su (boleto para entrar) _____.

10. El actor no le quiso (desencantar) _____ al director; le confesó que no podía representar aquel papel en su nueva película.

11. Los niños, a causa de su baja estatura, tienen más dificultad que los adultos para ver (el lugar donde se proyecta una película) _____.

12. Aquellos actores no quieren quedarse fuera del teatro para charlar con sus admiradores, porque (la hora ya empieza a ser avanzada) _____.

13. El joven cantante quiere aprender a (hacer sonar) _____ la guitarra.

14. Aunque su agente se lo pida, aquella actriz no quiere aceptar (el rol) _____ de una mujer antipática.

15. Una (composición teatral) _____ famosa del dramaturgo español Antonio Buero Vallejo se llama **El tragaluz** (The Skylight).

D. Narración abierta. Invente una conclusión original, de seis a ocho oraciones, a la narración. Su conclusión debe incluir las siguientes palabras.

la estrella de cine   la cantante   la actriz   la obra de teatro
aburrirse   gozar de   experimentar   el espectáculo
estrenar   el rol

Milagros Santiago es una joven venezolana de gran talento. Ella ha venido a Miami para seguir su sueño de toda la vida...

_____
_____
_____
_____
_____
_____
_____
_____
_____
_____

CONVERSACIÓN CREADORA
Decisiones entre amigos

PERSONAJES

ROBERTO, madrileño de 22 años
SUSANA, madrileña de 20 años
MARÍA ANTONIA, madrileña de 20 años
PEPI, madrileña de 19 años

ESCENARIO

*Apartamento de María Antonia (un ático° en el Madrid antiguo). Es por
la tarde. María Antonia hojea° el periódico* El mundo, *mientras su
amiga Pepi está tumbada° en el sofá con los pies en alto.*

top-floor apartment
leafs through
lying down

PEPI:	Ésos no vienen.
MARÍA ANTONIA:	Todavía son menos cuarto.° Y además, mejor, así nos da tiempo a decidir.

Todavía... *It's still a
quarter of*

238

PEPI: No nos servirá de nada, porque luego hay que ponerse de acuerdo. Yo lo único que te digo es que a La Corrala[5] no quiero ir. Lo primero porque está refrescando° y luego que los asientos son incomodísimos. Son historias muy antiguas además; a mí me aburren.

está... *it's turning cooler*

MARÍA ANTONIA: Pero también meterse en un cine, siendo verano. Y ponen tantas películas sosas°...

dull, uninteresting
They're re-releasing

PEPI: Será verano pero hace frío. Reestrenan° una de Almodóvar[6] en el Alphaville.

MARÍA ANTONIA: A Roberto no le gusta Almodóvar.

PEPI: No, si acabaremos° haciendo lo que diga Roberto. Claro que es guapo y encantador, pero también es un mandón.°

we'll end up
bossy person

MARÍA ANTONIA: Bueno, pero vamos también con Susana, que tendrá sus propias ideas.

PEPI: ¿Tú crees que a Roberto le gusta Susana?

MARÍA ANTONIA: No sé, chica, es un misterio. De ella no vas a sacar nada. *(Mirando el periódico)* ¡Oye, hay un espectáculo de Alejandro Sanz![7] Eso sí que me apetece.° *(Llaman al telefonillo.°)* ¿Quién es? Te abro.

Eso... *I really feel like (doing) that. / intercom phone*

Se acerca a la puerta y al cabo de un rato entra con Roberto y Susana. Pepi mientras tanto se levanta y se arregla un poco ante el espejo.

SUSANA: Hemos coincidido° en el portal.°

Hemos... *We ran into each other / doorway*

PEPI: Nadie te ha preguntado nada. Hola, Roberto. Pensamos ir a ver a Alejandro Sanz. ¿Qué te parece?

ROBERTO: Lo decidiremos entre todos en la calle.

MARÍA ANTONIA: Venga, ir[8] saliendo, que yo apago° las luces. Se está haciendo un poco tarde.

yo... *I'll turn off*

SUSANA: Es que no teníamos dónde aparcar.°

to park
Aside

PEPI: *(Aparte° a María Antonia)* Y dice que se lo había encontrado en el portal, ya ves.

ROBERTO: Lo de Alejandro Sanz, estará llenísimo.

PEPI: Me veo cenando en un restaurante chino...

---

[5]Este es un antiguo teatro madrileño donde se hace teatro al aire libre. Es conocido por sus reestrenos *(revivals)* de obras teatrales.

[6]Pedro Almodóvar (1951–) es un director de cine español. Sus películas son comedias y tragedias a la vez y reflejan aspectos de la sociedad española contemporánea.

[7]Alejandro Sanz (1968–) es un cantante y compositor español. Su música ha vendido millones de discos; ganó un Grammy en 2004 por el Mejor Álbum Pop Latino con *No es lo mismo.*

[8]En España, en el habla coloquial, con **vosotros** frecuentemente se utiliza el infinitivo en vez del imperativo.

Comprensión

A. ¿Qué pasó? *Conteste cada pregunta con una oración.*

1. ¿Qué están haciendo las dos amigas antes de que lleguen Susana y Roberto? _____

_____

2. ¿Qué sugiere Pepi que hagan esta noche? _____

_____

3. A María Antonia, ¿qué le gustaría hacer esta noche? _____

_____

4. Según Susana, ¿qué dificultad han tenido ella y Roberto antes de llegar? _____

_____

5. ¿Cómo piensa Roberto decidir la cuestión de dónde irán esta noche? _____

_____

B. ¿Qué conclusiones saca Ud.? *Indique la letra que corresponde a la mejor respuesta.*

1. ¿Cómo parece ser el humor de Pepi esta tarde y por qué?
   a. Está de buen humor porque va a ir al cine con sus amigos.
   b. Está muy contenta porque van a comer en un restaurante chino.
   c. Está de mal humor porque a ella le gusta Roberto y parece que a él le gusta Susana.
   d. Está de mal humor porque tiene sueño después de estar tumbada en el sofá.

2. ¿Por qué no quiere ir María Antonia al cine?
   a. porque a ella no le gusta Almodóvar
   b. porque a Roberto no le gusta Almodóvar
   c. porque no le gusta ir al cine nunca
   d. porque no le gusta ir al cine en el verano

3. ¿Por qué dice Pepi que «Me veo cenando en un restaurante chino...»?
   a. porque piensa que lo de Alejandro Sanz estará llenísimo
   b. porque no quiere comer con sus amigos
   c. porque piensa que no podrán ponerse de acuerdo sobre el entretenimiento
   d. porque quiere hablar de otro espectáculo

4. Pepi sospecha que Roberto y Susana
   a. son más que amigos.
   b. son hermanos.
   c. se van a casar.
   d. quieren ser estrellas de cine.

5. Las dos personas que hacen más para unir a los cuatro amigos son
    a. Roberto y Susana.
    b. Pepi y Roberto.
    c. María Antonia y Roberto.
    d. Susana y Pepi.

Conclusión

Después de dividirse en grupos, inventen una conclusión a la **Conversación creadora**
Decisiones entre amigos, *siguiendo las instrucciones de su profesor/a. Consulten el*
Vocabulario útil *al final del capítulo para obtener ayuda con el vocabulario del cine y
el teatro, la música y el baile, y las funciones culturales.*

INSTRUCCIONES

_____

_____

PERSONAJES

Roberto _____

Susana _____

María Antonia _____

Pepi _____

_____

_____

IDEAS PARA SU CONCLUSIÓN

_____

_____

_____

_____

_____

_____

_____

Enlace gramatical

El uso del subjuntivo en cláusulas adverbiales y el imperfecto de subjuntivo

El uso del subjuntivo en cláusulas adverbiales

1. Una cláusula adverbial se refiere al verbo de la cláusula principal. Contesta las preguntas *¿cómo?, ¿cuándo?, ¿dónde?* o *¿por qué?* Se usa el subjuntivo en una cláusula adverbial después de las siguientes conjunciones cuando hay un cambio de sujeto. Si no hay un cambio de sujeto, se usa la preposición correspondiente (sin la palabra **que** —como por ejemplo **antes de**) con un infinitivo.

a fin de que *so that*
a menos que *unless*
antes (de) que *before*
a condición de que *provided that*
con tal (de) que *provided that*

en caso (de) que *in case, in the event that*
para que *in order that, so that*
sin que *without*
a no ser que *unless*

No voy al cine **a menos que pongan** una película cómica.
Te acompaño al concierto hoy **con tal de que veamos** una obra de teatro el sábado.
Vamos a cenar en un restaurante **antes de ir** al teatro.

2. Se usa el subjuntivo en una cláusula adverbial después de las siguientes conjunciones si expresan un tiempo futuro indefinido. Si se denota una acción rutinaria o si se refiere a una acción pasada, se usa el indicativo.

cuando *when*
en cuanto *as soon as*
tan pronto como *as soon as*

después (de) que *after*
hasta que *until*
mientras (que) *as long as*

El director va a leer el guión *(screenplay)* **tan pronto como** lo **reciba.** *(acción futura)*
El director leyó el guión **tan pronto como** lo **recibió.** *(acción pasada)*
Normalmente el director lee el guión **tan pronto como** lo **recibe.** *(acción rutinaria)*

3. Se usa el subjuntivo en una cláusula adverbial después de las siguientes conjunciones si expresan una acción anticipada o hipotética. Si la acción es basada en hechos *(facts)* o en eventos que ya han ocurrido, se usa el indicativo.

aunque *although, even if*
a pesar de que *in spite of the fact that*
por mucho que *no matter how much*

de manera que *so that*
de modo que *so that*

No pude conseguir entradas **aunque pasé** por la taquilla todos los días. *(hecho)*
No podré conseguir entradas **aunque pase** por la taquilla todos los días. *(acción anticipada)*

La formación y el uso del imperfecto de subjuntivo

1. Para formar el imperfecto de subjuntivo se quita la terminación **-ron** de la tercera persona del plural del pretérito (**ellos/ellas**) y se añade uno de otros dos grupos de terminaciones. Aunque las terminaciones son intercambiables, las formas terminadas en **-ra** se usan con mayor frecuencia en Latinoamérica y en España. Las formas terminadas en **-se** se usan principalmente en España. Observe que se requiere un acento ortográfico en la vocal que precede las terminaciones de la primera persona plural (**nosotros**).

-AR tocar		-ER comer		-IR decidir	
toca**ra**	toca**se**	comie**ra**	comie**se**	decidie**ra**	decidie**se**
toca**ras**	toca**ses**	comie**ras**	comie**ses**	decidie**ras**	decidie**ses**
toca**ra**	toca**se**	comie**ra**	comie**se**	decidie**ra**	decidie**se**
toc**áramos**	toc**ásemos**	comi**éramos**	comi**ésemos**	decidi**éramos**	decidi**ésemos**
toca**rais**	toca**seis**	comie**rais**	comie**seis**	decidie**rais**	decidie**seis**
toca**ran**	toca**sen**	comie**ran**	comie**sen**	decidie**ran**	decidie**sen**

2. Los verbos que tienen irregularidades en la tercera personal plural del pretérito mantienen el mismo cambio en el imperfecto de subjuntivo. El siguiente cuadro ofrece algunos ejemplos.

Verbo	Pretérito	Imperfecto de subjuntivo
leer	leyeron	yo leyera (leyese)
conducir	condujeron	yo condujera (condujese)
dormir (ue, u)	durmieron	yo durmiera (durmiese)
sentir (ie, i)	sintieron	yo sintiera (sintiese)
pedir (i, i)	pidieron	yo pidiera (pidiese)
dar	dieron	yo diera (diese)
decir	dijeron	yo dijera (dijese)
estar	estuvieron	yo estuviera (estuviese)
haber	hubieron	yo hubiera (hubiese)
hacer	hicieron	yo hiciera (hiciese)
ir / ser	fueron	yo fuera (fuese)
poder	pudieron	yo pudiera (pudiese)
querer	quisieron	yo quisiera (quisiese)
saber	supieron	yo supiera (supiese)
tener	tuvieron	yo tuviera (tuviese)
venir	vinieron	yo viniera (viniese)

3. Se usa el imperfecto de subjuntivo bajo las mismas circunstancias que el presente de subjuntivo. El tiempo verbal de la cláusula principal determina el tiempo que se usa en la cláusula subordinada. El siguiente cuadro muestra la concordancia de los tiempos del subjuntivo.

Cláusula principal (indicativo)	Cláusula subordinada (subjuntivo)
Presente Futuro Presente perfecto Imperativo	Presente de subjuntivo Presente perfecto de subjuntivo
Pretérito Imperfecto Condicional Pluscuamperfecto Condicional perfecto	Imperfecto de subjuntivo Pluscuamperfecto de subjuntivo

Roberto **insiste** en que **decidan** más tarde.
Roberto **insistió** en que **decidieran** más tarde.

Es mejor que **nos reunamos** después del espéctaculo.
Sería mejor que **nos reuniéramos** después del espéctaculo.

Práctica

A. El noticiero cultural. *La presentadora informa sobre acontecimientos de la actualidad cultural. Complete sus comentarios con el indicativo o el subjuntivo, según convenga.*

1. El estreno de la nueva obra de Joaquín Cortés[9] será el viernes con tal de que los bailarines no (hacer) _____ huelga *(strike)*.

2. Los espectadores empezaron a aplaudir tan pronto como la directora de la orquesta (subir) _____ al escenario.

3. El guionista tuvo que reescribir el desenlace antes de que el director (poder) _____ seguir filmando la película.

4. Por mucho que los organizadores lo (promocionar) _____, el recital de poesía no pudo atraer a un público enorme.

5. La sinfonía nacional va a salir de gira después de que el director (firmar) _____ el contrato.

6. El director del museo tendrá que cancelar la exhibición de pinturas impresionistas a menos que (haber) _____ más apoyo financiero.

[9]Joaquín Cortés (1969–) es un bailador y coreógrafo español. Su obra es caracterizada por su mezcla de la danza española tradicional y la danza contemporánea.

7. El director del Teatro Nacional anunció que esperaba contratar actores que (querer) _____ participar en la próxima gira nacional.

8. La actriz famosa exigió que el productor le (dar) _____ un aumento de salario.

B. Una encuesta. *La cartelera de espectáculos virtual hace una encuesta sobre los hábitos de los aficionados al cine. Complete las oraciones con el indicativo o el subjuntivo, según convenga.*

Cierto	Falso	
1	2	1. Normalmente veo una película tan pronto como (estrenar) _____.
1	2	2. Compro entradas con tal de que a los críticos les (gustar) _____ la película.
1	2	3. Me siento en la primera fila para que (poder) _____ ver mejor la pantalla.
1	2	4. Llego al cine antes de que (empezar) _____ los próximos estrenos.
1	2	5. Siempre me estremezco *(I shudder)* de miedo cuando (ver) _____ una película de terror.
1	2	6. No veo una película a menos que (conocer) _____ al director.

Escenas

*En parejas (o un grupo de tres) hablen en español para solucionar y luego describir cada conflicto. El **Vocabulario útil** al final del capítulo les ayudará con estas escenas.*

1. **A** You have just come home from a stressful day at the office and would like to release some tension by going out, preferably to a nightclub where an exciting new band is performing. Try to persuade your partner to go with you, because you think that he or she would have a good time and because you don't want to go alone.

   B You have just returned from a tiring day at work. You are not in the mood to deal with crowds and loud music, and you have no energy for dancing. Try to convince your partner that the two of you should relax at home by renting a movie or just watching TV. If this fails, tell your partner that you don't mind if he or she goes to a club with a friend.

2. **A** You are visiting Mexico City in February. You have always been
    fascinated by bullfights **(las corridas de toros)**. Try to persuade your
    travel companion to experience a bullfight with you: to see the splendor
    and excitement of a battle between man and beast. Point out that neither
    of you is a vegetarian, that the bull is raised **(se cría)** for this purpose
    and is destined to die anyway, that many other sports involve danger, and
    that this is a chance to learn about Hispanic culture. Tell your companion
    that one of the bullfighters is a woman **(una torera)** who is said to be
    extraordinary. Also offer to pay for the tickets.

    B You enjoy new experiences, but you have never had any curiosity about
    bullfighting. You think that it is cruel, ugly, barbaric and pointless. Try
    to persuade your travel companion to go to a museum this afternoon
    instead. Offer to pay for a taxi to the museum, along with the admission.

3. **A** You have plans to go out to dinner and a movie this evening with a friend
    from work. However, your boss has just offered you two tickets to the
    opera tonight, for Bizet's *Carmen* starring Plácido Domingo. You are an
    opera fan and are eager to go, but you are not sure that your friend will
    agree. Try to convince him or her that the two of you should change your
    plans and go to the opera.

    B You have been looking forward to a leisurely dinner and a movie with your
    friend and co-worker, and to having time to talk. You have never been to an
    opera, but from what you have seen on television, you think that it would
    be boring. Also, if you go to the opera you will have to rush through dinner
    in order to arrive at the theatre on time. Try to convince your friend to
    decline **(rehusar)** the tickets and to keep your original plans.

4. **A** Your fifteen-year-old niece/nephew, who looks and acts very grown up,
    is staying with you for a week. Tonight you and your spouse want to
    take her/him to a movie, if you can find something appropriate. Try to
    convince your niece/nephew that she or he would enjoy seeing an
    animated feature that is recommended for family entertainment.

    B You are a fifteen-year-old who has seen several films rated "R"
    (restricted; anyone under seventeen must be accompanied by a parent or
    guardian) with your parents' consent. The movie that you want to see has
    such a rating. Try to persuade your aunt or uncle that it is perfectly fine
    for you to see this movie and that she or he would enjoy it, too.

    C You are the spouse who will be going along to the movies, if you can find
    a film suitable for the three of you. The movie that your niece/nephew
    wants to see looks interesting, and you would rather see it than a cartoon
    feature. Try to persuade your spouse that taking your niece/nephew to
    the "R"–rated movie is a great idea. In fact, you think that this is what
    aunts and uncles are for.

Más actividades creadoras

El **Vocabulario útil** *al final del capítulo le ayudará con estas actividades.*

A. **Dibujos.** Invente una narración, tomando los siguientes dibujos como punto de partida. Su cuento debe explicar quiénes son estos personajes, qué han hecho antes, qué está ocurriendo ahora y qué les va a pasar en el futuro.

B. Uso de mapas y documentos. *Lea la siguiente entrevista con el director mexicano Guillermo del Toro de la revista* People en español *para contestar las siguientes preguntas.*

pregúntame

Guillermo del Toro
Director

▶ **Tu especialidad es el cine de terror.[1] ¿Por qué te fascina tanto el arte de causar escalofríos?[2]** Es una fascinación por lo prohibido que refleja ese lado adolescente que tenemos todos. Las imágenes más poderosas son las más terribles. Cuando vas manejando por la carretera y hay un accidente, es inevitable detenerse y querer mirar. ¿Qué quieres ver? La imagen más terrible. Desde su primer acto de creación, la humanidad ha estado interesada en el lado oscuro de las cosas.

▶ **De tus películas, me gustan mucho más *Cronos* y *El espinazo del diablo* que *Mimic* y *Blade II.*** A mí también. *Mimic* no quedó como yo quería. No fue comprendida por el estudio que la estaba haciendo. *Blade II* no era el guión que yo hubiera escrito. Esas películas son más artesanía[3] que otra cosa. Mis favoritas son *Hellboy* y *El espinazo del diablo.*[4]

▶ **¿Nunca sientes una responsabilidad moral de brindarle[5] al mundo imágenes bonitas en vez de historias terroríficas?[6]** Esa es una posición profundamente simplista. Yo siento una gran responsabilidad moral con el material al que me acerco. El cine de terror se parece a un sueño. La violencia de algo como *Blade II* es un ballet de movimiento y color.

---

[1]**cine de...** *horror movies* [2]*shivers (of fear)*
[3]*craft* [4]*The Devil's Backbone* [5]*offer*
[6]*terrifying*

1. ¿Cuál es la especialidad de Guillermo del Toro?

2. ¿Cómo explica este director la fascinación por lo terrible?

3. ¿Qué ejemplo da el director para ilustrar la fascinación humana con el lado oscuro de las cosas?

4. ¿Qué piensa Guillermo del Toro acerca de su responsabilidad moral como director?

5. ¿Está Ud. de acuerdo con las ideas de Guillermo del Toro? ¿Qué piensa Ud. de las películas de terror?

C. A escuchar. *Escuche la entrevista en la que una persona habla de la música que prefiere. (Para ver la pregunta, refiérase al ejercicio D, número 1.) Luego, conteste las siguientes preguntas en la forma indicada por su profesor/a.*

1. ¿Cómo se llama la persona entrevistada, y de dónde es?

2. ¿Cuáles son los dos tipos de música que más le gustan a este estudiante?

3. ¿Por qué le gustan las bandas Estopa y El Canto del Loco?

4. ¿Por qué le gustan Alex Ubago y La Oreja de Van Gogh?

5. ¿Cómo se comparan las preferencias de este joven con los tipos de música que a Ud. le gustan?

D. Respuestas individuales. *Piense en las siguientes preguntas para contestarlas en la forma indicada por su profesor/a.*

1. ¿Qué tipo de música prefiere Ud. y por qué? Presente algunos ejemplos de tal música a la clase, explicando por qué los escogió y cómo son representativos de su género.

2. Cuando las películas norteamericanas son sacadas al mercado hispano, a veces se les pone un nuevo título basado en el contenido de la película en vez de traducir o dejar el título original. Por ejemplo, la película clásica *Some Like it Hot* se entituló *Con faldas y a lo loco*, y *The In-laws* se llamó *No disparen, soy dentista*. De modo semejante, invente títulos españoles para cinco películas recientes. Luego, escriba las versiones españolas en la pizarra y pregúnteles a sus compañeros si pueden identificar los títulos originales.

E. Contestaciones en parejas. *Formen parejas para completar las siguientes actividades.*

1. Planeen y presenten a la clase una entrevista «televisada» con una estrella de cine o con un/a músico/a famoso/a. Su entrevista debe incluir preguntas sobre su vida y su trabajo. Pregúntele también qué es lo que más le gusta de su carrera y qué cambiaría si fuera posible.

2. Discutan sus planes para este fin de semana. ¿Adónde piensan ir y qué van a hacer? Luego, comparen sus planes con los de otras parejas.

F. Proyectos para grupos. *Formen grupos de cuatro o cinco personas para completar estos proyectos.*

1. Elijan una película e inventen una «escena perdida» o una nueva conclusión. Luego, presenten su escena original a la clase.

2. Discutan sus películas y estrellas favoritas, y compongan dos listas: una de las cinco mejores películas recientes, y una de las diez mejores estrellas de cine de hoy (cinco hombres y cinco mujeres). Luego, comparen sus listas con las de otros grupos.

G. Discusiones generales. *La clase entera participará en estas actividades.*

1. Para averiguar qué prefieren hacer los miembros de la clase en su tiempo libre, lleven a cabo la siguiente encuesta. ¿Realizan las siguientes actividades **con frecuencia (F), alguna vez (A)** o **nunca (N)**?

LOS PASATIEMPOS	F	A	N
Leer periódicos y libros			
Ver la televisión/el video/el DVD			
Escuchar música			
Leer revistas			
Hacer deportes			
Ir a espectáculos deportivos			
Ir al cine, teatro y conciertos			
Ir a discotecas			
Ir a funciones culturales			
Ir a parques de atracciones			
Jugar videojuegos			
Dedicarse a sus aficiones *(hobbies)*			
Charlar con la familia			
Salir con amigos			

¿Cuáles son los pasatiempos más populares de su clase? ¿Cuáles son algunas de las aficiones a que se dedican los miembros de la clase? En su opinión, ¿cómo serían distintas y cómo serían semejantes los pasatiempos de una clase costarricense?

2. Sírvanse de las siguientes preguntas para guiar una discusión sobre las vidas de las celebridades. En sus opiniones, ¿cómo es la vida de una estrella popular? ¿Cuáles son las ventajas y las desventajas de la fama? ¿Piensan que el público tiene el derecho de saber los detalles de las vidas de sus ídolos? ¿Qué opinan de los paparazzi y de los tabloides? Si Uds. fueran celebridades, ¿cómo se comportarían con sus admiradores y con la prensa?

Vocabulario útil

EL CINE Y EL TEATRO

Sustantivos

la actuación, la interpretación	*acting*
el alumbrado	*lighting*
el aparte	*aside; stage whisper*
los aplausos	*applause*
el argumento, la trama, la intriga	*plot*
la audiencia, el público, los espectadores	*audience*
el balcón	*balcony*
la banda sonora	*soundtrack*
la cartelera	*billboard*
la cartelera de espectáculos	*entertainment listing*
la clasificación	*rating*
la comedia	*comedy*
el/la cómico/a	*comedian*
el cortometraje	*short (film)*
la culminación, el clímax	*climax*
el decorado	*(stage) set*
el desenlace	*ending, denouement*
el/la director/a	*director*
el drama	*drama, play*
el/la dramaturgo/a	*playwright*
los efectos especiales	*special effects*
la ejecución	*performance, interpretation, execution*
el ensayo	*rehearsal*
el entretenimiento	*entertainment*
la época	*era*
la escena	*scene*
la escena retrospectiva, el *flash-back*	*flashback*
el estreno	*premiere, debut*
el estudio	*studio*
el éxito	*success*
la fama	*fame, renown; reputation*
la fila	*row*
el guión	*script; screenplay*
el intermedio, el intervalo	*intermission*
el/la intérprete	*performer; singer*
las palomitas	*popcorn*
el personaje	*character*
el premio	*award, prize*
el/la productor/a, el/la realizador/a	*producer*
los próximos estrenos	*coming attractions*

el reestreno	*re-release*
el reparto, el elenco *(H.A.)*	*cast*
la reseña	*review; report*
el telón	*(theatre) curtain*
el tema	*theme*
el vestuario	*wardrobe, costumes*

Algunos tipos de películas

la película cómica	*comedy*
la película de acción	*action adventure*
la película de ciencia ficción	*science fiction movie*
la película de dibujos animados	*animated feature film*
la película de guerra	*war movie*
la película de misterio, de suspenso *(H.A.)*, de suspense *(Sp.)*	*thriller*
la película de terror	*horror movie*
la película del oeste	*western*
la película documental	*(feature-length) documentary*
la película musical	*musical*
la película policíaca	*crime movie, detective movie*
la película romántica	*romance*

Verbos

agradar	*to please*
aplaudir	*to applaud*
doblar	*to dub*
emocionarse	*to be moved, touched, thrilled*
ensayar	*to rehearse*
estremecerse (de miedo)	*to shudder (with fear)*
filmar, rodar (ue) *(Sp.)*	*to shoot a film*
lanzar	*to launch*
promocionar	*to promote*
protagonizar	*to play the leading role in*
relajarse	*to relax*
tener lugar	*to take place*

Adjetivos

aburrido/a, aburridor/a *(H.A.)*	*boring*
agradable	*pleasant*
cómico/a	*funny, comical*
conmovedor/a	*moving, touching*
decepcionante	*disappointing*
dramático/a	*dramatic*
emocionante	*exciting*
entretenido/a	*entertaining*
estremecedor/a	*terrifying; thrilling*
formidable	*formidable; fantastic, terrific*

impresionante	*impressive*
relajante	*relaxing*
sorprendente	*surprising*
soso/a	*dull, uninteresting*
talentoso/a	*talented*
terrorífico/a	*terrifying*

Expresiones

dar una película *(H.A.)*, poner una película *(Sp.)*, echar una película *(Sp.)*	*to show a film*
ganarse al público	*to win over the audience*
no apto/a para menores	*for mature audiences; persons under eighteen not admitted*
¡No se lo pierda!	*Don't miss it!*
sacar al mercado	*to release (into the marketplace)*
salir al mercado	*to come out, to be released (into the marketplace)*

Vocabulario individual

_____   _____

_____   _____

_____   _____

_____   _____

_____   _____

LA MÚSICA Y EL BAILE

Sustantivos

el ballet	*ballet*
el canto	*singing*
el club (nocturno)	*(night)club*
el/la compositor/a	*composer*
la danza	*dance*
el disco compacto, el CD	*compact disc, CD*
la discoteca	*discotheque, disco*
la gira	*tour*
el/la guitarrista	*guitarist*
la letra	*lyrics*
el micrófono	*microphone*
la música pop	*pop music*
la música rock	*rock music*
el/la músico/a	*musician*
la ópera	*opera*
la orquesta	*orchestra*
la pista de baile	*dance floor*

el/la presentador/a, el/la animador/a — *presenter, host (of a show)*
el ritmo — *rhythm, beat*
la sinfonía — *symphony*
el son — *sound; song with a lively beat (H.A.)*
el tambor — *drum*

Adjetivos
fuerte — *loud (for music)*
novedoso/a — *novel, new*
rítmico/a — *rhythmic*
suave — *soft*

Vocabulario individual

_____   _____

_____   _____

_____   _____

_____   _____

LAS FUNCIONES CULTURALES

Sustantivos
la corrida de toros — *bullfight*
la feria — *fair*
la fiesta — *party; holiday*
el (día) feriado *(H.A.)*/festivo *(Sp.)* — *holiday*
la exhibición (de pintura/escultura/arte) — *(painting/sculpture/art) exhibit*
el festival — *festival*
la festividad, el festejo *(Sp.)* — *festivity, celebration*
el museo — *museum*
el recital de poesía — *poetry reading*

Vocabulario individual

_____   _____

_____   _____

_____   _____

_____   _____

CAPÍTULO 10
La vivienda° y las zonas residenciales

OBJETIVOS: Aprender a...

- obtener, interpretar y presentar información relacionada con la vivienda y las zonas residenciales.
- describir y evaluar una vivienda.
- conseguir un domicilio.

°*housing; house, dwelling*

255

NOTAS CULTURALES
Hispanoamérica

Arquitectura tradicional en Cartagena, Colombia

En Hispanoamérica hay todo tipo de viviendas dependiendo de la zona (comercial o residencial) y del tipo de barrio (pobre, de clase media o acaudalado°). En las zonas residenciales hay casas modernas, casas coloniales, edificios de apartamentos[1] y condominios; mientras que en las zonas comerciales abundan los edificios de apartamentos y los rascacielos.° El apartamento es la vivienda más típica en las ciudades hispanas no sólo por razones de seguridad, sino porque es más práctica para quienes no tienen automóvil por su fácil acceso al transporte público y a las tiendas. Una característica muy típica de las zonas comerciales es que la planta baja° de los edificios de apartamentos esté ocupada por empresas, consultorios médicos u oficinas de otra índole.°

    Aunque hay mucha variedad en el estilo, el tamaño, y los precios de casas y apartamentos, hay algunas características comunes a la mayoría de las viviendas en América Latina. Los principales materiales de construcción son el ladrillo° de barro° o de adobe, el cemento y las vigas de acero.° Los sótanos° son prácticamente inexistentes, al igual que los áticos. En el interior los pisos casi siempre son de baldosas.° En el exterior los jardines son generalmente más pequeños —excepto en las grandes mansiones— y se

wealthy

skyscrapers

planta... *ground floor*

kind

brick / clay / **vigas...** *steel beams / basements*

tiles

---

[1]A los apartamentos también se les llama departamentos en algunos países.

encuentran casi siempre en la parte trasera° de la casa. Los patios tanto exteriores como interiores son omnipresentes, y en éstos se acostumbra ver macetas° con gran variedad de plantas de ornato.° Por razones de seguridad y para proteger la vida privada, las casas generalmente están rodeadas de un muro° alto o de cercas de hierro forjado.°

rear

*flowerpots / **de...** ornamental*

*exterior wall / **cercas...** iron fences*

Los departamentos y casas en las zonas residenciales lujosas y de clase media casi siempre tienen muchas comodidades,° incluso una habitación y baño privado para la sirvienta o muchacha de servicio. Puesto que el clima en la mayoría de los países latinoamericanos es templado, los sistemas de calefacción y de aire acondicionado se usan principalmente en edificios comerciales y hoteles, pero rara vez en casas y apartamentos. Algunas personas que viven en zonas más extremas usan los calentadores° y ventiladores° eléctricos durante los meses más fríos y parte del verano.

conveniences

heaters
fans

Los hispanos más acomodados frecuentemente tienen dos residencias, una en la ciudad y otra donde pasan las vacaciones, ya sea en el campo, en las montañas o cerca del mar. Desde los años 70 se han puesto de moda los exclusivos fraccionamientos° o conjuntos residenciales privados, que cuentan con una casa club. La casa club puede tener instalaciones deportivas como piscinas, canchas de tenis y hasta campo de golf en algunos casos, además de restaurante y salón de fiestas.

subdivisions, (housing) developments

En los países latinoamericanos existe un gran contraste socioeconómico tanto en las ciudades como en los pueblos. Éste se hace patente al ver barrios de humildes casitas que en algunos casos son simples chozas° justo al lado de zonas residenciales de grandes mansiones. Ser dueño° de una casa o un departamento propio es realidad para un reducido porcentaje de la población, y por eso muchos gobiernos están estableciendo programas de crédito y de construcción de viviendas a precios módicos. Para comprar una casa o un apartamento, la mayoría de la gente tiene que recurrir a los préstamos hipotecarios° que proporcionan los bancos. Las condiciones y tasas° de interés varían mucho de un país a otro, y al igual que en los Estados Unidos, los precios de la vivienda dependen mucho de la situación económica y financiera nacional. En el caso de los alquileres,° los contratos por lo general son de seis meses o de un año, y es común que se pidan hasta tres meses de depósito al firmar° el contrato de alquiler.° El precio de la renta varía según la oferta y la demanda° de cada área, el tipo de vivienda y la zona en que se encuentra el apartamento.

shacks
owner

préstamos... *mortgage loans*
rates

rentals

al... *upon signing / **el...** lease / **la...** supply and demand*

Para los inversionistas° que tengan capital disponible,° la adquisición° de bienes raíces° se considera muy buen negocio porque el valor de los bienes raíces siempre está aumentando. A causa del valor constante y los precios bajos de los bienes raíces —y por las condiciones climáticas y el estilo de vida— algunos norteamericanos retirados optan por residir en países hispanos. En algunas ciudades hay grandes comunidades de estadounidenses y canadienses, como por ejemplo en San Miguel de Allende en México y en San José en Costa Rica.

*investors / available / acquisition / **bienes...** real estate*

España

Patio de la Masía de la Casa de Campo, un parque y antigua residencia real en las afueras de Madrid

España, como casi todos los países europeos, está sufriendo una super-población en las grandes ciudades. Naturalmente esto se refleja en la dificultad para encontrar vivienda. Hay mucha gente que no se puede comprar un piso° y busca uno de alquiler.° Normalmente se consulta la sección de alquileres de los periódicos donde suelen venir ofertas° razonables. La demanda es siempre mayor que la oferta, de tal manera que el cliente, cuando llega al lugar anunciado, es muy posible que ya se encuentre con el piso alquilado. Los precios varían mucho dependiendo de la zona de la ciudad y del espacio habitable.[2] Los alquileres suelen ser más baratos cuanto más lejos del centro de la ciudad. Por esta razón y por el deseo de vivir con espacio se han construido muchas urbanizaciones° en las afueras° de las grandes ciudades.

Los contratos de arrendamiento° son documentos estatales en que se enumeran los derechos y las responsabilidades del arrendador° y los del arrendatario.° Estos contratos se pueden conseguir en muchos estancos.° Al contrato de arrendamiento generalmente se le adjunta un inventario que resume el estado del apartamento y su contenido. El inventario se hace dos veces: al empezar el contrato de arrendamiento y al terminarlo. Si hay alguna discrepancia entre las condiciones originales y las que existen al

*apartment / **de...** for rent*
offers

(housing) developments / outskirts
contratos... *rental contracts*
landlord
tenant / tobacco stands

---

[2]El espacio habitable se refiere al espacio interior del domicilio sin contar patios, balcones o terrazas, cuyo espacio se cuenta por separado.

final, es posible que el arrendatario pierda una porción de su fianza,° así que
el inventario le protege de ser cobrado por condiciones preexistentes.

security deposit

En los últimos veinte años se ha incrementado en la gente acomodada
la costumbre de pasar el fin de semana fuera de la ciudad. Como consecuencia, hay familias que tienen dos viviendas: una en la ciudad y otra en el
campo. Entre estas segundas residencias figuran las grandes casas de
campo como los «pazos» de Galicia, las «masías» de Cataluña y los
«caseríos» del País Vasco o Euskadi.[3] Pero algunas de estas casas se han
convertido en paradores nacionales o alojamientos hoteleros porque cuesta
demasiado mantenerlas.

Comprensión y comparación

Conteste las siguientes preguntas en la forma indicada por su profesor/a.

Hispanoamérica

1. En las ciudades hispanoamericanas, ¿qué tipos de vivienda hay en las zonas
   residenciales y qué tipos hay en las zonas comerciales? _____

_____

2. ¿Cuál es la vivienda más típica en las ciudades hispanoamericanas y por qué?

_____

3. ¿Cuáles son tres características típicas de las viviendas en América Latina?
   ¿Cuáles son tres características típicas de las viviendas en su región?

_____

4. ¿Qué puede tener la casa club de un exclusivo fraccionamiento? _____

5. ¿Qué hacen los gobiernos para ayudar a la gente a tener casa o departamento
   propio? _____

6. ¿Por qué se considera la adquisición de bienes raíces muy buen negocio?

_____

_____

[3]Éste es el nombre del País Vasco en euskera, el idioma vasco.

España

7. ¿En España por qué es difícil encontrar vivienda en las grandes ciudades?

_____

8. ¿Por qué se han edificado urbanizaciones en las afueras de las grandes
   ciudades? _____

_____

9. ¿Qué es un inventario y qué protección le ofrece al arrendatario? _____

_____

10. ¿Qué ha pasado con algunas grandes casas de campo españolas y por qué?

_____

Conexión Internet

Investigue los siguientes temas en la red. Vaya primero a **http://college.hmco.com/
languages/spanish/students,** *y de ahí al sitio de* **Conversaciones creadoras** *para
encontrar enlaces. Si busca sus propios enlaces, será necesario hacer clic en «español»
y apuntar las direcciones que utilice.*

1. **Las empresas inmobiliarias** *(real estate agencies).* Vaya a algunos sitios
   de empresas inmobiliarias para investigar algunas residencias que se ofrecen
   en este momento. Si Ud. fuera millonario/a, ¿qué residencia le gustaría
   comprar, y por qué? Señale otra residencia que sería apropiada para una
   familia de la clase media, y explique por qué sería adecuada.

2. **Los Ministerios de Vivienda.** Investigue los sitios de algunos Ministerios de
   Vivienda, y señale qué está haciendo algún gobierno para ayudar a la gente a
   conseguir alojamiento a precio módico.

3. **Las residencias universitarias en el mundo hispano.** Explore algunas de
   las residencias estudiantiles en Latinoamérica y España, y señale dos que le
   parezcan interesantes. ¿Dónde están ubicadas *(located)* estas residencias
   estudiantiles, y cómo son? ¿Cómo se comparan con la residencia en que Ud.
   vive o con alguna que conoce en su país?

4. **Buscando una pieza en un departamento.** Investigue las habitaciones (las
   piezas) que se alquilan en departamentos en varias zonas de Santiago de
   Chile. Señale dos que le parezcan interesantes, indicando por qué las escogió.
   ¿Quién o quiénes viven allí, cómo son los departamentos, y cómo son las
   piezas que se arriendan? Luego señale otra habitación que le parezca menos
   atractiva, indicando por qué no le gustaría vivir allí.

Vocabulario básico

LA VIVIENDA

Sustantivos

la acera	*sidewalk*
el/la agente de bienes raíces/inmuebles	*real estate agent*
el alquiler,[4] el arriendo, la renta	*rent*
el apartamento, el departamento (*Mex.,* *Arg., Chile, Peru, Urug.*), el piso (*Sp.*)	*apartment*
el/la arrendador/a, el/la propietario/a	*landlord*
el contrato de arrendamiento/de alquiler	*rental contract, lease*
la dirección (*H.A.*), las señas (*Sp.*)	*address*
la fianza, el depósito	*(security) deposit*
el/la inquilino/a, el/la arrendatario/a	*tenant, lessee*
la mascota	*pet; mascot*
la planta baja	*ground floor* (street level)
la primera planta, el primer piso	*floor immediately above ground level* (second story of a building)
la vivienda	*housing; house, dwelling*

Verbos

alquilar, arrendar (ie), rentar	*to rent*
apresurar	*to rush, to hurry, to go faster*
firmar	*to sign*
mudarse	*to move (to another residence)*
reformar, remodelar, renovar (ue)	*to make improvements to, to remodel, to renovate*
retrasarse	*to be late, to be delayed, to fall behind*

Adjetivos

en (de) alquiler/venta	*for rent/sale*
disponible	*available; unoccupied*
mensual	*monthly*

Expresiones

acabar de (+ infinitivo)	*to have just (done something)*
en perfectas/malas condiciones	*in perfect/poor condition*
llamar a la puerta	*to knock at the door, to ring the doorbell*

---

[4]La palabra «alquiler» también se usa para indicar la acción y el efecto de alquilar (*renting* o *rental*).

Práctica del Vocabulario básico

A. Oraciones. *Escoja la letra de la(s) palabra(s) que complete(n) mejor cada oración.*

1. Ramón encontró un nuevo apartamento y mañana va a _____ el contrato de alquiler.
   a. firmar   b. alquilar

2. Anita es una _____ y quiere venderles un apartamento a unos clientes simpáticos.
   a. arrendadora   b. agente de bienes raíces

3. Juan quiere _____ una casa en la isla Margarita (Venezuela) por un mes.
   a. alquilar   b. retrasarse

4. A Sara no le gusta su apartamento pequeño y piensa _____ a uno más amplio.
   a. mudarse   b. reformar

5. Inés quiere visitar a María en el nuevo apartamento que su amiga _____ comprar.
   a. alquilado   b. acaba de

6. Alejandro busca un departamento que no necesite renovaciones; quiere que esté _____.
   a. retrasado   b. en perfectas condiciones

7. Germán no puede subir las escaleras sin ayuda y por eso quiere vivir en _____.
   a. la primera planta   b. la planta baja

8. Concha es la propietaria de dos apartamentos; uno ya está alquilado, pero para el otro le falta un _____.
   a. inquilino   b. alquiler

9. Isabel y Alfonso consultan con un abogado sobre _____ para su apartamento.
   a. las señas   b. el contrato de arrendamiento

10. Clara busca un departamento en la Ciudad de México que esté _____ en enero.
    a. disponible   b. alquilado

B. Definiciones. *Empareje las columnas.*

_____ 1. en venta

_____ 2. el alquiler

_____ 3. el arrendador

_____ 4. las señas

_____ 5. la vivienda

_____ 6. la planta baja

_____ 7. la fianza

_____ 8. reformar

_____ 9. mudarse

_____ 10. la mascota

_____ 11. la primera planta

_____ 12. mensual

_____ 13. la acera

_____ 14. el piso

_____ 15. en malas condiciones

a. en un estado ruinoso

b. cambiarse de domicilio

c. el pavimento junto a la calle

d. un conjunto de habitaciones que constituyen una vivienda

e. el dinero que asegura que el inquilino pagará lo que debe

f. la recompensa que se le paga al propietario

g. un animal doméstico favorito

h. el domicilio de una persona

i. que se vende

j. indican donde está un edificio

k. renovar o mejorar algo

l. el piso de un edificio a nivel de la calle

m. ocurre cada mes

n. el piso de un edificio situado encima de la planta baja

ñ. el dueño

C. Antónimos. *Empareje las columnas con la letra de la(s) palabra(s) que significa(n) lo opuesto o algo muy distinto.*

_____ 1. llamar a la puerta

_____ 2. la mascota

_____ 3. apresurar

_____ 4. remodelar

_____ 5. disponible

_____ 6. arrendar un apartamento

_____ 7. el departamento pequeño

_____ 8. retrasarse

_____ 9. pagar el arriendo

_____ 10. el depósito

a. el animal salvaje

b. no modificar

c. ir despacio

d. el último pago que se entrega

e. deber el alquiler

f. no vacante

g. acelerar

h. la mansión

i. vender un apartamento

j. salir de la casa

D. Vocabulario en contexto. *Llene cada espacio en blanco con la forma correcta de la palabra o frase más apropiada de la siguiente lista.*

acabar de	la acera
el contrato de alquiler	en alquiler
el/la agente de inmuebles	mensual
el/la arrendador/a	la primera planta
retrasarse	la dirección
el/la arrendatario/a	la vivienda
apresurar	llamar a la puerta
firmar	

1. Elena estudia para ser _____. Quiere vender casas y departamentos en México.

2. Juan nunca parece _____. Siempre termina su trabajo temprano.

3. Jorge le pidió a Marta _____ de su prima Ana. Quiere visitarla.

4. Guillermo es muy buen _____. Cuida y limpia el apartamento que alquila.

5. Alguien acaba de _____. La muchacha va a ver quién está afuera.

6. Algunos trabajadores están trabajando en _____. Para pasarlos es necesario caminar por la calle.

7. Gustavo le pregunta a Isabel quién es su _____. Quiere saber si esta señora le puede alquilar un apartamento parecido al suyo.

8. Aquel arquitecto famoso va a _____ un contrato para diseñar *(to design)* una nueva residencia estudiantil.

9. _____ que recibió la familia Sánchez les asegura que el alquiler no les subirá por dos años.

10. Nicolás paga una gran proporción de su salario por su _____. El lugar en que vive cuesta mucho.

11. Carmen y David viven en _____. Suben una escalera *(stairway)* a su apartamento.

12. No hay ningún apartamento _____ en el edificio de Ileana. Su amiga Marisol no puede mudarse allí.

13. Roberto no intentó _____ a su novia a comprar aquella casa. Sin embargo, ella pensaba que él quería comprarla inmediatamente.

14. La cantidad _____ que paga Antonio por su apartamento es once mil pesos. Paga once mil cada mes.

15. Carlos _____ pagar su alquiler al propietario. Se lo pagó hace unos minutos.

PERSONAJES

ELENA, 45 años

LUIS, su marido, 50 años

ALBERTO, agente de bienes raíces

MARÍA EUGENIA, 18 años, hija de Elena y Luis

ESCENARIO

Una calle de Santiago de Chile, en el barrio Vitacura. Elena y Luis están parados en la acera, frente a una casa antigua con balcones. Luis mira el reloj, impaciente. Elena mira hacia arriba, al tercer piso.

LUIS: Este hombre se está retrasando. Yo a las once tengo una reunión en la oficina. Y María Eugenia tampoco ha venido. Claro que en ella no me extraña.° Siempre nos deja plantados.°

no... *[that] doesn't surprise me /* **nos...** *stands us up*

265

ELENA: No te impacientes, es que está muy mal el tráfico. El departamento debe ser ése en el tercer piso con los balcones. A mí, por fuera me encanta.

LUIS: No te hagas ilusiones° hasta que lo veas.

No... Don't get your hopes up

Llega Alberto, muy apresurado.

ALBERTO: ¿Los señores Larraín?

LUIS: Sí, somos nosotros.

ALBERTO: Vengo para mostrarles el departamento. Soy de la Agencia PRISA. Perdonen el retraso. Había un embotellamiento° horrible en la Avenida Baquedano.

traffic jam

LUIS: Pues vamos a subir a verlo. Yo no tengo mucho tiempo.

ELENA: *(Mirando alrededor)* ¿No esperamos a María Eugenia?

LUIS: Si viene, ella misma subirá. Tiene la dirección.

Entran y suben en el ascensor. Alberto abre la puerta con una llave que trae.

LUIS: Los dos baños están en perfectas condiciones, pero la cocina necesita un poco de trabajo.

ELENA: Son tres dormitorios y una sala,° ¿no? Nosotros sólo necesitamos dos dormitorios.

living room

ALBERTO: Eso no importa, estoy seguro que el arrendador hará los cambios necesarios en la cocina. Lo que importa es la ubicación° del departamento. Está muy cerca de los ejes° grandes Vitacura y Vespucio, y la parada de varios micros° está en la esquina.°

location / main roads
buses
corner

LUIS: Ya, pero dése cuenta de que son quinientos cincuenta mil pesos[5] mensuales en alquiler y no necesitamos el tercer dormitorio.

ALBERTO: No crea que es tanto. En Vitacura los precios han aumentado mucho. Fíjese° todas las comodidades que tiene aquí mismo. El Banco Concepción está en frente, y en la otra cuadra está el correo y hay varias tiendas. Este departamento se lo va a quitar la gente de las manos.° Y tiene orientación mediodía.°

Just look at

se... is going to be snatched up / orientación... southern exposure

ELENA: Es verdad, a mí lo que me encanta es la luz.

Llega María Eugenia y llama a la puerta.

MARÍA EUGENIA: Hola. ¿Éste es el departamento que van a alquilar? Me parece muy viejo. ¿Cuál sería mi pieza°?

room

LUIS: ¿Acabas de llegar y ya empiezas con exigencias°?

demands

ELENA: Mira, María Eugenia, ¿qué te parece esta pieza para ti? Da a° un patio, pero es la más grande.

Da... It opens onto

---

[5]Aproximadamente 650 pesos chilenos equivalen a un dólar estadounidense. Para hacer el cambio con precisión, es necesario consultar un convertidor de divisas *(currencies)* en la red, un periódico reciente, o con un banco.

Comprensión

A. ¿Qué pasó? *Escoja la letra que corresponde a la mejor respuesta.*

1. ¿Dónde están los personajes y por qué se han reunido allí?
   a. Están en el barrio Vitacura porque los señores Larraín quieren alquilar un departamento.
   b. Están en el barrio Vitacura porque Alberto se ha retrasado a causa del tráfico.
   c. Están en el barrio Vitacura porque los señores Larraín esperan a María Eugenia.
   d. Están en un departamento porque los señores Larraín lo han alquilado esta mañana.

2. ¿Por qué llega con retraso el empleado de la Agencia PRISA?
   a. porque no tiene prisa
   b. porque había un embotellamiento en la Avenida Baquedano
   c. porque no le gusta el tráfico
   d. porque estaba esperando a María Eugenia

3. ¿Cómo es el departamento que están mirando?
   a. Tiene dos dormitorios, una sala y balcones.
   b. Tiene dos dormitorios y mucha luz.
   c. Tiene tres dormitorios, un baño y una sala.
   d. Tiene tres dormitorios, dos baños y una sala.

4. ¿Qué es lo que más le gusta a Elena?
   a. Hay mucha luz por dentro.
   b. El alquiler es muy bajo.
   c. Hay bastantes dormitorios.
   d. Los baños están en perfectas condiciones.

5. ¿Qué piensa María Eugenia del departamento?
   a. Dice que no tiene suficientes baños.
   b. Dice que le encanta por fuera.
   c. Dice que quiere que su pieza dé a un patio.
   d. Dice que le parece muy viejo.

B. ¿Qué conclusiones saca Ud.? *Conteste cada pregunta con una oración.*

1. ¿Cuál de los personajes es el más optimista en sus descripciones del departamento, y por qué? _____

   _____

2. ¿Qué hace Alberto que le molesta a Luis? _____

   _____

3. ¿Cómo eran antes los alquileres en este barrio? _____
_____

4. Después de que llega María Eugenia, ¿por qué se impacienta Luis con ella?
_____

5. ¿Qué sugiere Elena para interesar a su hija en el departamento? _____
_____

Conclusión

Después de dividirse en grupos, inventen una conclusión a la **Conversación creadora**
*Buscando un departamento, siguiendo las instrucciones de su profesor/a. Consulten
el* **Vocabulario útil** *al final del capítulo para obtener ayuda con el vocabulario de la
casa, el barrio y el banco.*

INSTRUCCIONES

_____
_____

PERSONAJES

Elena _____

Luis _____

Alberto _____

María Eugenia _____
_____

IDEAS PARA SU CONCLUSIÓN

_____
_____
_____
_____
_____
_____
_____
_____

Enlace gramatical

Construcciones pasivas e impersonales

Hay dos voces o formas gramaticales de los verbos: la voz activa y la voz pasiva. En contraste con el inglés, en español hay más de una construcción que se usa para expresar la voz pasiva.

La voz pasiva con *ser*

1. La voz pasiva es una forma verbal en la que el sujeto no es el que ejecuta la acción, sino el que la recibe. Esta voz se usa sobre todo en el lenguaje escrito. Para expresar la voz pasiva en español, se usa una forma del verbo **ser** y el participio pasado. Observe la siguiente construcción:

   sujeto + **ser** + participio pasado (+ **por** + agente)

   Note que el agente (el que ejecuta la acción) puede ser expresado o no, y que si se expresa, generalmente se introduce con **por.**

2. En la voz pasiva el participio pasado funciona como adjetivo, así que concuerda con el sujeto en género y número.

   Los inquilinos **fueron desalojados** *(evicted)* por el propietario.
   El contrato de arrendamiento **será negociado** por el agente de bienes
      raíces.

Estar + el participio pasado

Se usa **estar** y el participio pasado para expresar una condición o un estado que es el resultado de una acción. En esta construcción se elimina el agente, excepto cuando éste todavía está involucrado *(involved)* en la condición o el estado. El participio pasado concuerda con el sujeto en género y número.

   Las ventanas **están cerradas.**
   El valor del apartamento **está determinado** por la demanda.

La construcción pasiva con *se*

1. El uso de la voz pasiva con **ser** en el español hablado es menos frecuente que en inglés; es preferible conjugar los verbos usando la voz activa. Cuando el agente no es expresado o cuando la identificación del agente no importa, es más común usar una construcción con **se.** De este modo, la acción se hace más objetiva e impersonal. En esta construcción, el verbo tiene que ser transitivo (uno que se puede usar con un complemento directo). Observe la siguiente construcción:

   se + la tercera personal singular o plural del verbo + sustantivo singular o plural

   Se ha renovado la cocina.
   Se construyeron varios condominios en este barrio.

2. Compare el uso de la voz activa y la voz pasiva en las siguientes oraciones:

Elena y Luis **firmaron** el contrato.   *Elena and Luis signed the contract.* (voz activa)

El contrato **fue firmado** por Elena y Luis.   *The contract was signed by Elena and Luis.* (voz pasiva con agente)

Se firmó el contrato.   *The contract was signed.* (voz pasiva sin agente)

Se impersonal

1. Cuando el sujeto de la oración es impersonal o indefinido (lo que en inglés se expresa con *one*, *people*, *they* o *you*), se puede usar la siguiente construcción con **se**:

se + la tercera persona singular del verbo + sustantivo singular o plural

Se dice que el arriendo es razonable.   *They say that the rent is reasonable.*

Se puede entrar por esa puerta.   *You can enter through that door.*

2. En contraste con la construcción pasiva con **se**, es posible usar **se** impersonal con cualquier tipo de verbo (transitivo o intransitivo). Puesto que la construcción pasiva con **se** y **se** impersonal tienen la misma construcción en el singular, el significado reside en el contexto.

Se usa el periódico para vender casas.   *The newspaper is used to sell houses.* (la construcción pasiva con **se**)
People (They, You, One) use(s) the newspaper to sell houses. (**se** impersonal)

Práctica

A. ¡Lo tendré todo listo! *El propietario les asegura a los nuevos inquilinos que su apartamento está en perfectas condiciones. Convierta las siguientes oraciones a la voz pasiva.*

1. Los inquilinos anteriores pintaron las paredes. _____

_____

2. El técnico reparó el aire acondicionado ayer. _____

_____

3. El plomero va a instalar el lavaplatos esta tarde. _____

_____

4. El contratista renovó la sala hace seis meses. _____

_____

5. El conserje limpia el vestíbulo cada mañana. _____

_____

6. La decoradora ha cambiado el papel pintado *(wallpaper)*. _____

_____

B. Una casa en malas condiciones. *Alberto acaba de ver una casa de campo que piensa comprar, pero está en malas condiciones. Escriba una lista de las cosas que necesitan arreglos* (repairs), *usando las siguientes palabras y una construcción con* **estar** *y el participio pasado.*

1. ventanas / romper

_____

2. tubería *(plumbing)* / bloquear / óxido *(rust)*

_____

3. techo / dañar / las lluvias

_____

4. jardín / arruinar / el descuido

_____

5. baldosas / incrustar

_____

6. interior / dividir / muchos tabiques *(partitions)*

_____

C. Avisos para los residentes. *El portero les reparte una lista de avisos a todos los residentes de un nuevo edificio de departamentos en la ciudad de Valparaíso, Chile. Complete cada frase con la construcción pasiva con* **se** *o* **se** *impersonal de los verbos entre paréntesis, según convenga.*

1. (prohibir) _____ fijar carteles en el vestíbulo.

2. No (admitir) _____ mascotas.

3. (exigir) _____ que los arrendatarios paguen el alquiler a principios del mes.

4. (recoger) _____ la basura los jueves por la mañana.

5. No (permitir) _____ renovaciones a menos que se obtenga autorización del propietario.

6. (pedir) _____ a los padres que no dejen a sus niños correr por los pasillos.

Escenas

En parejas (o un grupo de tres), hablen en español *para solucionar y luego describir cada conflicto. El* **Vocabulario útil** *al final del capítulo les ayudará con estas escenas.*

1. **A** You and your cat have recently moved to a new city. You have been looking at apartments for two weeks while staying with a friend. Today you found the ideal apartment, but there is one problem: the landlord doesn't want to rent to people with pets. Try to convince the landlord that your pet is well behaved and will not cause any problems, and that you will be a model tenant.

   B You are the owner of an apartment building who has had bad experiences with pets damaging property. Although you have a vacant apartment that you need to rent as soon as possible, you don't want an animal in the building. You thought you had taken care of this issue in your ads, which clearly state "No Pets Allowed" **(No se admiten mascotas).** Try to convince this prospective tenant to give the cat to a friend. Offer to reduce the security deposit if he or she agrees to your no-pet policy.

2. **A** You live in a small apartment in the center of a busy city, and you are getting tired of the urban environment and its problems. You would like to move to a larger apartment in a quiet neighborhood outside the city, even though it means that you and your partner will be much farther from your jobs. You hope someday to quit your job and write novels, although you have never told this to anyone.

   B Today at work you received a big promotion and a hefty pay increase; however you will have to work longer hours. You think that now you can afford a spacious, elegant apartment in the city. Try to convince your partner to move to a more luxurious urban apartment, reminding him or her of all the benefits and conveniences that living in the city has to offer.

3. **A** You and your partner have just come back from seeing a wonderful house for rent. Although you like this house, you are certain you can't afford it. Explain that if you rent a house that's too much for your budget—that takes more than 30 percent of your income—you could go bankrupt. Try to persuade your partner that you should keep looking.

B You think that you and your partner should rent the house of your dreams now that you have found it. You are convinced that you can manage financially: you can cash in a CD (**cobrar un CD**) for the security deposit, and you can cut back on expenses in order to afford the rent. You also think that you can get an option to buy the house and that it would be a good investment. Convince your partner that the two of you should sign a lease for this house.

4. A You are the landlord of an apartment building in Cartagena, Colombia. Today, a group of four North American college students inquired about renting an apartment for the summer. You are afraid to rent to young people because you think they might damage your property. However, you could use the rental income.

B You are a student at a North American university and your Colombian-born mother has arranged summer jobs for you and three friends as bilingual tour guides in Cartagena. However, you are having trouble renting an apartment. You like the apartment you saw today. Try to convince the landlord that you and your friends are responsible people who would maintain the property. If necessary, you are willing to pay an extra month's rent to get this apartment.

C You are the mother of a responsible and mature young adult (B). Assure the landlord by telephone that your son/daughter and his/her friends will be excellent tenants.

Más actividades creadoras

El **Vocabulario útil** *al final del capítulo le ayudará con estas actividades.*

A. Dibujos. *Invente una narración, tomando los siguientes dibujos como punto de partida. Su cuento debe explicar quiénes son estos personajes, qué han hecho antes, qué está ocurriendo ahora y qué van a hacer en el futuro.*

B. Uso de mapas y documentos. *Refiérase a estos anuncios por palabras (classified ads) para el alquiler de apartamentos del periódico puertorriqueño El Nuevo Día para contestar las siguientes preguntas.*

Río Piedras

GARDEN VALLEY CLUB – PH, 3-2, a/c, split units, 2 pkgs., acceso controlado, enseres. No Plan 8.[1] $975. mens. Sr. Ruiz **283-1148**

SKY TOWER I – 2H-1B. Equipado. Excelentes condiciones. Facilidades recreativas. $725. induye mant.[2] **720-7271, 939-940-0404**

VILLA NEVAREZ – Cerca Centro Médico, amueblado $475. Sin amueblar $425. Agua incluida. Aire acondicionado Inf **508-7700**

PARK GARDENS – 2c/2b, 2pkg, 4ac, sala, comedor, cocina, family, oficina, cerca UPR, no agua / luz, **642-9880**

SAN GERARDO – ¡Nuevo! Incluye agua, área pkg., 2H-1B, cocina, sala, control acceso, Seg. 24 hrs. $600. Tel. **274-1834 / 760-6050**

HILLSIDE – Cerca Inter amueb Agua, luz, cable. Pers. sola. entrada indep., Otro 3/2, pkg, CTV, cocina equipa., No subsidio. (787) **789-6508.** Cel. **310-2259**

HYDE PARK – 1 min. Exp. Piñeiro (Ave. Central) y UPR 1h-1b $525. 2h-1b $650, 3h-2b $900. Amplios, equip., A/c y Seg. **754-1370**

BOSQUE REAL – Al Lado Fund. L.M.M. 2-2, amueb., A/C, 2 pkgs, piscina, seguridad 24 horas, $850. **259-4041, 249-4626, 844-0370**

LA RIVIERA – Apto. 2H, nevera, estufa, Pkg. Para estudiante o persona sola, cerca Centro Médico $400. Inf. **783-8258, 375-8887**

ESTANCIAS DE BOULEVARD – 3H-2B, patio, amueblado, 2pkg, piscina, cancha de tenis, gimnasio. Cel. (787) **810-0966**

CAIMITO ALTO CAMINO MORCELO – 1-1, desde $400. luz, agua, pkg., nev. est., lav., sec., etc. vista espect., fresco. ¡Véalo! **614-2010**

URB. PURPLE TREE – Apto. fresco y cómodo. Área céntrica Río Piedras. Renta $650. Tel. (787) **344-8919**, (787) **528-7029**

ALQUILER APTO

Area Centro médico. Apartamento soltero, Hombre solo, Equipado/amueblado. Aire acondicionado, agua/luz, entrada independiente, parking, excelente localización. $550.........**306-7695. 306-7694**

TORRES DE ANDALUCÍA – 3H-1B, induye, estufa, 2 A/C, seg., 1pkg. $650 + fianza. Acepto Plan 8. Inf. **448-3918, 450-7384, 764-7433**

COND. EL PARAISO – Vista: 2 H, 2 pkg, amueblado, $900 /#11659

BALCONES STA MARÍA – Gdn: bonito, 3h, pisc, 2 pkg, $950 /#5213

EL ESCORIAL MILLA DE ORO – 3H, 2b, pkg, $850/#7117/**758-1933**/ LIC. 016

ALQUILER APARTAMENTO

Alquilo 3 Apt. incluye agua, luz, $250.00 CANEJA, CAIMITO BAJO. Tel. **787-708-8479.** 5 a 9 pm.

COLLEGE PARK – 1ra. y 2da. planta. 2/1, estufa, nevera, parking. Incluye agua. $650 y $675. Inf. **787-949-4915.**

CAPARRA HEIGHTS – 2/1, 2da. planta. Fresco, tranquilo. Induye agua, luz, nevera, estufa y parking. $675. **787-949-4915.**

URB. COUNTRY CLUB – Apto. de 1h y 2h, 1b. Se acepta plan 8. Buen vecindario. Info. J M & Asociados. **776-5965** L-V 9-12 y 1-5.

COND. VILLA MAGNA – A pasos Expreso Martinez Nadal y Hosp. Metropolitano. Vista espectacular, 2H-1B, 2Pkg bajo techo, pool. $750 MEAUX **790-6499** Lic.5593.

PARC. FALU – Sala, Comedor, 2H grande, 1B, Balcón, Laundry, Marq. Ind. Agua $550.00 **763-0039**

ALQUILER APARTAMENTO

HILLS BROTHERS 2h-1b, $400. mens. con agua y luz. **751-1527**

---

[1] Plan 8, conocido también como Sección 8, es un programa de vivienda del gobierno estadounidense, administrado por la agencia federal HUD *(Housing and Urban Development)*. Este programa les da un subsidio a inquilinos que lo necesitan para que puedan pagar el alquiler en edificios que participan en el programa.

[2] **Mant** se refiere a **mantenimiento** *(maintenance)*.

1. ¿Cuáles son dos apartamentos cercanos a la Universidad de Puerto Rico (UPR) en Río Piedras?

2. Además de la ubicación, ¿cuáles son algunas de las ventajas de los apartamentos que se ofrecen?

3. ¿Cuál es el apartamento más caro en estos anuncios, y cuánto cuesta? ¿Cuál es el apartamento más económico, y cuánto cuesta?

4. ¿Cuál apartamento escogería Ud. si tuviera un presupuesto limitado, y por qué? ¿Viviría solo/a o compartiría un apartamento con amigos? Explique sus razones.

5. ¿Cómo se comparan estos apartamentos con algunos ofrecidos en el periódico de su pueblo o ciudad?

C. A escuchar. *Escuche la entrevista en la que una persona contesta algunas preguntas sobre la vivienda. (Para ver las preguntas, refiérase al ejercicio D, número 1.) Luego, conteste las siguientes preguntas en la forma indicada por su profesor/a.*

1. ¿Cómo se llama la persona entrevistada, y de dónde es?

2. ¿Dónde y con quiénes vive esta estudiante universitaria? ¿Tienen algunas mascotas?

3. ¿Cómo es su casa?

4. ¿Cómo es su jardín?

5. ¿Por qué dice que el *living* es su lugar favorito de la casa? Para Ud., ¿cuál es el lugar favorito de su casa, y por qué?

D. Respuestas individuales. *Piense en las siguientes preguntas para contestarlas en la forma indicada por su profesor/a.*

1. ¿Cómo es el departamento, la casa o la residencia estudiantil en que vive Ud. ahora? Describa su vivienda en detalle.

2. Asuma el papel de arquitecto/a para diseñar la casa ideal. Luego, haga una presentación a un «cliente potencial» (la clase).

E. Contestaciones en parejas. *Formen parejas para completar las siguientes actividades.*

1. Ordenen la siguiente lista de factores que influyen en una decisión para alquilar un apartamento, señalando con números (1–12, siendo el primero el más significativo) la importancia de cada factor. Luego, comparen su lista con las de otras parejas.

_____ vecinos simpáticos		_____ cocina ultramoderna	
_____ barrio prestigioso		_____ habitaciones grandes	
_____ mucha luz natural		_____ aire acondicionado	
_____ alquiler justo		_____ garaje	
_____ recién pintado		_____ jardín	
_____ baños en perfectas condiciones		_____ piscina	

2. En cada pareja, un/a estudiante será el/la dueño/a de una casa que quiere vender, y el/la otro/a será alguien que quiere comprarla. La casa se sitúa en Coral Gables, un barrio bonito en Miami. Tiene tres dormitorios, dos baños y un garaje doble. Tendrán que discutir el precio hasta que lleguen a un acuerdo. Luego, comparen su precio final con los de otras parejas.

F. Proyectos para grupos. *Formen grupos de cuatro o cinco personas para completar estos proyectos.*

1. Diseñen una residencia estudiantil en que le gustaría mucho vivir. Luego, describan su edificio a la clase.

2. Compongan tres anuncios para bienes raíces: uno para vender una casa grande en un barrio lujoso, uno para vender una casa pequeña en un lugar de gran belleza natural y uno para alquilar un apartamento cercano al campus.

G. Discusiones generales. *La clase entera participará en discusiones usando como base las siguientes preguntas.*

1. ¿Cuáles son las ventajas de arrendar y cuáles son las de comprar un condominio o una casa? Un/a estudiante puede resumir las ventajas en dos listas en la pizarra. En su clase, ¿cuál alternativa es preferida? Dentro de diez años, ¿cuál será la alternativa preferida en su opinión?

2. Formen dos comités para sugerir reformas en las residencias estudiantiles de su universidad o de una universidad que Uds. conocen. Preparen una lista de las reformas que Uds. consideran urgentes. Luego, comparen sus recomendaciones con las del otro comité.

Vocabulario útil

LA CASA

Sustantivos

el acero	*steel*
el aire acondicionado	*air conditioning*
la alfombra	*carpet; rug*
el armario, el clóset *(H.A.)*	*closet*
el arreglo	*repair*
el ascensor, el elevador *(Mex.)*	*elevator*
el ático, el desván, el altillo	*attic; top floor of an apartment house*
la baldosa	*floor tile*
el barrio, el vecindario, la vecindad	*neighborhood*
la calefacción	*heating*
el calentador	*heater*
la cañería, la tubería, la fontanería *(Sp.)*	*pipes; plumbing*

el cemento	*cement, concrete*
el césped, el pasto *(H.A.)*, el zacate *(Mex.)*	*lawn, grass*
la cocina	*kitchen*
el comedor	*dining room*
el condominio	*condominium*
el contratista de obras	*building contractor*
la cortina	*curtain*
el diseño	*design*
el enchufe	*electrical socket or plug*
los enseres domésticos	*household equipment*
las escaleras	*stairs*
la estufa	*stove*
la finca	*farm, country home*
el fraccionamiento, la urbanización *(Sp.)*	*subdivision, (housing) development*
el fregadero	*kitchen sink*
el gas	*gas*
la habitación, la pieza *(H.A.)*	*bedroom; room*
la hectárea	*hectare (2.47 acres)*
el hierro	*iron*
el hogar,[6] la chimenea	*fireplace*
el horno	*oven*
el (horno de) microondas	*microwave (oven)*
el jardín	*garden*
el ladrillo	*brick*
el lavaplatos, el lavavajillas	*dishwasher*
la losa	*tile*
la luz	*light; electricity*
la maceta, el tiesto	*flowerpot*
la madera	*wood*
el mantenimiento	*maintenance*
el metro cuadrado	*square meter (1 meter = 3' 3.3")*
el mueble	*piece of furniture*
el muro	*wall (to enclose an exterior space)*
el papel pintado/tapiz/de empapelar	*wallpaper*
la pared	*wall (between two rooms)*
el pasillo	*hall, hallway*
la persiana	*venetian blind*
el pie cuadrado	*square foot*
la piedra	*stone*
la pintura	*paint; painting*
la piscina, la alberca *(Mex.)*	*swimming pool*
el plano de distribución	*floor plan*
la reforma	*repair; improvement*
la reja	*iron grille on a window*

---

[6]**El hogar** is also used figuratively for "home."

la sala, el salón, el *living*	*living room*
el sistema de riego automático	*automatic sprinkler system*
el sótano	*basement*
el suburbio	*suburb*
el suelo, el piso *(H.A.)*	*floor (of a room)*
el tabique	*partition or thin wall; brick (Mex.)*
el taller	*workshop, shop*
el techo	*roof*
el terreno	*land*
el toldo	*awning*
la ubicación	*location*
el/la vecino/a	*neighbor*
el ventilador	*fan*
el vestíbulo	*entrance hallway, foyer; lobby*

Verbos

amueblar, amoblar (ue) *(H.A.)*	*to furnish*
construir	*to build*
desalojar, desahuciar	*to evict*
diseñar	*to design*

Adjetivos

amueblado/a, amoblado/a *(H.A.)*	*furnished*
gastado/a	*worn out, shabby*
inflado/a	*inflated*
inmobiliario/a	*having to do with real estate*
justo/a	*fair, just*

Expresiones

meterse en obras	*to undertake a remodeling or construction project*

Vocabulario individual

_____   _____

_____   _____

_____   _____

_____   _____

_____   _____

_____

EL BARRIO

Sustantivos

la barbería	*barbershop*
el/la cartero/a	*mail carrier*

el buzón	*mailbox*
los comestibles	*groceries*
la comida para llevar	*take-out food*
la comodidad	*convenience, comfort, amenity*
el correo	*post office*
el distrito	*district*
el gimnasio	*gym*
la guardería	*nursery school; day care center*
el salón de belleza, la peluquería	*beauty salon, hairdresser's*
la tintorería	*dry cleaner's*

Adjetivos

antiguo/a	*old*
comercial	*commercial*
concurrido/a	*busy, crowded*
conveniente	*convenient*
inconveniente	*inconvenient*
moderno/a	*modern*
residencial	*residential*
rural	*rural*
suburbano/a	*suburban*
tranquilo/a	*calm, quiet, peaceful*
urbano/a	*urban*

Vocabulario individual

_____   _____

_____   _____

_____   _____

_____   _____

_____   _____

EL BANCO

Sustantivos

el cajero automático	*automated teller (ATM)*
el CD, el certificado de depósito	*CD, certificate of deposit*
la cuenta bancaria	*bank account*
la cuenta corriente, la cuenta de cheques *(Mex.)*	*checking account*
la cuenta de ahorros	*savings account*
la demanda	*demand*

la entrada, la cuota inicial, el enganche *(Mex.)*	*down payment*
la ganancia	*profit*
la hipoteca	*mortgage*
los ingresos	*income*
la inversión	*investment*
la libreta de ahorros	*savings passbook*
la oferta	*offer, bid; supply*
el pago	*payment*
la pérdida	*loss*
el porcentaje	*percentage*
el préstamo	*loan*
la propiedad	*property*
el talonario de cheques, la chequera	*checkbook*
la tasa de interés	*interest rate*

Verbos

ahorrar	*to save*
depositar, ingresar *(Sp.)*	*to deposit*
invertir (ie)	*to invest*
negociar	*to negotiate*
retirar, sacar	*to withdraw*
valer	*to be worth*

Expresiones

cobrar un CD	*to cash in a CD*
cobrar un cheque	*to cash a check*
estar en bancarrota/quiebra	*to be bankrupt*
pedir (i) prestado/a	*to borrow*
pedir (i) un préstamo	*to apply for a loan*

Vocabulario individual

_____   _____

_____   _____

_____   _____

_____   _____

_____   _____

_____   _____

CAPÍTULO 11
Los automóviles y las indicaciones

OBJETIVOS: Aprender a...

◆ obtener, interpretar y presentar información relacionada con los automóviles y el tráfico.

◆ alquilar un auto.

◆ dar y seguir indicaciones.

NOTAS CULTURALES
Hispanoamérica

Tráfico en una calle del viejo San Juan, Puerto Rico

Las reformas económicas de las últimas décadas han fomentado° la expansión del mercado automotriz° latinomericano y han impulsado la construcción de muchas nuevas carreteras.° Desde hace más de sesenta años se establecieron en muchos de los países latinoamericanos las principales compañías de autos a nivel mundial. De hecho estas compañías no sólo han abierto muchas distribuidoras en distintas ciudades, sino que han establecido instalaciones de fabricación y ensamblaje° de autos. Es por eso que en todas las ciudades se ven autos de marcas como Ford, General Motors y Volkswagen entre otras. Si bien muchas de las reformas económicas de las últimas décadas han permitido que compañías extranjeras penetren el mercado automotriz latinoamericano, también es cierto que el precio de los automóviles y de la gasolina en general son muy caros y el poder adquisitivo° per cápita es muy bajo en muchos casos. Así que la cantidad de autos total por habitante —ya sean nuevos o de segunda mano— es mucho menor a la de los Estados Unidos. También es frecuente ver un gran número de autos de modelos muy viejos junto a los últimos modelos de Mercedes Benz, BMW o Audi. El reducido número de carros se debe no sólo a factores económicos, sino al hecho de que la mayoría de las ciudades cuentan con un

promoted
automotive
highways

assembly

poder... *buying power*

extenso sistema de transporte urbano que además es muy barato, de manera que para mucha gente tener auto propio no es una necesidad apremiante.° · *pressing*

En la mayoría de los países hispanos el fluir° del tráfico es similar al de los Estados Unidos. Asimismo, las señales de tráfico generalmente emplean los mismos diseños,° y a veces hasta los mismos colores, con un significado idéntico o casi idéntico al de las señales que se usan en los Estados Unidos y Canadá, aunque existen variaciones de un país a otro. Los conductores° suelen ser mayores de dieciocho años, ya que ésa es la edad legal para conducir° en casi toda Latinoamérica. · *flow / designs / drivers / to drive*

Manejar° un auto en una gran ciudad latinoamericana puede considerarse una forma de aventura urbana. La circulación del tráfico en general, como ocurre en casi todas las grandes metrópolis del mundo, puede ser muy pesada y desordenada, sobre todo a las horas pico° en las zonas comerciales e industriales. En lugares como la Ciudad de Panamá, el tráfico es un tanto caótico y los conductores usan la bocina° constantemente; además a veces manejan con exceso de velocidad, ignoran las líneas que dividen los carriles,° y no hacen caso de° las señales de tráfico. Todo esto ocurre a pesar de que el Departamento de Tránsito es cada vez más° estricto y la policía de tránsito aplica multas° que van desde los veinticinco dólares[1] por conducir sin cinturón de seguridad o por hablar por teléfono celular al conducir, hasta los sesenta dólares por pasar el semáforo° en rojo y cien dólares por conducir en estado de embriaguez comprobado.° · *To drive / horas... rush hours / horn / lanes / hacen... pay attention to / cada... more and more / fines, tickets / traffic light / embriaguez... proven inebriation*

Alquilar un carro en la mayoría de los países hispanoamericanos es relativamente fácil. Muchas de las principales compañías estadounidenses de alquiler de autos como Hertz, National, Dollar, Avis, Budget, Thrifty y Alamo tienen oficinas en muchos países, y también hay grandes compañías latinoamericanas como Localiza. Para alquilar un auto se requiere una licencia de manejar° vigente° en su país de origen, pasaporte y una tarjeta de crédito. La edad legal mínima para alquilar un auto en algunos países es de veintiún años, pero muchas agencias de alquiler de autos requieren que el conductor tenga cuando menos° veinticinco años. Normalmente, es posible devolver el auto a la agencia en oficinas de otras ciudades, pagando una tarifa. Sin embargo, los autos alquilados en un país no pueden llevarse al otro lado de la frontera° bajo ninguna circunstancia. · *licencia... driver's license / valid / cuando... at least / border*

[1]Aunque la moneda nacional de Panamá es el balboa, éste equivale a un dólar estadounidense, y los únicos billetes que circulan son dólares.

España

Agente de alquiler de coches en el Aeropuerto de Barajas, a 15 km. de Madrid

En España el número de coches ha aumentado mucho en la última década, y se han ampliado también las redes de carreteras y autopistas.[2] *freeways* El mantenimiento del coche es relativamente caro principalmente por el precio de la gasolina; los europeos pagan más del doble de lo que pagan los norteamericanos. A esto hay que agregar° el costo de las reparaciones° *to add / repairs* y el aparcamiento° que también suelen ser un poco más caros que en *parking* Norteamérica.

La circulación automovilística es bastante caótica en todas las ciudades españolas. No se suele hacer mucho caso de las prohibiciones para aparcar° *to park* en determinadas zonas, lo cual motiva multas que se envían a domicilio o una sanción conocida como el cepo,° que se pone en una de las ruedas para *wheel clamp* inmovilizar el coche. También existe otro castigo° mucho más temido: la *punishment* grúa.° Cuando un coche está descaradamente° mal aparcado y supone un *towtruck / brazenly* peligro o una interrupción para los demás, se expone° a que pase por allí el **se...** *it exposes itself* servicio de la grúa municipal que se lleva el coche en cuestión a unos depósitos° en las afueras° de la ciudad. Allí tendrá que ir a buscarlo el *storage depots / outskirts* dueño del coche sancionado. Y además, aparte del tiempo que le hará perder esta tarea, tendrá que pagar una multa más alta.

---

[2]En España hay dos tipos de autopistas: las **autovías** que son gratuitas y las **autopistas** propiamente dichas que son de pago.

Últimamente son más severos, en carretera, los controles de alcoholimetría (análisis del grado de alcohol en la sangre), porque conducir en
estado de embriaguez es el motivo de la mayor parte de los accidentes.

Gracias a la competencia entre las muchas agencias, el alquiler de
coches en España es el más barato de Europa, particularmente fuera de la
temporada turística. Las compañías más conocidas son National-Atesa,
Avis, Budget, Europcar, Hertz y Thrifty pero por lo general, los precios más
baratos se consiguen en las pequeñas agencias locales. Antes de alquilar un
coche, el arrendatario debe consultar con su proveedor° de seguro auto-   *provider*
movilístico y con la compañía que administra su tarjeta de crédito, para
averiguar si necesita comprar seguro adicional de la agencia para prote-
gerse si el coche sufre algún daño o robo.[3]

Comprensión y comparación

Conteste las siguientes preguntas en la forma indicada por su profesor/a.

Hispanoamérica

1. ¿A qué se debe el reducido número de carros en las ciudades
   latinoamericanas? Señale dos razones. _____
   _____

2. ¿Cómo son similares el tráfico en la mayoría de los países hispanos y en los
   Estados Unidos? _____
   _____

3. ¿Cuál es la edad legal para conducir en la mayoría de los países
   latinoamericanos? ¿Cómo se compara esta edad con la edad mínima para
   manejar en su región? _____
   _____

4. ¿Cómo es el tráfico en la Ciudad de Panamá, y cómo se compara con el tráfico
   donde Ud. vive? _____
   _____

5. ¿Cómo son las multas aplicadas por la policía del Departamento de Tránsito
   en Panamá por algunas infracciones, y cómo se comparan éstas con las
   multas que se aplican en su región? _____
   _____

6. ¿Cuáles son los requisitos para alquilar un auto en un país hispanoamericano,
   y cuál es la edad para alquilar un auto que se requiere en muchas agencias?
   _____
   _____

---

[3]Este seguro adicional se denomina **protección opcional sin franquicia** *(exemption)* en español, y
puede incluir lo que en inglés se llama *Collision Damage Waiver (CDW)* y *Loss Damage Waiver (LDW)*.

España

7. ¿Cómo se comparan los gastos para un automóvil en España con los que pagan los norteamericanos? _____

8. ¿Qué castigos se aplican a los coches mal aparcados y cuál es el más temido? ¿Cómo se comparan estos castigos con los que se aplican por la misma infracción donde Ud. vive? _____

9. ¿Qué hacen los controles de alcoholimetría y por qué son importantes? _____

10. ¿Cómo son los precios de alquiler de coches y en qué clase de agencias generalmente se pueden conseguir los precios más módicos? _____

🌐 Conexión Internet

Investigue los siguientes temas en la red. Vaya primero a **http://college.hmco.com/ languages/spanish/students,** *y de ahí al sitio de* **Conversaciones creadoras** *para encontrar enlaces. Si busca sus propios enlaces, será necesario hacer clic en «español» y apuntar las direcciones que utilice.*

1. **Las agencias de alquiler de automóviles.** Investigue algunas agencias de alquiler de autos en Hispanoamérica para informarse sobre sus flotas *(fleets)*, sus tarifas, sus ofertas *(offers)* corrientes, y sus requisitos para alquilar. Luego, escoja dos agencias (en la misma región o en distintas regiones) y compárelas. ¿Cómo son semejantes, y en qué difieren estas dos agencias? ¿Qué tipo de vehículo alquilaría Ud. de cada agencia si estuviera ahí, y por qué?

2. **Buscando un carro o una motocicleta.** Vaya a varios sitios de venta de carros nuevos y usados en el mundo hispano para evaluar los carros y/o las motos que se ofrecen. Luego, seleccione dos vehículos que le interesan: uno nuevo y uno de segunda mano. Explique por qué los escogió, señalando sus características y comentando los precios. ¿Cómo se comparan estos vehículos con algunos en venta en su país?

3. **La mejor ruta.** Planee un viaje en carro de tres días para Ud. y un/a compañero/a en un país hispano, usando los mapas y la información en varios sitios en la red. Señale la ruta que piensa seguir y cuántos kilómetros intentará manejar cada día. Indique también dónde van a dormir cada noche, dónde van a parar para comer, y qué quieren ver durante su viaje.

4. **La seguridad vial *(Road safety)*.** Lea algunos artículos, consejos y minipruebas en sitios sobre la seguridad vial. Luego, indique cinco puntos de información que le parezcan importantes, y explique por qué los escogió.

Vocabulario básico

EL MANEJO DE UN AUTOMÓVIL[4]

Sustantivos

la avería	*breakdown; damage*
la bocina, el claxon	*car horn*
el cambio *(H.A.)*, la marcha *(Sp.)*	*gear; gearshift*
el/la conductor/a, el/la chofer[5]	*driver*
la gasolinera, la estación de servicio *(H.A.)*	*gas station, service station*
el gato	*jack*
la licencia de manejar *(H.A.)*, el carnet de conducir *(Sp.)*	*driver's license*
la llanta *(H.A.)*, la goma *(H.A.)*, el neumático	*tire*
la multa	*fine, ticket*
el pinchazo, el ponchazo *(Mex.)*	*flat tire*
la placa *(H.A.)*, la matrícula *(Sp.)*	*license plate*
el semáforo	*traffic light*

Verbos

arrancar	*to start* (referring to a vehicle or a motor)
chocar con	*to crash, to collide with, to run into*
estacionar *(H.A.)*, aparcar *(Sp.)*	*to park*
doblar, girar, virar *(H.A.)*	*to turn*
frenar	*to brake*
funcionar	*to work, to function* (referring to a machine or an appliance)
manejar *(H.A.)*, conducir	*to drive*
seguir derecho, ir adelante, seguir recto *(Sp.)*	*to go straight ahead*

Adjetivos

desinflado/a	*deflated*

Expresiones

dar la vuelta	*to turn around*
dar marcha atrás, meter reversa *(Mex.)*	*to back up, to put into reverse*
o sea	*in other words, that is to say*
¡Vaya por Dios!	*For goodness' sake!* (not blasphemous; used to express displeasure in response to an unpleasant event or a piece of bad news)

---

[4]Otras palabras para el automóvil son **el auto** y **el carro** (Hispanoamérica) y **el coche** (España). El vocabulario automovilístico varía entre los muchos países hispanohablantes. Sin embargo, la terminología en el **Vocabulario básico** y en el **Vocabulario útil** es más o menos universal.

[5]En España la palabra «chofer» se escribe con acento: «chófer».

Práctica del Vocabulario básico

A. Definiciones. *Empareje las columnas.*

_____ 1. la estación de servicio
_____ 2. funcionar
_____ 3. conducir
_____ 4. dar la vuelta
_____ 5. desinflado
_____ 6. arrancar
_____ 7. el cambio
_____ 8. el semáforo
_____ 9. frenar
_____ 10. la avería
_____ 11. o sea
_____ 12. dar marcha atrás
_____ 13. la placa
_____ 14. el gato
_____ 15. seguir derecho

a. iniciarse el funcionamiento
b. en otras palabras
c. detener un carro o disminuir la velocidad
d. el daño que impide el funcionamiento de una máquina
e. la hoja de metal con números y/o letras que identifica un auto
f. el aparato eléctrico con luces que regula el tráfico
g. ir adelante
h. el mecanismo que permite ajustar la velocidad del motor de un vehículo al régimen de revoluciones
i. el sitio donde se vende gasolina
j. ir hacia atrás
k. guiar el movimiento de un vehículo
l. ejecutar una función
m. cambiar el movimiento al revés
n. el aparato que sirve para levantar una parte de un auto mientras se cambia una llanta
ñ. sin el aire que llenaba una cosa

B. Sinónimos o antónimos. *Para cada par de palabras, indique si el significado es igual (=) o lo opuesto (≠).*

1. aparcar _____ estacionar
2. el chofer _____ el pasajero
3. el neumático _____ la llanta
4. o sea _____ es decir
5. desinflado _____ inflado
6. dar marcha atrás _____ adelantarse
7. el pinchazo _____ la llanta desinflada
8. funcionar _____ marchar
9. arrancar _____ parar
10. frenar _____ acelerar
11. ¡Vaya por Dios! _____ ¡Caramba!
12. la bocina _____ el claxon
13. girar _____ seguir derecho
14. la multa _____ el dinero que se paga por una infracción
15. la avería _____ el daño

C. Párrafo con espacios. *Llene cada espacio en blanco con la forma correcta de la palabra más apropiada de la siguiente lista.*

la placa
la multa
el pinchazo
¡Vaya por Dios!
la licencia

el/la conductor/a
chocar con
manejar
el claxon
el semáforo

El accidente ocurrió hace dos segundos.

—(1) _____ —exclama Ricardo—. Me van a poner
(2) _____, seguro.

Hace un instante, su nuevo carro acaba de (3) _____ el
carro que iba por delante.

—¿Y a ti, por qué? —pregunta su amiga Isabel, sentada a su lado—. Si tú no
hiciste nada. ¡Si fue la culpa de aquel (4) _____ idiota! ¡Ni
siquiera sabe (5) _____!

—Sí, eso mismo, lo que pasó fue que paró de una manera tan brusca que no tuve
tiempo ni para tocar (6) _____. No te hizo nada, ¿verdad?

—No, no, estoy perfectamente bien. ¿Y tú?

—No creo que me haya hecho nada —murmura Ricardo, mirando
alrededor—. No es para tanto.

En este momento, se acerca un policía.

—¿Es Ud. el conductor de este auto? —le pregunta a Ricardo.

—Sí, señor —responde éste, todavía mirando (7) _____
que ahora está en verde. Se da cuenta de que el otro carro tiene un
(8) _____ en una llanta y puede ver algunas abolladuras
(dents) causadas por el impacto.

—¿Han sufrido algún daño? —pregunta el policía, mirando a Ricardo e Isabel
por la ventanilla.

—Que yo sepa, no —contesta Ricardo.

—Hágame el favor de salir del carro —comienza el policía—. Necesito
confirmar algunos datos. Su (9) _____, por favor.

—Aquí la tiene —contesta Ricardo, sacándola de la billetera.

—¿Y el número de (10) _____ de su auto? —continúa el
policía.

—A ver —contesta Ricardo, mirándola— es 8185 Y6 99.

D. Oraciones originales. *Escriba cinco oraciones, usando las palabras indicadas en cualquier orden.*

EJEMPLO: la conductora/la bocina

> Juan Carlos hizo sonar *(honked)* la bocina cuando una conductora cruzó la línea divisoria de la carretera.

1. el carnet de conducir/chocar _____

_____

_____

2. la marcha/la gasolinera _____

_____

_____

3. doblar/seguir derecho _____

_____

_____

4. la llanta/el gato _____

_____

_____

5. dar la vuelta/estacionar _____

_____

_____

CONVERSACIÓN CREADORA
Una aventura en la carretera

PERSONAJES

ARACELI, 29 años
TATIANA, 35 años
EMPLEADO DE LA AGENCIA DE ALQUILER DE COCHES
SEBASTIÁN, 42 años
GREGORIO, 28 años

ESCENARIO

Una calle de Madrid. Al fondo hay una fachada° donde dice «Alquiler de coches Españacar». A la puerta del establecimiento hay un coche en el que acaban de sentarse Araceli y Tatiana. Tatiana, al volante,° habla con el empleado a través de la ventanilla abierta.

facade

steering wheel

EMPLEADO: *(Entregándole° las llaves)* Aquí tiene las llaves. Ya le he dicho   *Handing over to her*
que si está acostumbrada a la marcha automática, al principio
le parecerá un poco dura la palanca,° pero tiene una estabili-   *gearshift, stick shift*
dad estupenda este coche, se pega muy bien a la carretera.°   **se...** *it holds the road well*

TATIANA: Esperemos que sea así.

ARACELI: O sea que para salir a la carretera de Extremadura tenemos
que coger la M-30.

Despliega° un plano y se lo enseña al empleado, que da la vuelta y   *She unfolds*
cambia de ventanilla.

EMPLEADO: Exactamente. Siga hasta la Casa de Campo y luego a la
izquierda. *(Sonriendo)* O sea que usted va de copiloto.

TATIANA: Sí, es muy experta, da gusto viajar con ella.

EMPLEADO: Pues nada, que se diviertan. Y a ver si se encuentran con
don Quijote,[6] que andaba por esas tierras de la Mancha. Son
ustedes extranjeras, ¿no?

ARACELI: Ella sí, yo no aunque he vivido mucho tiempo en Chicago.
Hasta la vuelta.° Ponte el cinturón, Tatiana.   **Hasta...** *See you when we
get back.*

Arrancan el coche y avanzan por el camino indicado en el plano. Araceli
bosteza.°   *yawns*

TATIANA: Estamos casi saliendo a la carretera de Extremadura. Lo tengo
claro. Si quieres, puedes bajar el asiento y dormir un ratito.

ARACELI: De acuerdo, gracias.

Al cabo de un rato, Araceli, que iba dormida, se despierta ante una
sacudida° del coche que se ha detenido bruscamente. Están en pleno°   *jolt /* **en...** *in the middle of*
campo, a varios kilómetros de Madrid.

ARACELI: ¡Vaya por Dios! ¿Qué ha pasado?

TATIANA: No sé, me parece que es un pinchazo.

Se bajan las dos y comprueban° que efectivamente un neumático de   *they confirm*
atrás está desinflado.

ARACELI: Pues vaya un plan,° ¿sabes tú cambiar un neumático?   **Pues...** *Well there go our
plans / car trunk*
(Abriendo el maletero°) Por lo menos el neumático lo tenemos, pero el gato no lo veo.

TATIANA: Yo tampoco. Tendremos que pedir ayuda.

Se paran al borde de la carretera y empiezan a hacer señales de
autostop,° pero ningún coche se detiene.   *hitchhiking*

ARACELI: La época de autostop ya ha pasado. Ahora la gente desconfía.°   *are distrustful*
Como no pase un camión...

---

[6]Aquí se refiere al protagonista de la novela clásica *El ingenioso hidalgo Don Quijote de la Mancha*
de Miguel de Cervantes Saavedra, publicada en 1605.

Pasa un camión y se detiene en el arcén° ante las señales expresivas de   shoulder
Araceli. Da marcha atrás y se para a unos metros de las mujeres. Bajan
Sebastián y Gregorio.

SEBASTIÁN: ¿Qué les pasa a estas chicas tan guapas?

GREGORIO: ¿Necesitan ayuda? Aquí nos tienen.

ARACELI: *(A Tatiana, en voz baja)* Lo malo de los camioneros es que
son muy ligones.° Pero son buena gente.   womanizers

TATIANA: Pues verá usted...

Comprensión

A. ¿Qué pasó? *Escoja la letra que corresponde a la mejor respuesta.*

1. ¿Adónde van Tatiana y Araceli en el coche alquilado?
   a. a una calle de Madrid
   b. a Chicago
   c. a la Casa de Campo
   d. a Extremadura

2. ¿De dónde son las dos mujeres?
   a. Araceli es extranjera pero Tatiana es española.
   b. Las dos son españolas, pero una ha vivido en Chicago por mucho tiempo.
   c. Tatiana es extranjera pero Araceli es española.
   d. Las dos son extranjeras.

3. ¿Por qué se despierta Araceli?
   a. porque hay una sacudida del coche
   b. porque llegan dos camioneros
   c. porque Tatiana no puede hallar la M-30
   d. porque quiere ver el paisaje

4. ¿Qué les impide a Tatiana y Araceli cambiar el neumático?
   a. Tatiana no sabe cambiar un neumático.
   b. Araceli no quiere cambiar el neumático.
   c. No pueden encontrar otro neumático.
   d. No pueden encontrar el gato.

5. ¿Por qué paran Sebastián y Gregorio?
   a. Evidentemente conocen a Tatiana y Araceli.
   b. Ven que Tatiana y Araceli necesitan ayuda.
   c. Van a pedirles ayuda a Tatiana y Araceli.
   d. Necesitan gasolina.

B. ¿Qué conclusiones saca Ud.? *Conteste cada pregunta con una oración.*

1. ¿Cómo reaccionan Araceli y Tatiana al ver el pinchazo? _____

   _____

2. ¿Qué pasa al principio cuando las mujeres hacen señales de autostop y por
   qué? _____

   _____

3. ¿Por qué quieren las mujeres que pase un camión? _____
_____

4. ¿Qué preconcepciones tiene Araceli acerca de los camioneros? _____

5. ¿Qué efecto tiene el uso de «usted» en vez de «tú» cuando habla Tatiana a uno de los camioneros al final? _____
_____

Conclusión

Después de dividirse en grupos, inventen una conclusión a la **Conversación creadora** *Una aventura en la carretera, siguiendo las instrucciones de su profesor/a. Consulten el* **Vocabulario útil** *al final del capítulo para obtener ayuda con el vocabulario de los automóviles y las indicaciones. En* **Más actividades creadoras** *Sección E, número 2 (página 303) hay una lista de veinte síntomas de avería en un auto que también les puede ayudar.*

INSTRUCCIONES
_____
_____

PERSONAJES
Araceli _____
Tatiana _____
Sebastián _____
Gregorio _____
_____

IDEAS PARA SU CONCLUSIÓN
_____
_____
_____
_____
_____

Enlace gramatical

Construcciones reflexivas

1. Con un verbo reflexivo, la persona o la cosa que ejecuta la acción también la recibe. Los verbos reflexivos se forman con un pronombre reflexivo correspondiente.

pararse	
me paro	**nos** paramos
te paras	**os** paráis
se para	**se** paran

Éste es el coche en el que acaban de **sentarse** Araceli y Tatiana.
Araceli **se despierta** ante una sacudida del coche que **se ha detenido** bruscamente.
Se paran al borde de la carretera.

2. Se pueden usar casi todos los verbos transitivos[7] en forma reflexiva. Éstos incluyen los verbos que se refieren a acciones de la rutina diaria.

acostarse (ue) *to go to bed*
afeitarse *to shave*
bañarse *to bathe oneself*
cepillarse *to brush*
despertarse (ie) *to wake up*
(des)vestirse (i) *to get (un)dressed*
ducharse *to take a shower*
lavarse *to wash oneself*
levantarse *to get up*

maquillarse *to put on makeup*
peinarse *to comb one's hair*
pintarse los labios / las uñas (etc.)
*to put on lipstick /
nail polish (etc.)*
ponerse *to put on (clothing)*
prepararse *to get ready*
quitarse *to take off (clothing)*
secarse *to dry oneself*

Ponte el cinturón, Tatiana.
Las mujeres **se preparan** para cambiar el neumático.

3. Muchos verbos que denotan un cambio en el estado físico o mental son reflexivos. Muchas veces éstos tienen el significado de *to get* o *to become*.

aburrirse *to become bored*
cansarse *to get tired*
casarse *to get married*
enojarse *to get angry*

impacientarse *to get impatient*
perderse (ie) *to get lost*
ponerse *to become* (for emotional states or conditions)
preocuparse (por) *to worry (about)*

No **te impacientes,** es que está muy mal el tráfico.
Araceli y Tatiana **se cansan** de hacer señales de autostop.

---

[7]Los verbos transitivos son los que se pueden usar con un complemento directo.

4. Algunos verbos cambian de significado cuando se usan en una construcción reflexiva.

acordar (ue) *to agree*	acordarse (ue) (de) *to remember*
despedir (i) *to fire*	despedirse (i) *to say good-bye*
divertir (ie) *to amuse, to entertain*	divertirse (ie) *to have a good time*
dormir (ue) *to sleep*	dormirse (ue) *to fall asleep*
ir *to go*	irse *to go away, to leave*
llamar *to call*	llamarse *to be called (named)*
negar (ie) *to deny*	negarse (ie) (a) *to refuse (to)*
parecer *to seem, to look, to appear*	parecerse a *to look like, to be like*
quedar *to remain, to be left*	quedarse *to stay*
reunir *to gather*	reunirse (con) *to meet with*

> Después de alquilar el coche, Tatiana y Araceli **se despidieron** del empleado.
> Los camioneros **se llaman** Sebastián y Gregorio.

5. Para expresar acciones recíprocas, se usa la forma plural de un verbo con el pronombre reflexivo correspondiente. En estos casos los pronombres **nos, os** y **se** significan e*ach other.*

> **Se saludaron** cortésmente.   *They greeted each other politely.*
> **Nos vemos** con frecuencia.   *We see each other frequently.*

6. Para indicar que una acción o un acontecimiento es imprevisto, espontáneo o involuntario, se puede usar la siguiente construcción con **se.** Observe el orden de las palabras.

> **se** + pronombre de complemento indirecto + verbo en tercera persona
> + sujeto

Algunos verbos comunes que emplean esta construcción son: **acabar, caer, descomponer, manchar, ocurrir, olvidar, perder (ie), quebrar (ie)** y **romper.** Para aclarar el pronombre de complemento indirecto o para dar énfasis, se puede usar la frase **a** + un nombre o pronombre preposicional al principio de la oración.

> A las chicas **se les descompuso** el coche.   *The girls' car broke down.*
> **Se me perdieron** las llaves del carro.   *My car keys got lost.*

Práctica

A. Adicto al trabajo. *Roberto se mantiene ocupado en su concesión* (dealership) *Seat. En esta descripción de su rutina diaria, seleccione la forma correcta del verbo entre paréntesis.*

Normalmente (1. me despierto / despierto) temprano. Después de (2. ducharme / duchar) y (3. vestirme / vestir), (4. me voy / voy) para la concesión a eso de las siete de la mañana. Al llegar, (5. me reúno / reúno) con algunos empleados en la oficina o (6. me llamo / llamo) a clientes.

Algunos clientes (7. se preocupan / preocupan) porque hay tantos trámites para comprar un coche y temen que yo no (8. me acuerde / acuerde) de algún detalle importante. Otros (9. se enojan / enojan) por las tasas de interés *(interest rates)*. Algunas veces (10. me quedo / quedo) en la concesión todo el día, pero otras veces salgo con algún cliente para poner a prueba cierto modelo. (11. Se parece / Parece) increíble, pero yo nunca (12. me aburro / aburro).

B. Martes y trece.[8] *Durante la cena, uno de los empleados de la agencia de alquiler de coches Españacar les cuenta a su familia lo que les pasó a él y sus compañeros este martes trece. Complete su historia con las formas apropiadas de los verbos entre paréntesis para expresar acciones recíprocas o acciones imprevistas, según convenga.*

El día empezó como siempre. Al llegar a la agencia, mis compañeros y yo (1. saludar) _____ y (2. reunir) _____ un rato. Hace unos años que trabajamos juntos y (3. entender) _____ muy bien. De pronto (4. mirar) _____ con incredulidad porque notamos que pasaba algo raro. Cuando cogí una taza para el café, (5. caer) _____ de la mano. Luego, a un compañero (6. romper) _____ el faro de un coche y (7. quebrar) _____ los limpiaparabrisas al mismo instante. A un cliente (8. manchar) _____ los pantalones con aceite y a otro (9. olvidar) _____ dejar las llaves del coche cuando lo devolvió. Para colmo de desgracias, a nosotros (10. perder) _____ la reserva de una estrella de televisión cuando (11. descomponer) _____ el ordenador; a ella (12. acabar) _____ la paciencia y se fue a otra agencia. ¡Qué desastre!

Escenas

En parejas (o un grupo de tres), hablen en español para solucionar y luego describir cada conflicto. El **Vocabulario útil** *al final del capítulo les ayudará con estas escenas.*

1. **A** You have just returned a car to the rental agency at Barajas airport outside Madrid. You left the gas tank nearly full. When you take your turn at the counter, you find that your bill includes a surcharge (**un recargo**) for filling the tank of **25 euros** (approximately $30 U.S.; consult an online currency converter, a newspaper or a bank for today's exchange rate). Explain that you filled the tank before dropping off the car, and try to get the charge removed.

---

[8]Según la superstición, martes es un día de mala suerte, y es aún peor cuando el día 13 cae en martes. Martes y trece (o martes trece como se llama en Latinoamérica) equivale a *Friday the 13th* en inglés.

B You have routinely added a charge for refueling **(el reabastecimiento)** to this customer's bill. Since you have no way of communicating with the employees who took back the car, you cannot verify that it was half full as they indicated at check-in. Many customers remember the tank as full when in fact it is closer to empty by the time they get to the airport. Try to get this customer to accept the charge as standard procedure and move on.

2. **A** You are tired of driving a long distance to your job each day, and you think that a new car will make the commute more fun. Today you saw a beautiful sports car that you want to lease. First, however, you must convince your spouse (who walks to work) that this will be the perfect car for weekend trips and running errands. Try to persuade him or her that the two of you should lease it.

   B You and your spouse are planning to lease a new car soon, and you think that an all-terrain vehicle **(un [vehículo] todoterreno)** would be ideal for weekend getaways. Today you saw the one you want. First, however, you must convince your spouse that this is a luxurious vehicle and that it would be fun to drive to work.

3. **A** Yesterday you rented a used car for a week. This morning in rush hour you got stuck in a traffic jam, and the car died. You had the car towed to the agency where you rented it. You are convinced that the car is defective and want a different car.

   B You are the rental car agent, and as far as you know this customer's car was in good condition when he or she picked it up. When the mechanic checks the car, he finds that the wire from the alternator came loose **(el cable se desconectó del alternador).** After this minor problem is fixed, the car runs perfectly. Try to persuade this customer to keep the same car.

4. **A** You have just made a right turn onto a busy street in Limón, Costa Rica, when suddenly a pedestrian **(un/a peatón/ona)** steps out from between two cars to cross the street. You instinctively brake and narrowly miss hitting him/her. A traffic officer observed the incident from the rear and is walking towards you. You want the officer to understand that you did nothing wrong so that you will not be fined.

   B You are a traffic officer (called **un/a tráfico/a** in Costa Rica) who just saw a car stop suddenly in the middle of the street, nearly causing an accident. You think that this person is a careless driver who deserves a ticket. Go over to the driver to investigate the situation and to see to it that he or she will drive more responsibly in the future.

   C You are the driver's friend who saw everything from the front seat. Try to help him/her avoid receiving an undeserved ticket.

Más actividades creadoras

*El **Vocabulario útil** al final del capítulo le ayudará con estas actividades.*

A. Dibujos. *Invente una narración, tomando los siguientes dibujos como punto de partida. Su cuento debe explicar quiénes son estos personajes, adónde quieren ir, qué está ocurriendo ahora y qué les va a pasar en el futuro.*

B. Uso de mapas y documentos. *Refiérase a esta información de Localiza Rent a Car para Buenos Aires, Argentina (que se denomina la Regional 1), para contestar las siguientes preguntas.*

Tarifas

REGIONAL 1   (Tarifas expresadas en pesos con iva y sin seguros)[1]

Grupo	Modelo	Tarifa básica		Km.
		Diaria	150 Km.	Exc.[2]
A	Ford K – Fiat Uno o similar	35	84	0,39
B	Ford Fiesta – Fiat Palio o similar	46	104	0,46
C1	Fiat Siena – Renault Clio o similar	46	113	0,53
N	Renault Kangoo – Fiat Strada o similar	46	113	0,53
D	Fiat Palio – Ford Fiesta o similar	49	121	0,56
E	Fiat Siena – Renault Clio o similar	60	140	0,63
F	Fiat Brava – Ford Focus o similar	70	164	0,74
G	Chevrolet Vectra – Fiat Marea o similar	77	185	0,84
H	Kia Preggio – Fiat Ducatto o similar	81	197	0,91
I	Ford Ranger – Isuzu o similar	88	213	0,98
J	Jeep Grand Cherokee – Ford Explorer o similar	98	237	1,09

Protección Localiza

Protección contra todo riesgo[3] con Franquicia[4]

Seguro de responsabilidad civil hasta el límite de $800.000 y protección parcial del auto alquilado en casos de hurto,[5] robo, incendio[6] y colisión con participación del cliente hasta los siguientes limites.

Grupo	Valor		Franquicia
	Regional 1	Regional 2	
A–B	14,00	18,00	1400,00
C1-N-D-E-F	18,00	28,00	1750,00
G	28,00	39,00	2450,00
H-I-J	42,00	60,00	3850,00

Protección contra todo riesgo sin Franquicia

Protección total del auto alquilado en casos de robo, incendio y colisión mediante el pago de las siguientes tasas[7] diarias, adicionales a los valores de las tarifas.

Grupo	Valor	
	Regional 1	Regional 2
A–B	32,00	46,00
C1-N-D-E-F	49,00	67,00
G	70,00	98,00
H-I-J	109,00	151,00

Protección contra daños personales a terceros transportados

en el vehículo alquilado hasta el límite de $ 9.800, mediante el pago de una tasa diaria de $ 4.-

Grupo	Franquicia por vuelco[8]
A–B	7.000,00
C1-N-D-E-F	8.750,00
G	12.250,00
H-I-J	19.250,00

---

[1]Tres pesos argentinos equivalen aproximadamente a un dólar estadounidense. Para hacer el cambio con precisión, es necesario consultar un convertidor de divisas *(currencies)* en la red, un periódico reciente, o con un banco. El **iva** es el impuesto sobre el valor añadido *(value added tax)*.

[2]**Exc.** es una abreviatura para **Excedente** *(Excess).*

[3]*risk*   [4]*Exemption*   [5]*stolen property*   [6]*fire*   [7]*rates*   [8]*overturning*

1. ¿De qué se trata esta información, y para quién es?

2. ¿Cuántos grupos de vehículos se ofrecen en la Regional 1? ¿Cuántos de estos modelos conoce Ud., y cuántos no?

3. ¿Cómo se comparan la tarifa básica y la tarifa por 150 kilómetros de los vehículos del Grupo J con las mismas tarifas para los del Grupo B?

4. ¿Qué diferencia hay entre las tasas de protección contra todo riesgo con franquicia y las de protección contra todo riesgo sin franquicia?

5. ¿Cómo se compara esta información con la de alguna agencia de alquiler de autos en su región? Si no conoce ninguna agencia local, ¿qué diferencias piensa que habrían entre Localiza de Argentina y una agencia de alquiler de autos en su ciudad o pueblo, y por qué?

C. A escuchar. *Escuche la entrevista en la que una persona habla de las indicaciones y el tráfico. (Para ver las preguntas, refiérase al ejercicio D, número 1.) Luego, conteste las siguientes preguntas en la forma indicada por su profesor/a.*

1. ¿De dónde es Niyireth Sarmiento? Indique su nacionalidad y la ciudad en que vive.

2. En términos generales, ¿cómo es la ruta que ella sigue para ir al centro comercial que se llama «El Muelle» *(The Wharf)*?

3. ¿Cómo se compara la ruta que describe esta española con la ruta que Ud. sigue para llegar a un centro comercial en su región?

4. ¿Por qué dice Niyireth que la ruta que ella sigue es un poco complicada?

5. ¿Cómo suele ser el tráfico en España, y qué pueden hacer los que no quieren viajar en coche? ¿Cómo se compara el tráfico en las ciudades de España con el de su ciudad o pueblo?

D. Respuestas individuales. *Piense en las siguientes preguntas para contestarlas en la forma indicada por su profesor/a.*

1. Describa en detalle una ruta que Ud. toma con frecuencia en su ciudad o pueblo. ¿Cómo suele ser el tráfico en aquella ruta, y cómo suele ser en su región?

2. ¿Cómo sería su carro ideal? Descríbalo en detalle.

E. Contestaciones en parejas. *Formen parejas para completar las siguientes actividades.*

1. Para Uds., además del precio del coche, ¿cuáles son los factores que más influyen en su decisión cuando compran un auto? Ordenen juntos esta lista de factores de 1 a 15 (siendo el primero el más importante). Luego, comparen su ordenación con las de otras parejas.

_____ la potencia del motor

_____ la economía del coche (el número de kilómetros que rinde por litro de gasolina)

_____ el sistema de calefacción y aire acondicionado

_____ el estilo del auto (deportivo, convertible, etc.)

_____ la nación de origen (dónde fue fabricado)

_____   el color

_____   los aparatos de seguridad (las bolsas de aire, el abridor sin llave
          [keyless entry], los cierres *[locks]* automáticos, la alarma antirrobo
          [anti-theft alarm])

_____   los extras (el CD, el piloto automático, los asientos reclinables, el
          techo corredizo *[sun roof]*, etc.)

_____   la dirección asistida *(power steering)*

_____   el tamaño y el sitio para los pasajeros

_____   el tipo de transmisión: automática o manual

_____   la garantía extendida *(extended warranty)*

_____   el tipo de frenos (de disco u otro)

_____   la frecuencia y el costo de las reparaciones

_____   el número de puertas

2. ¿Conocen Uds. los indicios de algún problema con un auto? Indiquen cuáles
   de los siguientes síntomas de avería han sufrido personalmente uno o ambos
   de Uds. Luego, comparen sus experiencias (los números que han indicado)
   con las de otras parejas.

Veinte síntomas de avería en un auto

1. El motor no arranca.
2. Los frenos necesitan una presión excesiva.
3. El motor pierde potencia.
4. El coche tira *(pulls)* hacia un lado.
5. La transmisión emite ruidos anormales.
6. Hay desgaste *(wear)* irregular de las llantas.
7. Se sienten vibraciones al conducir.
8. El auto consume demasiada gasolina.
9. Los cambios de la transmisión se producen erráticamente.
10. Se oye un ruido extraño.
11. El motor tiene una marcha abrupta.
12. La transmisión resbala *(slips)*.
13. El motor se recalienta.
14. Los indicadores de dirección no funcionan.
15. Hay dificultad para cambiar de marcha.
16. El indicador de presión de aceite se enciende con el motor en marcha.
17. Los frenos suenan al activarlos.
18. Los sistemas eléctricos no funcionan.
19. El carro no acelera.
20. El motor sigue funcionando después de cortar el encendido *(ignition)*.

F. Proyectos para grupos. *Formen grupos de cuatro o cinco personas para
completar estos proyectos.*

1. Diseñen anuncios para dos automóviles: uno para un auto o una camioneta
   (minivan) que compraría una familia con cuatro hijos y otro para un auto o
   una motocicleta que compraría un/a soltero/a joven.

2. Formulen indicaciones para ir desde su aula de clase hasta otro lugar en el campus que probablemente conocen los estudiantes. Luego, lean sus indicaciones a la clase sin nombrar el destino para que sus compañeros intenten averiguarlo. Si hay tiempo, repitan esta actividad con indicaciones para otros destinos conocidos que no están ubicados en el campus.

G. Discusiones generales. *La clase entera participará en estas actividades.*

1. Lleven a cabo una encuesta de los autos favoritos de los miembros de la clase, en dos clasificaciones: (1) carros que posiblemente comprarían al graduarse del colegio o de la universidad y (2) carros que comprarían si ganaran la lotería.

2. Lleven a cabo una encuesta sobre las diferentes clases y marcas de vehículos que tienen los miembros de la clase y sus familias. También averigüen por qué escogieron estos modelos.

Vocabulario útil

EL AUTOMÓVIL

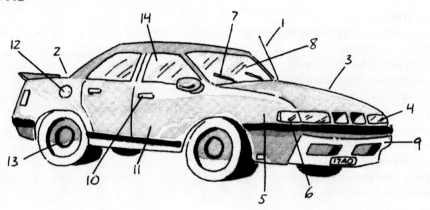

la antena (1)	el limpiaparabrisas (7)
el baúl, el maletero, el portaequipajes (2)	el parabrisas (8)
el capó (3)	el parachoques, la defensa *(Mex.)* (9)
el faro (4)	el picaporte, la manivela (10)
el guardafango, el guardabarros,	la puerta (11)
la salpicadera *(Mex.)* (5)	el tanque, el depósito (12)
el indicador de dirección *(H.A.),*	el tapacubos (13)
el intermitente *(Sp.)* (6)	la ventanilla (14)

EL MANTENIMIENTO DE UN AUTOMÓVIL

Sustantivos

el aceite de motor	*motor oil*
el acelerador	*accelerator*

el amortiguador	*shock absorber*
el anticongelante	*antifreeeze*
la bujía	*spark plug*
el cable	*cable*
la caja de cambios	*gearbox*
la camioneta	*minivan; light truck; station wagon (H.A.)*
la carga de la batería	*battery charge*
la carrocería	*body (of a car); body work*
el choque	*crash, collision*
el concesionario	*dealer; showroom*
la dirección/dirección asistida	*steering/power steering*
la doble tracción	*four-wheel drive*
el embrague	*clutch*
el encendido	*ignition*
el freno	*brake*
el fusible	*fuse*
la gasolina sin plomo	*unleaded gas*
la grúa, el remolcador *(H.A.)*	*towtruck*
el kilometraje	*mileage* (in kilometers)
el líquido de frenos	*brake fluid*
el/la mecánico/a	*mechanic*
la palanca de cambios	*gearshift, stick shift*
el piloto automático	*cruise control*
la pieza de repuesto/recambio	*spare part*
el portaguantes, la guantera	*glove compartment*
la potencia, la fuerza	*power*
la presión	*pressure*
el refrigerante	*coolant*
la reparación	*repair*
la rueda	*wheel*
el ruido	*noise*
el silenciador	*muffler*
el sistema de aire acondicionado	*air-conditioning system*
el sistema de calefacción	*heating system*
el tablero de instrumentos	*dashboard instruments*
el taller de reparaciones, el taller mecánico	*automotive repair shop, garage*
el tornillo	*screw*
la válvula	*valve*
la velocidad	*speed, velocity*
el volante, el timón *(H.A.)*	*steering wheel*

Verbos

apretar (ie)	*to tighten; to press (a button)*
arreglar	*to repair, to fix*
atropellar	*to knock down; to run over*

consumir, gastar	*to consume*
cortar/apagar el encendido	*to turn off the ignition*
desgastar(se)	*to wear out*
desperdiciar	*to waste*
estropearse	*to break down*
fundir	*to blow (a fuse)*
hacer/meter cambios *(H.A.)*, cambiar de marcha *(Sp.)*	*to change gears*
poner en marcha	*to start up; to put in gear*
recalentar (ie)	*to overheat*
remolcar	*to tow*
rendir (i)	*to yield*
resbalar	*to slip, to slide, to skid*
sonar (ue)	*to sound*

Adjetivos

abollado/a	*dented*
encendido/a, prendido/a *(H.A.)*	*started up, ignited*
cargado/a	*charged*
descargado/a	*not charged*
descuidado/a	*careless, negligent; neglected*
flojo/a	*loose, slack*
vacío/a	*empty*
vigente	*valid*

Vocabulario individual

_____   _____

_____   _____

_____   _____

_____   _____

LAS INDICACIONES Y EL TRÁFICO

Sustantivos

las afueras	*outskirts*
el arcén	*shoulder (of a highway)*
la autopista	*expressway, freeway; turnpike, toll road (Sp.)*
la autopista de peaje/de cuota *(Mex.)*	*turnpike, toll road*
el bache	*pothole*
la carretera	*highway*
el carril	*lane (of a road)*
el cepo	*wheel clamp*
la circulación	*traffic flow*
la desviación, el desvío	*detour*

el embotellamiento	*traffic jam, bottleneck*
la esquina	*street corner*
el estacionamiento *(H.A.),*	*parking garage; parking*
el aparcamiento *(Sp.)*	
el parquímetro	*parking meter*
el/la peatón/ona	*pedestrian*
el plano	*map; street plan*
la señal de tráfico	*traffic sign*
el transporte colectivo/público	*public transportation*

Verbos

adelantar, pasar, rebasar *(Mex.)*	*to pass, to overtake*
bajar(se) de	*to get out of* (a vehicle)
retroceder, volver hacia atrás	*to go back, to back up*
subir(se) a	*to get into* (a vehicle)

Adjetivos

vial	*relating to traffic or the road*

Preposiciones

a la derecha/izquierda	*to the right/left*
a la vuelta (de la esquina)	*around the corner*
al lado de	*next to*
frente a	*facing, in front of*
hacia arriba, calle arriba	*up the street*
hacia abajo, calle abajo	*down the street*
todo derecho, todo seguido, todo recto *(Sp.)*	*straight ahead*

Expresiones

¡Alto!	*Stop!*
estacionado *(H.A.)*/aparcado *(Sp.)*	*double-parked*
en segunda fila	
estar en rojo/verde/amarillo	*to be red/green/yellow*
exceder la velocidad máxima	*to speed, to exceed the speed limit*
hacer autostop, ir de aventón *(Mex.)*	*to hitchhike*
¡Hasta la vuelta!	*See you when we (or when you) get back!*
la hora pico *(H.A.)*, la hora punta *(Sp.)*	*rush hour*
ponerle/darle (a alguien) una multa	*to impose a fine (on someone);*
	to give (someone) a ticket
tocar la bocina/el claxon;	*to honk the horn*
hacer sonar la bocina/el claxon	

Vocabulario individual

_____   _____
_____   _____
_____   _____
_____   _____
_____   _____

CAPÍTULO 12

Las telecomunicaciones y las empresas°

OBJETIVOS: Aprender a...

◆ obtener, interpretar y presentar información sobre las telecomunicaciones y las empresas.

◆ usar el teléfono.

◆ solicitar un empleo y participar en el mundo de los negocios.

°*companies, enterprises, firms*

NOTAS CULTURALES
Hispanoamérica

Usando computadoras en un cibercafé en Quito, Ecuador

Las telecomunicaciones y las empresas han contribuido mucho al progreso latinoamericano de las últimas décadas. A pesar de la crisis económica y política que han sufrido o sufren muchos de los países hispanos, el avance en estas áreas ha ayudado apreciablemente a mejorar su situación socioeconómica.

El teléfono sigue siendo el método más popular de comunicarse. Al igual que en los Estados Unidos y en Canadá los teléfonos celulares° y las computadoras han alcanzado una popularidad enorme. En las grandes

cellular

ciudades es muy frecuente ver a hombres y mujeres hablando por teléfono en tiendas, restaurantes y caminando por las calles. Asimismo los contestadores automáticos° y el servicio de buzón de voz° son muy comunes. Las máquinas fax son muy corrientes, pero han perdido terreno° a las computadoras para la transmisión de documentos. Las computadoras se usan no sólo en las empresas y los hogares, sino también en los cafés Internet o cibercafés que ahora se han establecido en todos los países.

contestadores... answering machines / buzón... voice mail / ground

Con la privatización de los monopolios nacionales de telecomunicaciones, la instalación de la fibra óptica y sobre todo el uso de satélites, el servicio telefónico en Latinoamérica ha mejorado notablemente. Muchas compañías internacionales como AT&T, MCI y Telefónica han penetrado este mercado, vendiendo e instalando equipos° telefónicos o invirtiendo° en compañías locales. Aunque muchas de las nuevas tecnologías —como los videoteléfonos celulares— son importadas, hay algunas innovaciones que originaron en Latinoamérica. Por ejemplo, en Venezuela y otros países son populares las cabinas telefónicas° equipadas con teléfonos celulares conocidas como «centros de conexión». Estas cabinas son amplias, están equipadas con aire acondicionado y las llamadas son más baratas en ellas. Otra novedad es la de los teléfonos inalámbricos° fijos que no son portátiles,° sino se conectan a una antena cercana. Éstos ofrecen un servicio mucho más barato que un teléfono celular normal.

equipment / investing

cabinas... phone booths

cordless
portable

En el mundo de los negocios es notable el deseo de eliminar las barreras° al comercio entre países para realizar el propósito de la integración comercial en Latinoamérica. En la actualidad se están negociando acuerdos° para un Área de Libre Comercio de las Américas° (ALCA) que agruparía a los treinta y cuatro países americanos (todos los países menos Cuba) en una sola zona. Esta entidad sustituiría a los convenios° de cooperación regionales existentes. Entre ellos figuran el Tratado de Libre Comercio para América del Norte (TLCAN),° que estableció una zona de comercio libre entre los Estados Unidos, México y Canadá; y el Mercado Común del Cono Sur (Mercosur), una unión aduanera° que incluye Argentina, Brasil, Paraguay y Uruguay. Los objetivos principales de estos grupos son ampliar sus mercados y extender su capacidad para competir al eliminar los aranceles° sobre las exportaciones entre los países miembros y negociar preferencias arancelarias comunes en el comercio externo.[1] Existen semejantes tratados° de mercados comunes en los países andinos, en Centroamérica y en el Caribe. Del mismo modo los Estados Unidos ha firmado un tratado de libre comercio o TLC con cinco países centroamericanos —Costa Rica, El Salvador, Guatemala, Honduras y Nicaragua— y tiene otros acuerdos con países individuales como Chile y Perú. Los frutos de estos pactos estadounidenses, tales como las uvas chilenas o las prendas

barriers

agreements / Área... Free Trade Area of the Americas (FTAA) / pacts

Tratado... North American Free Trade Agreement (NAFTA) / customs

tariffs

treaties

---

[1]Mercosur tiene otros miembros no plenos *(full)* que gozan de preferencias arancelarias en el comercio con los cuatro países miembros, pero no comparten el arancel externo común del bloque.

de ropa hechas en Perú, se venden por todo el país. Otras naciones han negociado tratados parecidos.

En cuanto a las economías nacionales, el caso de Uruguay puede considerarse representativo, puesto que ilustra las fluctuaciones que se observan en muchos de los países latinoamericanos. En este país ha habido un período de desarrollo, seguido de un progreso° relativamente rápido y luego interrumpido por una crisis económica fuerte que da lugar a una estabilidad bastante frágil. Históricamente Uruguay ha tenido una de las economías más fuertes del área. En años recientes, sin embargo, se ha visto afectado adversamente por los serios problemas de sus dos vecinos, Brasil y Argentina.

un... *a step forward*

Para el empleo, muchas veces las relaciones personales y las amistades son tan importantes como los son en otros aspectos de los negocios en Hispanoamérica. Amigos o familiares° se ayudan mutuamente, según una tradición cultural que todavía se mantiene. Muy pocas personas acuden solamente a agencias de trabajo o anuncios clasificados para conseguir empleo, sino que primero consultan con los amigos y familiares que ocupan puestos° relevantes.

family members

positions

España

Hombre y mujer de negocios en Barcelona

En España el servicio telefónico es administrado principalmente por la compañía Telefónica. Hasta hace relativamente poco Telefónica monopolizó el mercado español y es la compañía de telecomunicaciones más grande del mundo hispano debido a su expansión internacional. El Grupo Telefónica realiza operaciones en aproximadamente cuarenta naciones, con una base de clientes que supera los cien millones. Su presencia es muy fuerte en Latinoamérica, donde actúa en ocho países. En España actualmente el servicio telefónico ha mejorado mucho mediante las nuevas tecnologías.

En muchas esquinas y en la mayoría de los lugares públicos hay teléfonos públicos o cabinas telefónicas; éstos funcionan con monedas o tarjetas telefónicas. Para llamadas de cualquier tipo las tarjetas prepagadas son muy populares, sobre todo para las llamadas internacionales porque ofrecen tarifas módicas. Con tarjetas de la marca Fortune, por ejemplo, que se consiguen en tiendas como las de la cadena Vips, las llamadas a los Estados Unidos cuestan menos de seis centavos por minuto. El único inconveniente de estas tarjetas es que generalmente caducan° sesenta días después del primer uso.

they expire

Las guías telefónicas° en Madrid, Barcelona y algunas otras ciudades grandes constan de° tomos° en los que los apellidos se encuentran ordenados alfabéticamente, y de otros en los que se puede localizar al abonado° por la calle o plaza en que vive. Al igual que en Hispanoamérica los contestadores automáticos y los buzones de voz son muy corrientes y la gente se ha acostumbrado a su uso.

guías... *phone books*
constan... *consist of /*
  volumes / subscriber

En los últimos años las telecomunicaciones se han incrementado tanto que ya es imposible aspirar a un puesto de trabajo especializado sin saber manejar los ordenadores.° Según las estadísticas más recientes, la mitad de la población española usa el Internet, y el 87 por ciento de las empresas europeas utilizan la red. El uso del correo electrónico y del fax son rutinarios en las oficinas e incluso en muchas casas particulares. Se ha calculado también que más del 15 por ciento de los usuarios españoles de Internet se conecta a la red a través de establecimientos públicos como cibercafés.

computers

Los teléfonos móviles° también han alcanzado una popularidad enorme. Ahora se han poblado las calles, los restaurantes y los trenes de personas con teléfonos que a veces les imponen a voces° sus conversaciones privadas a los demás. Antes de empezar un espectáculo teatral se avisa al público de que desconecte sus teléfonos móviles. Está prohibido hablar por teléfono al conducir un coche y el hecho de simultanear° estas actividades puede motivar una multa muy alta.

mobile

a... *in loud voices*

to do simultaneously

Para los negocios españoles el acontecimiento de mayor importancia ha sido su entrada en la Unión Europea (conocida inicialmente como la Comunidad Económica Europea) en 1986. Desde entonces España ha participado en la organización de la unidad política y económica de Europa. Como resultado, la economía española ha pasado por una época de gran desarrollo, en que se ha mejorado el nivel de vida y se ha disminuido la tasa de paro.° Según los acuerdos vigentes,° hay libre comercio de bienes° y trabajadores dentro de un único sistema económico con una sola moneda, el euro (€). Gracias a una serie de ampliaciones, la UE ahora cuenta con veinticinco países y más de 455 millones de habitantes.[2] Su objetivo actual es conseguir «unidad en la diversidad».

tasa... *unemployment rate / in force / goods*

Todos los países que son miembros de la llamada zona euro circulan información acerca del empleo. Dentro de España la agencia de empleo nacional es el Instituto Nacional de Empleo (INEM), que tiene oficinas repartidas por todo el país. A nivel regional, existen agencias de empleo de carácter autonómico.° También hay agencias privadas que buscan trabajadores para puestos temporales° y otras agencias privadas que buscan ejecutivos para grandes compañías.

of the 17 autonomous regions

temporary

---

[2]Los otros veinticuatro Estados son Francia, Alemania, Italia, Reino Unido (que es uno de los que todavía no han adoptado el euro), Holanda, Bélgica, Luxemburgo, Irlanda, Suecia, Finlandia, Dinamarca, Austria, Grecia, Portugal, Estonia, Lituania, Letonia, Polonia, Hungría, República Checa, Eslovaquia, Eslovenia, Malta y Chipre. Los últimos diez se unieron a la UE en 2004. Tres países que ahora esperan formar parte de la UE dentro de poco son Rumania, Bulgaria y Turquía.

Comprensión y comparación

Hispanoamérica

1. ¿Cuál método de comunicarse sigue siendo el más popular en los países hispanoamericanos? ¿Cuál método de comunicarse es el más popular donde Ud. vive? _____

2. ¿Qué son los centros de conexión y qué son los teléfonos inalámbricos fijos? ¿Cuáles son algunas técnicas que se usan en su región para ahorrar dinero en las llamadas telefónicas? _____

3. ¿Cuál es el propósito del Área de Libre Comercio de las Américas y cómo se realizaría? ¿Piensa que este acuerdo sería beneficioso para la región donde Ud. vive? _____

4. ¿Qué son el TLCAN y Mercosur, y qué naciones participan en cada uno? ¿Cuáles son los objetivos de estos grupos? _____

5. ¿Cuáles son las etapas que caracterizaron la economía de Uruguay en los últimos años? ¿Cómo ha sido afectado Uruguay por sus vecinos? _____

6. ¿Qué es lo primero que hace alguien que busca empleo, y por qué? ¿Cómo se compara esta costumbre con lo que se hace en su región? _____

España

7. ¿Qué importancia tiene la compañía Telefónica dentro del país y en el mundo hispano? _____

8. ¿Dónde están y cómo funcionan los teléfonos públicos? _____

9. ¿Por qué son populares las tarjetas telefónicas prepagadas, y qué desventaja tienen? ¿Cómo se comparan estas tarjetas con las tarjetas telefónicas prepagadas donde Ud. vive? _____

10. ¿Qué tipo de sistema económico y monetario existe para los miembros de la Unión Europea? _____

Conexión Internet

Investigue los siguientes temas en la red. Vaya primero a **http://college.hmco.com/ languages/spanish/students,** *y de ahí al sitio de* **Conversaciones creadoras** *para encontrar enlaces. Si busca sus propios enlaces, será necesario hacer clic en «español» y apuntar las direcciones que utilice.*

1. **Un teléfono celular.** Compare algunas ofertas en español para un nuevo teléfono celular con servicio para seis meses, señalando las ventajas y las desventajas de cada una. Luego, compare uno de estos planes con el plan que Ud. o alguien en su familia tiene ahora para su teléfono celular.

2. **Las empresas de telecomunicaciones.** Investigue los sitios de algunas empresas de telecomunicaciones en el mundo hispano para enterarse de los productos y los servicios que ofrecen. Luego, analice una empresa que le parezca interesante, señalando por qué la escogió.

3. **Las noticias financieras.** Busque artículos relacionados con los negocios en el mundo hispano en la sección de finanzas, negocios o economía de algunos servicios informativos o de periódicos o revistas en línea. Seleccione un artículo que le parezca interesante, y resuma el contenido.

4. **Ofertas de empleo.** Vaya a algunos sitios de ofertas de trabajo en el mundo hispano para ver qué oportunidades existen. Luego, señale dos puestos que le parezcan interesantes, y explique las ventajas y las desventajas de cada uno. ¿Cómo se comparan estos puestos con algunos empleos donde Ud. vive?

Vocabulario básico

LAS TELECOMUNICACIONES[3]

Sustantivos

el auricular	*telephone receiver*
la cabina telefónica	*phone booth*
el código de área *(H.A.)*, el código de la zona *(H.A.)*, el prefijo *(Sp.)*, el código territorial *(Sp.)*	*area code*
el contestador automático	*answering machine*
el correo electrónico	*e-mail*

---

[3]Muchos de los términos para la tecnología son cognados como **la computadora** (también llamado **el computador**) y **la fotocopiadora;** una excepción notable es que en España la computadora se llama **el ordenador.** Otros términos son anglicismos, por ejemplo **el CD-ROM, el fax, el Internet, el módem, el mouse** *(máus),* **el hardware** *(járdwer)* y **el software** *(esófwer).* En cuanto sea posible, es preferible usar terminología en español.

la llamada	*call*
el recado, el mensaje	*message*
la señal de ocupado	*busy signal*
el teléfono celular/móvil *(Sp.)*	*cellular/mobile telephone*
el tono de marcar, la señal para marcar	*dial tone*

Verbos

colgar (ue)	*to hang up*
cortar (la comunicación)	*to cut off (a call)*
marcar	*to dial*
sonar (ue)	*to ring; to sound*

Adjetivos

inalámbrico/a	*cordless, wireless*
portátil	*portable*

Expresiones

a cobro revertido, por cobrar *(Mex.)*	*collect*
aceptar el pago	*to accept the charges*
Aló., Hola. *(H.A.)*, Diga., Dígame. *(Sp.)*[4]	*Hello. (to a phone caller)*
cobrar al número llamado	*to reverse the charges*
dar con (alguien/el contestador automático)	*to reach (someone/the answering machine)*
¿De parte de quién?, ¿Quién habla?	*Whom may I say is calling?, Who is this?*
equivocarse de número, estar equivocado/a de número	*to dial a wrong number, to reach a wrong number*
navegar por la red	*to surf the Internet*
Póngame con él/ella/ellos. Póngamelo/la/los. *(H.A.)*[5]	*Put him/her/them on (the line).*

Práctica del Vocabulario básico

A. Palabras en contexto. *Llene cada espacio en blanco con la forma correcta de la palabra más apropiada de la siguiente lista.*

el auricular	la cabina telefónica
el contestador automático	el recado
la llamada	la señal para marcar
la señal de ocupado	aceptar el pago
cobrar al número llamado	equivocarse de número
marcar	inalámbrico/a
a cobro revertido	navegar por la red
Póngame con él.	

---

[4]Otros saludos telefónicos son **Oigo.** (la región del Caribe), **Bueno.** (México), **A ver.** (Colombia), **Holá.** (Argentina, Uruguay) y **Sí.** (América del Sur).

[5]Se puede sustituir **Póngame (Ud.)** por **Ponme (tú)** en estas expresiones cuando sea apropiado.

1. _____ es una máquina que graba por teléfono.

2. Cuando dos personas están comunicándose en una línea, otra persona que llama oye _____.

3. Para hablar con alguien por teléfono, hay que hacer _____.

4. En la calle, se puede hablar por teléfono desde _____.

5. Cuando alguien no está, se puede dejar _____ con la persona que contesta o con el contestador automático.

6. _____ indica que se puede hacer una llamada.

7. Cuando hay una llamada a cobro revertido, alguien tiene que _____.

8. La instrucción «_____» indica que otra persona contestó el teléfono en vez del destinatario.

9. Una llamada _____ es pagada por el recipiente.

10. Generalmente se usa el dedo índice para _____ un número de teléfono.

11. La pieza del teléfono que se usa para hablar y escuchar se llama _____.

12. Si alguien quiere que el recipiente pague una llamada, es posible _____ a través de la operadora.

13. Es muy fácil _____ al marcar, necesitando una disculpa.

14. Cuando una persona busca información electrónicamente mediante acceso al Internet se dice que está _____.

15. Para usar una computadora en un parque, hace falta una conexión _____.

B. Sinónimos o antónimos. *Para cada par de palabras, indique si el significado es igual (=) o lo opuesto (≠).*

1. Diga.	_____	Hola.
2. sonar	_____	callar
3. ¿De parte de quién?	_____	¿Quién habla?
4. cortar la comunicación	_____	hablar sin interrupciones
5. Póngame con ella.	_____	Dígale que llame más tarde.
6. la señal para marcar	_____	el tono de marcar
7. el contestador automático	_____	la máquina que graba mensajes
8. inalámbrico	_____	sin cordón *(wire)*
9. el teléfono celular	_____	el teléfono móvil
10. portátil	_____	movible
11. dar con	_____	encontrar
12. colgar	_____	levantar el auricular
13. el código de área	_____	el prefijo
14. cobrar al número llamado	_____	pagar la llamada uno mismo
15. la llamada	_____	la acción de llamar

C. Analogías. *Subraye la respuesta más apropiada para duplicar la relación que existe entre las palabras modelo.*

> **EJEMPLO:** la clase: la universidad
> el libro: a. el diccionario
> b. el lápiz
> c. <u>la biblioteca</u>

1. caliente: frío
   permanente: a. antiguo
   b. portátil
   c. ocupado

2. bueno: malo
   marcar bien: a. equivocarse de número
   b. hacer una llamada
   c. navegar por la red

3. el clima tropical: el calor
   el computador: a. el auricular
   b. el código de área
   c. el correo electrónico

4. invitar: decir que «sí»
   cobrar al número llamado: a. colgar
   b. aceptar el pago
   c. cortar la comunicación

5. mirar: ver
   hacer un sonido: a. sonar
   b. equivocarse de número
   c. colgar

6. ¿De parte de quién?: ¿Quién habla?
   el mensaje: a. el recado
   b. el código de la zona
   c. la cabina telefónica

7. despedirse: Hasta luego.
   saludar: a. Adiós.
   b. Aló.
   c. Póngamelo.

8. emprender: empezar
   terminar: a. dar con
   b. aceptar el pago
   c. colgar

9. hablar: charlar
   interrumpir: a. cortar la comunicación
                 b. aceptar el pago
                 c. estar equivocado de número

10. andar: parar
   el tono de marcar: a. el teléfono celular
                     b. la señal de ocupado
                     c. el prefijo

D. Oraciones. *Escoja la letra de la(s) palabra(s) que complete(n) mejor cada oración.*

1. Guadalupe oye sonar el teléfono y levanta _____.
   a. el auricular   b. la computadora

2. Andrés necesita hacer una llamada desde la calle y no cuenta con un teléfono celular; busca
   _____.
   a. un contestador automático   b. una cabina telefónica

3. Ana María quiere llamar a una amiga en Nueva York, pero primero necesita buscar el
   _____.
   a. código de la zona   b. portátil

4. Alejandro se comunica de forma económica con su novia en otro país a través del
   _____.
   a. auricular   b. correo electrónico

5. Juana sabe de memoria el teléfono de su mejor amiga y lo puede _____
   sin buscarlo.
   a. marcar   b. colgar

6. Roberto se divierte en su tiempo libre usando la computadora para _____.
   a. aceptar el pago   b. navegar por la red

7. A Rosa le falta dinero, y cuando llama a sus padres en otra ciudad lo hace
   _____.
   a. a cobro revertido   b. equivocándose de número

8. Clara viaja mucho en su trabajo y le conviene llevar un _____ consigo para
   llamar a sus clientes.
   a. teléfono móvil   b. prefijo

9. El candidato está muy nervioso cuando llama por teléfono y _____ la directora
   de la empresa.
   a. suena   b. da con

10. La niña no sabe quién habla, y antes de pasar el teléfono a su padre le pregunta al señor que
    quiere hablarle: _____
    a. —¿De parte de quién?   b. —¿Se equivoca Ud. de número?

PERSONAJES

DANIEL, 50 años, director de una agencia de publicidad° *advertising*
SECRETARIA JOVEN
ERNESTO, 35 años, programador de computadoras

ESCENARIO

Despacho° de Daniel en Ponce, Puerto Rico. Mesa de gran tamaño con *Private office*
una computadora, muchos papeles y un teléfono con varios botones.
Suena una línea. Daniel levanta el auricular.

VOZ SECRETARIA:	Don Daniel, le paso una llamada por la línea dos.
DANIEL:	¿Quién es?
VOZ SECRETARIA:	Ernesto López; dice que usted lo conoce.
DANIEL:	No sé, no me acuerdo... Bueno, póngamelo. *(Oprime°* *He pushes*
	un botón) Aló... ¡Aló!

VOZ ERNESTO:	Don Daniel, le llamo por lo del anuncio de *El Nuevo Día*.[6] «Se requiere titulación° universitaria en informática° y conocimiento de bases de datos cliente-servidor. Se valorará dominio del inglés y experiencia en desarrollo de aplicaciones web en JAVA y VISUALBASIC.NET...»
DANIEL:	*(Interrumpiéndole)* Sí, sí, no me recite el anuncio, que lo he escrito yo y me lo sé de memoria. Pero perdone, esta cuestión es cosa de mi secretaria y es a ella a quien hay que mandarle el resumé. Hay muchos aspirantes° y no los puedo atender personalmente.
VOZ ERNESTO:	Sí, ya sé que hay mucho desempleo.° Pero yo, don Daniel, quería hablar con usted. Fui alumno suyo en el curso de mercadeo° que dio hace años en el campus de Río Piedras.[7] Usted me apreciaba mucho y me animó° a seguir con la informática. Soy Ernesto, tiene que acordarse, un chico alto, moreno... No es que yo esté buscando una pala.° Es que, de verdad, me fascina la programación. Puedo elevar el nivel de prestaciones de su red° y desarrollar su sitio web para que sea más interactivo. Y fue usted el que me metió en este camino.° Sólo le pido que se fije con cuidado en mi resumé.
DANIEL:	Pero si aquí no lo tengo.

degree / computer science

applicants

unemployment

marketing
encouraged

special favor
elevar... *upgrade your network's features*
me... *started me off on this path*

Comprensión

A. ¿Qué pasó? *Conteste cada pregunta con una oración.*

1. ¿Dónde tiene lugar esta conversación? _____
   _____

2. ¿Por qué le llama Ernesto a don Daniel? _____
   _____

3. ¿Cuáles son los requisitos principales para el puesto del anuncio? ____
   _____

4. ¿Dónde se conocieron Ernesto y Daniel? _____
   _____

5. ¿Qué tipo de carrera busca Ernesto? _____
   _____

---

[6]*El Nuevo Día* es un diario importante de Puerto Rico.
[7]Éste es un campus de la Universidad de Puerto Rico.

B. ¿Qué conclusiones saca Ud.? *Indique la letra que corresponde a la mejor respuesta.*

1. ¿Qué adjetivo describe mejor a don Daniel aquí?
   a. impaciente
   b. amable
   c. relajado
   d. interesado

2. ¿Por qué le interrumpe don Daniel a Ernesto cuando está hablando?
   a. No puede oír bien a Ernesto.
   b. No quiere hablar con nadie hoy.
   c. Quiere atender a todos los candidatos personalmente.
   d. No quiere perder tiempo escuchando su propio anuncio.

3. ¿Cómo ha influido don Daniel en la vida de Ernesto?
   a. Don Daniel le inspiró para ser programador de computadoras.
   b. Don Daniel le dio su primer empleo.
   c. Don Daniel le inspiró para ser alumno en la Universidad de Puerto Rico.
   d. Don Daniel no ha tenido ninguna influencia en su vida.

4. ¿Por qué se describe Ernesto a sí mismo?
   a. porque está muy orgulloso de su apariencia física
   b. porque quiere ayudar a don Daniel a acordarse de él
   c. porque cree que esto le ayudará en la entrevista
   d. porque no está seguro de haber conocido a don Daniel

5. ¿Por qué le dice Ernesto a don Daniel que no busca una pala?
   a. porque una pala no ayudaría a Ernesto
   b. porque Ernesto necesita mucha ayuda
   c. porque el único favor que busca Ernesto es una oportunidad
   d. porque Ernesto no tiene confianza en sus dotes profesionales

Conclusión

Después de dividirse en grupos, inventen una conclusión a la **Conversación creadora** Una entrevista por teléfono, *siguiendo las instrucciones de su profesor/a. Consulten el* **Vocabulario útil** *al final del capítulo para obtener ayuda con el vocabulario de las telecomunicaciones, el empleo y los negocios.*

INSTRUCCIONES

PERSONAJES

Ernesto _____

Daniel _____

Secretaria _____

IDEAS PARA SU CONCLUSIÓN

_____

_____

_____

_____

_____

_____

Enlace gramatical

Dudas léxicas

Ahorrar, guardar y *salvar* como equivalentes de *to save*

1. **ahorrar:** *to save* (money); *to conserve*

   Para **ahorrar** dinero, piensan contratar a los empleados temporarios.

2. **guardar:** *to keep, to save, to put aside, to keep safe*

   Me pidieron que **guardara** los archivos.

3. **salvar:** *to rescue, to save* (from death or danger)

   El supervisor **ha salvado** los puestos de los empleados de medio tiempo.

Aplicar, aplicarse y *solicitar* como equivalentes de *to apply*

1. **aplicar:** *to apply* (meaning to be relevant), *to put into effect or practice; to spread or lay on*

   Las normas de conducta profesional siempre **aplican.**

2. **aplicarse (en):** *to apply oneself* (to a job or task)

   Ernesto **se aplicó en** el estudio de la informática.

3. **solicitar:** *to apply for* (a position, an interview, permission, or a financial grant)

   Ernesto **ha solicitado** un puesto en una agencia de publicidad.

Apoyar, mantener y soportar como equivalentes de to support

1. **apoyar:** *to support or to back* (a person or an idea)

   El director de personal va a **apoyar** al candidato más capacitado *(qualified)*.

2. **mantener:** *to support* (financially); *to maintain, to sustain, to keep*

   Es importante saber **mantener** una conversación durante una entrevista.

3. **soportar:** *to support* (physically), *to bear; to stand, to tolerate*

   ¡No puedo **soportar** al nuevo jefe!

Darse cuenta de y realizar como equivalentes de to realize

1. **darse cuenta de:** *to realize, to become aware of*

   ¿Este lunes es día feriado? ¡No **me di cuenta**!

2. **realizar:** *to realize or to fulfill* (ambitions); *to carry out* (a task)

   Por fin ella **realizó** su sueño de ser nombrada jefa.

Dejar, dejar de, salir y salir de como equivalentes de to leave, etc.

1. **dejar** + *infinitivo: to let, to allow, to permit*

   No me **dejaron** trabajar horas extraordinarias.

2. **dejar** + *sustantivo* o *pronombre: to leave* (something or someone); *to leave* (a place more or less permanently)

   Dejé sus recados en el escritorio, don Daniel.

3. **dejar de** + *infinitivo: to stop* (doing something) + present participle *(–ing)*

   ¿Por qué **dejaste de** invertir en la bolsa de valores *(stock market)*?

4. **salir:** *to leave, to go out*

   De vez en cuando los empleados **salen** temprano los viernes.

5. **salir de:** *to leave* (a place)

   Después de la entrevista, la aspirante **salió del** edificio.

Hora, rato, tiempo y vez como equivalentes de time

1. **la hora:** *time of day, hour*

   ¿A qué **hora** es su entrevista?

2. **el rato:** *a short time, a while, a moment*

   El empleado le atenderá dentro de **un rato**.

3. **el tiempo:** *time* (in a general sense), *period of time; weather*

   Hace mucho **tiempo** que el candidato busca empleo.

4. **la vez:** *time* (a specific instance or occurrence)

   La secretaria se comunicó con don Daniel varias **veces**.

Práctica

A. Últimas noticias. *Es posible que los empleados de la empresa Avance declaren huelga* (strike). *Seleccione las palabras apropiadas para completar este boletín informativo.*

Esta mañana algunos representantes de los empleados de la empresa Avance se reunieron con el jefe, y éste les enseñó el nuevo contrato que estaba siendo negociado. Les dijo que con este contrato la empresa podría (1. ahorrar / salvar) muchísimo dinero. El contrato (2. aplicaría / se aplicaría) nuevas reglas de trabajo a los empleados. Con estas reglas la empresa podría (3. darse cuenta de / realizar) cuotas de producción más ambiciosas. Algunos empleados le dijeron al jefe que no podrían (4. soportar / mantener) a sus familias a menos que la empresa les ofreciera un aumento de sueldo *(pay raise)* de un seis por ciento. Otros sugirieron que los gerentes (5. salieran de / dejaran de) insistir en que los empleados hicieran horas extraordinarias. Después, el jefe les aseguró que por (6. primer tiempo / primera vez) los directores de la empresa tomarían en cuenta todas sus preocupaciones.

B. Evaluación anual. *La jefa de personal está encargada de las evaluaciones anuales de los empleados de la agencia de publicidad que dirige don Daniel. Seleccione las palabras apropiadas para completar su evaluación de Elena García Martínez.*

Hace dos años que la señorita García (1. solicitó / aplicó) el puesto de asistente al director de arte y la contratamos enseguida. Es una empleada creativa y dedicada que (2. aplica / se aplica) en todos los proyectos. Es evidente que ella aspira a llegar a ser directora de departamento y en mi opinión sólo es cuestión de (3. vez / tiempo). Recientemente la señorita García se ha encargado de varios proyectos independientes y en todos ha triunfado, en gran parte porque ella nunca (4. sale de / deja de) introducir nuevas ideas en las campañas publicitarias. Por su desempeño excepcional, ella merece un aumento de sueldo. Su jefe (5. soporta / apoya) esta propuesta porque cree que debemos hacer todo lo posible para asegurar que ella no (6. deje / salga) la agencia. Él (7. realiza / se da cuenta) de que la señorita García ha (8. guardado / salvado) muchos proyectos a última (9. vez / hora), y no puede (10. mantener / soportar) la idea de perderla.

Escenas

*En parejas (o un grupo de tres), hablen en español para solucionar y luego describir cada conflicto. El **Vocabulario útil** al final del capítulo les ayudará con estas escenas. Podrán mejorar su habilidad para usar el teléfono si se sientan de espaldas, fingiendo el uso de teléfonos. (También pueden llamarse por teléfono fuera de clase.)*

1. **A** You work for a multinational computer hardware firm, and you have been sent to Panama to negotiate the sale of your product to the government. You want to maximize profits and charge 1000 USD (United States dollars) (equal to **1.000 balboas**) per computer for an order of up to one thousand computers. The government of Panama wants to pay 700 USD per computer. Try to persuade the government official with whom you are meeting to pay the full amount. Point out that you will take care of shipping (**encargarse del transporte**) and that your company will replace (**reemplazar**) any equipment that malfunctions within the first year.

   B You work for the government of Panama and have just been promoted to senior negotiator for international trade. You would like to show your superiors that you are a hard bargainer by obtaining the best deal possible from this computer hardware company. Point out to the sales representative that this is a big contract, involving the purchase of between one and two thousand computers now. In the future you may also upgrade (**elevar el nivel de prestaciones de**) these computers and/or buy additional equipment. As a result of this sales volume, you expect a reduced price.

2. **A** You are a college senior who is on a study abroad program in Spain. After graduating, you want to live in Spain and work as a flight attendant for Iberia so that you can perfect your Spanish and travel throughout Europe. You think that you would be an excellent flight attendant if given the chance. Try to convince the airline personnel director (**el/la jefe/a de personal**) that you are qualified for the job, you get along well with others, and you will work very hard.

   B You are the Iberia Airlines personnel director who is interviewing job candidates. You are uncertain about this applicant's language ability, interpersonal skills, and motives for wanting to be a flight attendant. Ask this person what he or she would do in various unplanned situations, for example how he or she would deal with a frantic parent and an upset child who had locked himself/herself (**se había encerrado**) in a lavatory. Try to determine if this person has the language skills, personality traits, and commitment that you seek.

3. **A** You have just moved to Buenos Aires, and you need a phone in your apartment. You have called your phone company twice in the past two weeks, but the company has not sent out a service technician. Ask to speak to a manager to try to get a phone line as soon as possible. Explain that you have urgent business that depends on having a phone and a fax machine **(una máquina fax)**. You are willing to pay an additional charge to get the phone installed immediately.

B You are a middle manager at a phone company. There is a waiting list for phones and this customer is near the top of the list. You would have to deliver the phone yourself after work, during the time you plan to use to shop for a present for a colleague who retires next week. Try to get this customer to wait his or her turn.

4. **A** A rich aunt has given you one million dollars on the condition that you invest the money and not touch it for five years. You can't decide whether to invest in relatively safe but low-yield U.S. utilities shares **(las acciones de servicios públicos)** or in high-risk but potentially very profitable Latin American telecommunications stocks **(las acciones de telecomunicaciones)**. Consult with a financial advisor **(un/a asesor/a financiero/a)** to develop an investment strategy.

B You are a financial advisor who specializes in Latin American stock market investment **(la inversión bursátil).** Try to convince this investor to put his/her money into telecommunications stocks, primarily in Mexico, Chile and Argentina. Emphasize companies specializing in new technology such as interactive links **(enlaces interactivos)** between televisions and computers. Point out that there is growing demand for these services, and that owning these shares can be a lucrative investment **(una inversión lucrativa).**

C You are a financial advisor who specializes in the U.S. stock market. Try to persuade this investor to buy U.S. utilities, especially energy suppliers. Describe the potential for good profit and great security for investors in this field.

Más actividades creadoras

El **Vocabulario útil** *al final del capítulo le ayudará con estas actividades.*

A. Dibujos. *Invente una narración, tomando los siguientes dibujos como punto de partida. Su cuento debe explicar quiénes son estos personajes, qué han hecho antes, qué está ocurriendo ahora y qué les va a pasar en el futuro.*

B. Uso de mapas y documentos. *Analice esta tabla de divisas* (currencies) *del periódico español* El País *que presenta tipos de cambio cruzados* (cross-listed exchange rates) *de Hispanoamérica para contestar las siguientes preguntas.*

Tipos de cambio cruzados de Iberoamérica

	Pesos argentinos	Pesos colombianos	Pesos chilenos	Sucres ecuatorianos	Bolívares venezolanos	Pesos mexicanos	Bolivianos de Bolivia	N. Soles peruanos	Pesos uruguayos	Guaraníes paraguayos	Dólar EE UU
Pesos argentinos		916,9585	213,2402	8.431,7975	646,7526	3,8486	2,1826	1,1762	8,2268	2.023,6316	0,3373
Pesos colombianos	0,0011		0,2326	9,1954	0,7053	0,0042	0,0024	0,0013	0,009	2,2069	0,0004
Pesos chilenos	0,0047	4,3001		39,5413	3,033	0,018	0,0102	0,0055	0,0386	9,4899	0,0016
Sucres ecuatorianos	0,0001	0,1088	0,0253		0,0767	0,0005	0,0003	0,0001	0,001	0,24	
Bolívares venezolanos	0,0015	1,4178	0,3297	13,0371		0,006	0,0034	0,0018	0,0127	3,1289	0,0005
Pesos mexicanos	0,2598	238,2574	55,4071	2.190,8714	168,0486		0,5671	0,3056	2,1376	525,8092	0,0876
Bolivianos de Bolivia	0,4582	420,1238	97,7005	3.863,2052	296,3233	1,7633		0,5389	3,7693	927,1694	0,1545
N. Soles peruanos	0,8502	779,5664	181,2894	7.168,423	549,8467	3,272	1,8556		6,9942	1.720,4217	0,2868
Pesos uruguayos	0,1216	111,4597	25,9201	1.024,9161	78,6152	0,4678	0,2653	0,143		245,9799	0,041
Guaraníes paraguayos	0,0005	0,4531	0,1054	4,1667	0,3196	0,0019	0,0011	0,0006	0,0041		0,0002
Dólar EE UU	2,9647	2.718,5289	632,1983	24.997,9538	1.917,4431	11,4101	6,4708	3,4872	24,3902	5.999,5097	

1. ¿Cuál es el país en el que un dólar estadounidense equivale aproximadamente a tres pesos?

2. ¿Cuántos sucres ecuatorianos se pueden comprar con un peso mexicano?

3. ¿Cuántos bolivianos de Bolivia equivalen a un nuevo sol peruano?

4. ¿En qué países hay mucha inflación? Nombre dos. (Es de notar que el valor de la moneda nacional indica el nivel de la inflación.)

5. ¿En qué país latinoamericano consideraría Ud. la inversión, y por qué?

C. A escuchar. *Escuche la entrevista en la que una persona contesta algunas preguntas sobre los aparatos de telecomunicaciones. (Para ver las preguntas, refiérase al ejercicio D, número 1.) Luego, conteste las siguientes preguntas en la forma indicada por su profesor/a.*

1. ¿En qué país nació Vanessa Hatch, dónde estudia ahora, y cuál es su campo de estudio?

2. ¿Cuáles son dos aparatos de telecomunicaciones que utiliza Vanessa con frecuencia?

3. ¿Qué aparato usa raramente ahora?

4. ¿Qué aparato le gustaría tener a ella, y por qué le interesa?

5. ¿Cómo se comparan los gustos y hábitos en cuanto a los aparatos de telecomunicaciones de esta estudiante con los suyos?

D. Respuestas individuales. *Piense en las siguientes preguntas para contestarlas en la forma indicada por su profesor/a.*

1. ¿Qué aparatos de telecomunicaciones usa Ud. con frecuencia? ¿Cuándo y para qué los usa? ¿Hay otro aparato que le gustaría tener? ¿Cuál es y por qué le interesa?

2. ¿Qué aparatos necesitaría para trabajar a distancia *(to telecommute)* como representante de una compañía internacional de telecomunicaciones? Prepare una lista y explique por qué necesita cada máquina en su trabajo.

E. Contestaciones en parejas. *Formen parejas para completar las siguientes actividades.*

1. Entrevístense para un puesto de media jornada *(part-time)* como un/a operador/a telefónico/a para una cadena de televentas *(television home shopping)*. Pregúntele a su compañero/a sobre su educación, conocimientos adquiridos, idiomas y experiencia de trabajo. El/la aspirante debe convencer al/a la entrevistador/a que es el/la candidato/a mejor capacitado/a para el puesto.

2. Piense cada uno en un recado telefónico muy específico, que contenga un nombre y un número de teléfono, y escríbalo en un papel. Ahora, siéntense de espaldas, fingiendo que están hablando por teléfono, y transmita cada uno el recado a su compañero/a. Cambien de papeles para dejar otro recado. Luego, comparen los recados apuntados con los originales.

F. Proyectos para grupos. *Formen grupos de cuatro o cinco personas para completar estos proyectos.*

1. Entren al *(Log onto the)* Internet y hallen una empresa innovadora basada en un país donde se habla español (incluso los Estados Unidos). Obtenga información específica en español acerca de los productos o los servicios que ofrece esta compañía. Luego, presenten los resultados de su búsqueda a los miembros de la clase como si ellos fueran inversionistas *(investors)* potenciales. (Si no se puede entrar al Internet, es posible sustituirlo por anuncios de una revista o de un periódico en español.) Después de todas las presentaciones, la clase elegirá las dos empresas en que invertiría dinero.

2. Lean el siguiente anuncio para un puesto de maestro de inglés en un colegio de idiomas en Barcelona.

Se necesita maestro de inglés

Se requiere licenciatura en el idioma, experiencia en el extranjero y experiencia mínima de dos años enseñando el idioma; se ofrece puesto de responsabilidad en organización internacional en fase de desarrollo y remuneración altamente competitiva, según la valía del candidato. Llame al 423-20-43.

Escojan a un miembro del grupo para ser el/la aspirante para el puesto. Los otros miembros del grupo serán maestros en un comité de selección en el colegio de idiomas. Lleven a cabo una entrevista de cada candidato/a, con cada maestro/a haciéndole dos preguntas. Luego, cambien de papeles, dando a cada estudiante la oportunidad de ser el/la aspirante. Apunten sus impresiones de cada candidato/a para escoger luego a la persona mejor capacitada para el puesto. Incluyan preguntas de la siguiente lista.

Preguntas propias de las entrevistas para solicitar empleo

1. ¿Por qué debemos contratarlo/la a Ud.?
2. ¿Qué puede ofrecer a esta empresa?
3. ¿Qué experiencia tiene Ud. en este campo?
4. ¿Cómo se describe a sí mismo/a?
5. ¿Cuáles son sus puntos fuertes?
6. ¿Cuáles son sus puntos débiles?
7. ¿Puede Ud. adaptarse al ambiente de trabajo de esta compañía?
8. ¿Puede Ud. mudarse a otra localidad si el puesto lo exige?
9. ¿Cuánto aspira ganar?
10. Profesionalmente, ¿dónde piensa estar dentro de cinco años? ¿Diez años?

G. Discusiones generales. *La clase entera participará en estas actividades.*

1. Lleven a cabo una encuesta entre los miembros de la clase para detallar su uso del teléfono. Algunas preguntas que se pueden hacer son: ¿Cuántas líneas telefónicas hay en su casa o en la casa de sus padres? ¿Cuántos teléfonos celulares pertenecen a los miembros de su familia? ¿Cuánto tiempo pasa cada semana hablando por teléfono? ¿Cómo se compara su uso del teléfono con el de otras personas que conoce? Luego, hagan otra encuesta con respecto a las computadoras.

2. En los últimos años las computadoras han adquirido gran importancia en las vidas de muchas personas. En su opinión, ¿cuáles son las ventajas y las desventajas del aumento del uso de las computadoras?

Vocabulario útil

LAS TELECOMUNICACIONES

Sustantivos

el/la abonado/a (telefónico/a)	*subscriber (to phone service)*
el aditamento	*accessory*
el alambre	*wire*
el archivo	*file*
la arroba	*@ (symbol for "at")*
la banda ancha	*broadband*
el buscador	*browser*
el buscapersonas, el bíper, el bip *(Mex.)*, el mensáfono *(Sp.)*	*beeper, pager*
el buzón de voz	*voice mail*
la central de teléfonos[8]	*central telephone exchange*
la contraseña	*password*
el correo basura	*junk e-mail, spam*
el cuadro/el tablero de distribución, la centralita	*switchboard*
la cuerda, el cordón	*cord; thin wire*
el dígito, el número	*number*
el directorio telefónico *(H.A.)*, la guía telefónica *(Sp.)*	*telephone directory*
la extensión	*extension phone*
el fax	*fax*
la impresora (láser)	*(laser) printer*
el indicativo del país, el código internacional	*country code*
la informática	*computer science, computing*
el/la interlocutor/a	*speaker, party* (on the line)
el interruptor	*(on/off) switch*
la línea compartida	*party line*
la línea particular	*private phone line*
la llamada en espera	*call waiting*
la máquina (de) fax, el fax	*fax machine*
el mensaje de texto	*text message*
el módem	*modem*
el monitor (a colores)	*(color) monitor*
el número gratuito	*toll-free number*
el/la operador/a, el/la telefonista	*operator*
el planificador digital de mano	*personal digital assistant (PDA)*
la red	*network; Internet*
la tarjeta telefónica	*phone card*
la tecla	*key* (on a computer or other office machine)

---

[8]En algunas partes éste es el lugar preferido para hacer llamadas a larga distancia porque las conexiones suelen ser buenas y los precios son razonables.

el teclado	*keyboard*
el teléfono público	*pay phone*
el/la trabajador/a a distancia	*telecommuter*
el trabajo a distancia	*telecommuting*
la video conferencia	*videoconference*

Verbos

apuntar, tomar nota de	*to write down, to make a note of*
comunicarse (con)	*to communicate (with), to get in touch (with)*
deletrear	*to spell out*
levantar *(H.A.)*, coger *(Sp.)*	*to pick up* (the receiver)
mandar, enviar	*to send*
telefonear	*to telephone*

Adjetivos

informático/a	*computer-related*

Expresiones

de larga distancia	*long distance*
de persona a persona	*person-to-person*
dejarle (a alguien) un recado/un mensaje	*to leave (someone) a message*
elevar el nivel de prestaciones de	*to upgrade*
La línea está ocupada. *(H.A.)*, Están comunicando. *(Sp.)*	*The line is busy.*
marcar directamente	*to dial direct*
Soy + (su nombre).; Soy yo.	*It's + (your name)., This is + (your name).; It's me.*

Vocabulario individual

_____   _____

_____   _____

_____   _____

_____   _____

EL EMPLEO

Sustantivos

el ascenso	*promotion*
el/la aspirante, el/la candidato/a, el/la solicitante	*applicant*
el aumento (de sueldo)	*(pay) raise*
el cargo	*job, assignment*
el currículum (vitae), el resumé *(P.R.)*	*résumé*
el/la desempleado/a *(H.A.)*, el/la parado/a *(Sp.)*	*unemployed person*
el desempleo *(H.A.)*, el paro *(Sp.)*	*unemployment*
la dimisión	*resignation*

el/la empleado/a	*employee*
la empresa	*company, enterprise, firm*
el/la entrevistador/a	*interviewer*
la fotocopiadora	*photocopier*
el/la jefe/a	*boss, manager, head* (of a department)
la jubilación, el retiro	*retirement*
la mecanografía	*typing*
el motivo	*reason, cause, motive*
el/la oficinista	*office worker*
las prestaciones	*employee benefits; computer performance;* *features*
la programación	*programming*
la publicidad	*advertising; publicity*
el puesto	*position, job*
el punto débil	*weak point, weakness*
el punto fuerte	*strong point, strength*
la referencia, el informe	*reference* (for a job candidate), *testimonial*
el sindicato	*union*
la solicitud	*application* (for a job, loan, or grant)
el sueldo, el salario	*salary*

Verbos

comprobar (ue), verificar	*to verify*
contratar	*to hire*
dejar (un puesto)	*to quit, to leave (a job)*
despedir (i)	*to fire, to dismiss; to lay off*
fracasar	*to fail*
ganar	*to earn*
impresionar	*to impress*
jubilarse, retirarse	*to retire*
negociar	*to negotiate*
renunciar, dimitir (de)	*to resign (from)*
solicitar	*to apply for*
supervisar	*to supervise*

Adjetivos

perezoso/a	*lazy*
temporal, temporario/a *(H.A.)*	*temporary*
trabajador/a	*hardworking, industrious*

Expresiones

de jornada completa, de tiempo completo	*full-time*
de media jornada, de medio tiempo *(H.A.)*, a tiempo parcial *(Sp.)*	*part-time*
estar capacitado/a	*to be qualified*
estar encargado/a de	*to be in charge of*
presentar su dimisión	*to hand in his/her/your resignation*
tener éxito	*to succeed, to be successful*

Vocabulario individual

_____   _____
_____   _____
_____   _____
_____   _____
_____   _____

LOS NEGOCIOS

Sustantivos

la acción	_stock, share_
el acuerdo	_agreement_
el ahorro	_saving_
los altibajos	_ups and downs_ (of the stock market)
el/la asesor/a	_advisor, consultant_
la bolsa de valores	_stock market_
el bono	_bond_
la caída	_fall_
el comercio	_commerce, trade_
el/la contador/a _(H.A.),_ el/la contable _(Sp.)_	_accountant_
el contrato	_contract_
el/la corredor/a de bolsa, el/la agente de acciones	_stockbroker_
la cotización	_quotation, price_
la divisa	_currency_
el/la empresario/a	_entrepreneur; employer_
la entrega	_delivery_
la ganancia	_profit_
el hombre/la mujer de negocios	_businessperson_
el impuesto	_tax_
los ingresos	_income_
la inversión	_investment_
el mercadeo, la mercadotecnia, el _marketing_	_marketing_
el organismo, la organización	_organization_
el pago	_payment_
el pedido	_order_
la pérdida	_loss_
la póliza de seguro	_insurance policy_
el porcentaje	_percentage_
el préstamo	_loan_
el/la representante	_representative; sales representative_
el riesgo	_risk_
la sociedad anónima; S.A.	_corporation; incorporated (Inc.)_

la subida	*rise, increase*
el tratado	*treaty*
el trato	*deal*
la valía	*value, worth*

Verbos

arriesgar	*to risk*
invertir (ie)	*to invest*
negociar	*to negotiate*
rendir (i)	*to yield*
valorar	*to value*

Adjetivos

bursátil	*related to the stock market*
financiero/a	*financial*

Expresiones

hacer horas extraordinarias	*to work overtime*
la oferta y la demanda	*supply and demand*
la palanca *(H.A.)*, la pala *(P.R.)*, el enchufe *(Sp.)*	*special favor based on personal connections; political "pull" or influence*
¡Trato hecho!	*It's a deal!*

Vocabulario individual

_____   _____

_____   _____

_____   _____

_____   _____

_____   _____

Los números superiores a un millón[9]

Latinoamérica y Europa	Los Estados Unidos	Número de ceros
un millón	*one million*	6
mil millones	*one billion*	9
un billón, un millón de millones	*one trillion*	12
mil billones	*one quadrillion*	15
un trillón	*one quintillion*	18

---

[9]En español se usa la coma donde en inglés se usa el punto para señalar miles, y se usa la coma para indicar lo que en inglés se llama *decimal point.* Dos ejemplos son 1.500.656 habitantes *(1,500,656 residents,* en inglés) y 24,2 grados Celsio *(24.2 degrees Celsius).*